XINSHIDAI XINGSHI JIANCHAGUAN
HEXIN SUYANG TISHENG

新时代刑事检察官核心素养提升

——理念·思维·能力

余 红 著

中国检察出版社

图书在版编目（CIP）数据

新时代刑事检察官核心素养提升：理念·思维·能

力 / 余红著 . -- 北京：中国检察出版社，2025.

ISBN 978-7-5102-3237-4

Ⅰ . D925.204

中国国家版本馆 CIP 数据核字第 2025D3W853 号

新时代刑事检察官核心素养提升

——理念·思维·能力

余　红　著

责任编辑： 刘思昊

技术编辑： 王英英

封面设计： 徐嘉武

出版发行： 中国检察出版社

社　　址： 北京市石景山区香山南路 109 号（100144）

网　　址： 中国检察出版社（www. zgjccbs. com）

编辑电话：（010）86423796

发行电话：（010）86423726　86423727　86423728

　　　　　　（010）86423730　86423732

经　　销： 新华书店

印　　刷： 河北宝昌佳彩印刷有限公司

开　　本： 710 mm×960 mm　16 开

印　　张： 20.75

字　　数： 387 千字

版　　次： 2025 年 4 月第一版　　2025 年 4 月第一次印刷

书　　号： ISBN 978 - 7 - 5102 - 3237 - 4

定　　价： 70.00 元

序

检察官，不仅是法律实施的监督者，更是公平正义的捍卫者、社会稳定的维护者、法治进步的推动者。随着时代的发展，检察官的职责和使命被赋予了新的内涵和要求，人民群众对检察官的期待越来越高。新时代的检察官如何适应时代要求，在执法活动中高质效地办好每一个案件，关键在于理念的更新，思维和能力的升级，如此才能善于领悟法治精神、把握实质关系、统筹法理情。余红同志的这本《新时代刑事检察官核心素养提升——理念·思维·能力》的出版，可谓恰逢其时。

余红是第四届全国十佳公诉人。十佳公诉人的成长之路充满挑战与艰辛。作为公诉人，余红曾办理过多起社会广泛关注的大案要案，在长期的检察实践中不但积累了丰富的经验，而且对刑事检察工作也有深入的思考和独到的见解。本书正是她从检30年的所思所悟，见证了她对检察事业的执着追求和深挚情怀。

本书有以下几个特点：

一是深入解读现代检察理念。理念是行动的指南。检察理念是提高检察工作质效的基石和前提，也是个人发展的核心动力。余红在书中从六个方面阐述了现代检察的基本理念，坚持党的领导、坚持以人民为中心等，体现了中国检察机关鲜明的政治底色以及检察官的政治使命。坚持公平正义、坚持宽严相济刑事政策等，体现了检察官办案要始终坚守法律底线，秉持客观公正的原则，以高度的责任感和使命感，努力让每一个案件都经得起法律和历史的检验。

二是提出检察官处理问题的思维方向。思维，说到底就是分析解决问题的视角、思路和方向。对个人而言，提升思维能力可以更好地解决问题、学习知识、做出决策。检察官面对形形色色的案件和问题时，不同的思维方向可能指向不同的结果，因此，正确的思维是解决问题的关键。作为新时代检察官，需要具备敏锐的洞察力、严谨的逻辑思维和解决问题的创新能力。结合办案实践，余红同志在本书中提出了法治思维、系统思维、辩证思维与数字思维四个维度。作为法律人，检察官的法治思维最是基础。将复杂的案件事实与法律规范联系起来，从中发现案件中的实质法律问题，直接反映了一个人对法治的信仰和忠诚度。本书中，作者通过一个个生动的案例，展现了检察官如何运用系统、辩证等思维方法对案件抽丝剥茧，如何在法律条文中寻找正义。尤其值得肯定的是，思维模式也在与时俱进。本书关注到当代数字技术和人工智能的迅速发展，数字技术对检察工作既是挑战，也是机遇，检察官也需要拥抱数字时代，要有数字思维，在检察工作中借助数字技术、数据分析、算法模型等工具和方法，对问题进行分析、推理、决策和创新。

三是提炼检察官必备的十大核心能力。办案能力是实现公平正义的保障。本书围绕刑事诉讼的不同环节，总结归纳了新时代检察官应当具备的十大核心能力。包括：证据审查能力，出庭公诉能力，文书制作能力，语言表达能力，诉讼监督能力，调查研究能力，舆情应对能力，沟通协调能力，群众工作能力，心理调适能力，并对各种能力的具体内容作出诠释。其中，证据审查、出庭应辩等是检察官的核心技能，而调查、群众工作等能力是实现政治效果、法律效果和社会效果统一的要求。总体上看，这些看似独立的技能，实际上是相互联系的综合性能力。

本书吸纳了前沿检察理念，梳理了刑事检察权演进的历史脉络和时代变革，从历史、客观、主观等多维度系统论述的新时代刑事检察官应当具备的六大理念、四种思维、十项能力，涵括了新时代刑事检察官应当具备的核心素养，为提升刑事检察工作提供了实践视角，字里行间都透露着新时代、新气息，具有较强的时代价值和创新价值。

同时，本书紧扣当下司法实务前沿，以实践为导向、以问题为导向。书中引用了大量真实案件、事例，很多文书范本是作者在日常工作中整理搜集的真实文书，具有很强的参考价值。本书写作风格通俗易懂，不论是理念传导还是方法介绍，都展现出朴实的语言魅力，给年轻的法律工作者以启发和帮助。相信本书的出版，不仅为提升刑事检察官的专业素养和履职能力指引方向，而且让更多的读者通过本书了解检察官的职责使命，体会到新时代一个检察官对公平正义的思考和追求。期待余红继续立足检察实践，深耕检察理论，在学术研究上再结硕果。

是为序。

孙国祥[*]

2025 年 3 月

---

[*] 孙国祥，南京大学教授，博士生导师。

Contents 目录

引 言

党的二十大报告指出："从现在起，中国共产党的中心任务就是团结带领全国各族人民全面建成社会主义现代化强国、实现第二个百年奋斗目标，以中国式现代化全面推进中华民族伟大复兴。"2023 年习近平总书记对政法工作作出重要指示，要求"奋力推进政法工作现代化"，随后的中央政法工作会议作了具体部署，将其作为新时代新征程政法机关的历史使命。在当代中国，伴随着经济和社会的历史转型，法治领域也处在一个从传统向现代转换的改革中，这是一个从理念制度到行为实践的全方位法治变革。①

刑事检察是国家法律制度、司法制度的重要组成部分，是检察机关为了维护国家法制的统一、尊严、权威，依法代表国家指控犯罪和开展刑事诉讼监督的总称，是国家法治文明程度和人权保障程度的重要体现。进入新时代，我国法治环境的变化带来犯罪结构、刑事政策的重大变革，刑事检察随之发生了较大变化。

变化之一：国家整体发展环境发生深刻变化。从党的十八大起，中国特色社会主义进入了新时代。党的十九大报告指出我国发展进入新的历史方位，对社会主要矛盾发生变化作出了全局性、历史性和战略性判断，明确我国社会主要矛盾是人民日益增长的美好生活需要和不平衡不充分的发展之间的矛盾。即从"有没有"向"好不好"转化，而社会主要矛盾的变化作为关系全局的历史性变化，必然对党和国家工作提出许多新的要求。在法治层面，人民群众对民主、法治、公平、正义、安全、环境等方面有更高层次、更丰富内涵的需求，法治建设进入新阶段，从"制"到"治"

---

① 公丕祥主编：《新发展理念与中国法治现代化》，法律出版社 2017 年版，第 4 页。

更快迈进。

变化之二：刑事犯罪结构发生重大变化。2020 年最高人民检察院工作报告中，首次发布了 20 年刑事犯罪案件办案数据：1999 年至 2019 年，检察机关起诉严重暴力犯罪从 16.2 万人降至 6 万人，下降近三分之二，年均下降 4.8%；被判处三年有期徒刑以上刑罚的占比从 45.4% 降至 21.3%。与此同时，从严规范经济社会管理秩序，新类型犯罪增多，扰乱市场秩序犯罪增长 19.4 倍，生产、销售伪劣商品犯罪增长 34.6 倍，侵犯知识产权犯罪增长 56.6 倍。可见，严重暴力犯罪大幅度下降，轻微犯罪案件大幅度上升。2021 年最高人民检察院工作报告发布，全国检察机关起诉人数居前五名的犯罪依次是危险驾驶、盗窃、帮助信息网络犯罪活动、诈骗、开设赌场，分别为 35.1 万人、20.2 万人、12.9 万人、11.2 万人、8.4 万人。这五类犯罪中，"法定犯"数量占主导，刑事犯罪类型中传统的自然犯和法定犯的比例有重大调整。之后，最高人民检察院连续三年发布办案数据，判处三年有期徒刑以下刑罚的轻罪案件占比均在 80% 以上。认罪认罚从宽制度适用率均在 90% 左右，其中绝大多数是轻微犯罪案件。

变化之三：刑事法律制度发生变化。2018 年 10 月 26 日，第十三届全国人民代表大会常务委员会第六次会议作出关于修改《中华人民共和国刑事诉讼法》的决定，其中重要内容是将认罪认罚制度和速裁程序试点的实践经验上升为法律，从立法上对改革试点成果予以确认。作为一项全新的法律制度，它使刑事司法中惩罚性司法理念向恢复性司法理念转变，犯罪追诉模式从对抗向协作转变，当事人由消极诉讼主体向积极诉讼主体地位转变。如《人民检察院刑事诉讼规则》第 276 条规定："办理认罪认罚案件，人民检察院应当将犯罪嫌疑人是否与被害方达成和解或者调解协议，或者赔偿被害方损失，取得被害方谅解，或者自愿承担公益损害修复、赔偿责任，作为提出量刑建议的重要考虑因素。"

变化之四：刑事检察工作发生结构性变化。2019 年，全国检察机关进行内设机构改革，刑事、民事、行政、公益诉讼"四大检察"法律监督总体布局有力推进。这是一次系统性、整体性、重塑性的改革，旨在推进刑事、民事、行政、公益诉讼四大检察全面协调充分发展。按照案件类型重新组建四个专业化刑事办案机构，分别负责普通、重大、职务与经济犯罪案件办理与指导。刑事检察职能从传统的审查逮捕、审查起诉、刑事诉讼监督，转变为审查逮捕、审查起诉、诉讼监督、检察侦查、执行监督以及未成年人检察中的刑事检察等，这也是广义上的刑事检察。① 简而言之，刑事检察的职能即捕、诉、侦、监、防、教一体，同时还被赋予通过司法办案、释法说理、检察建议等方式参与社会治理。当然，作为传统业务，审查逮捕、审查起诉以及相关诉讼监督在检察机关内部从内设机构到职能履行上均相对独立，本书所探讨的内容也将围绕这部分业务即狭义的刑事检察而展开。

变化之五：刑事检察办案机制改革的变化。为了高质效履行刑事检察职能，实行"捕诉一体"，即刑事检察工作中审查逮捕等强制措施审查职能与审查起诉等公诉职能赋予同一机构 、同一检察官统一行使的办案工作机制，同一承办人负责审查逮捕、审查起诉、出庭公诉、诉讼监督全流程办案。"捕诉一体"着眼于内设机构、检察职能的归并，重构、优化检察权运行机制，更加突出检察官办案主体地位，对完善和落实司法责任制、提高刑事检察工作质效具有深远意义。

这五个方面的变化，集中体现了新时代刑事检察的时代特点和改革要求。新时代刑事检察工作是党领导下的中国特色检察制度的自我完善和发展，其"中国特色"主要体现在对一些重大原则的把握上，一是坚持党的绝对领导，二是坚持本土性与现代性相融合，三是坚持以人民为中心，四是坚持刑事检察改革等。刑事检察工作的"自我完善和发展"表现为：强化人权司法保障、坚持证据裁判原则、强化对侦查权的规制、坚持控审分

---

① 贾宇主编：《检察学》，中国检察出版社 2023 年版，第 87 页。

离和控辩平等原则、完善合意式诉讼模式等。^① 最高人民检察院提出"以'三个善于'做实高质效办好每一个案件"，为全国检察机关推进检察工作指明了方向和路径。对于刑事检察官个人而言，应当具备怎样的专业素养才能胜任新时代的刑事检察工作？立足新时代刑事检察的时代背景与内涵逻辑，理念、思维、能力，应是刑事检察官应当具备的核心素养。刑事检察官应与时俱进，在从"传统"奔赴"未来"的路上，不断进行理念更新、思维重塑和能力提升，才能担当起新时代法治建设的这份重任。

理念是基础。理念是一种看法、思想或者思维活动的成果，它更侧重于抽象的、系统的思考结果，是一种理论性的认知。刑事检察是一门社会科学，服务于犯罪惩治、社会治理。随着社会不断发展，犯罪形势不断变化、犯罪手段不断翻新，法学理论、法律条文也不断创新发展，推动着刑事诉讼改革不断向前发展。刑事检察工作是检察机关最基本、最核心的业务，承担着追诉犯罪、诉讼监督等重要职能，关系着国家安全、社会稳定和人民安居乐业。^② 刑事案件关涉人的人身权、财产权甚至生命权，一分失误可能就是百分之百的伤害，必须用最高的标准、最严的要求对待。刑事检察官的司法理念是对所从事刑事检察工作的正确理解和判断，要求我们在实践中不断探寻和回答刑事检察是什么、什么才是优质的刑事检察工作产品等一系列问题。刑事检察官只有与时俱进，更新理念，不断学习更新知识储备，才能实现高质效办好每一个案件的目标。

思维是纽带。因学而有知，因思而增信。思维是人类特有的精神活动，是将外在客观事物的概念经由综合、分析、判断、推理等方式进行认识的过程，是人脑对客观事物本质特征和内在规律性联系进行探知的方式。思维本质上是一种思考工具，强调的是思考的过程与方式。只有不断学习和

---

① 陈国庆：《中国式刑事检察现代化的若干问题》，载《国家检察官学院学报》2023年第1期。

② 参见最高人民检察院《刑事检察工作白皮书（2023）》。

思考，才能形成理性的辨别力，掌握科学的行为方式。法律人的思维是将法学知识转化为法律实践的"桥梁"，既需要基于法律专业素养形成的法学思维，也需要拥有处理各种社会关系的综合性思维，如系统思维、辩证思维、数字思维、全链条思维等。对于法律人来讲，思维方式甚至比专业知识更为重要。因为法律专业知识是有据可查的，思维方式非经长期专门训练则无以养成。随着司法理念的更新，刑事检察官的思维方式也需要及时转变塑造，以适应新时代刑事检察工作的新要求。

能力是保障。能力是个人所具备的知识、技能与经验的总和。现代化最终由人来推动，人的现代化不仅是现代化的目标，也是现代化的动力。人的现代化即人的全面发展，其中人的理念现代化是先导，人的素质和能力现代化是基础。[①] 法学理论和司法实务的深度融合，是法治进程中的必由之路。检察官是代表国家追诉犯罪、保护公共利益的重要主体，需要很强的专业素能，如证据审查能力、出庭公诉能力、诉讼监督能力等，也需要过硬的综合素能，努力提升沟通协调、舆情应对、群众工作等能力，运用法律知识、司法智慧，努力让人民群众在每一个司法案件中感受到公平正义。

刑事检察官的理念、思维与能力之间相互关联、相互促进，共同影响着检察履职行为。理念是思维与行动的起点，指导着我们的思维方式与履职模式。思维关乎我们作为法律人应当如何思考，通过分析将理念转化为具体的履职方案，正确的思维方式能够引导我们有效利用自己的能力。能力则是解决问题的基础和保障，能力的高低直接影响行动效果。所以说，理念引领思维，思维促进能力，先进的理念和思维方式直接影响能力的发挥与应用，能力的增强则会优化正确理念和思维方式。三者共同构成个体的履职体系，是夯实刑事检察官高质效办案的重要基石。

---

① 参见洪银兴：《中国式现代化论纲》，江苏人民出版社 2023 年版，第 49 页。

第一章

价值引领——六大理念的恒与变

《辞海》对"理念"的解释为，上升到理性的观念、思想。理念是有意识的行为的指导思想。检察理念是对检察权本身及其发展规律的理性认识和整体把握，是指导、引领我们办好检察案件的思想、灵魂，直接关系到法律监督质量的高低。检察理念作为先导性要素，内化于主体之中又指引主体从事实践活动，对检察工作发展具有全局性、根本性、方向性、战略性指导作用。①

2024年1月，全国检察长会议强调，要深入践行中国特色社会主义检察理念，推进检察工作理念现代化。会议提出，"坚持党对检察工作的绝对领导""为大局服务、为人民司法、为法治担当""高质效办好每一个案件""坚持'四大检察'内在统一于法律监督宪法定位""坚持敢于监督、善于监督、勇于自我监督"。刑事检察作为检察工作的重要组成部分，应当遵循检察工作的一般规律和刑事检察的特殊规律，以"高质效办好每一个案件"作为基本价值追求，努力实现办案质量、效率、效果的有机统一。

伴随着司法责任制改革、以审判为中心的刑事诉讼改革、认罪认罚从宽制度等一系列改革，刑事检察工作中一贯坚持的理念、原则在新时代被进一步深化，如坚持党对检察工作的绝对领导、坚持以人民为中心、坚持公平正义、坚持宽严相济等。除此之外，还形成了一些具有鲜明时代特征的创新理念，如坚持高质效办好每一个案件、坚持双赢多赢共赢的监督理念等。这些理念各有内涵，又相互融通、相辅相成，在刑事司法实践中发挥着重要的指导作用。② 本书重点从六个方面，阐述新时代刑事检察官应当秉持的理念。

---

① 参见贾宇：《新时代检察理念研究》，中国检察出版社2021年版，第3-4页。
② 参见苗生明：《以深化刑事检察工作助推中国式刑事司法现代化》，载《人民检察》2022年第21期。

第一节　坚持党对刑事检察工作的
绝对领导

习近平总书记深刻指出：法治是人类政治文明的重要成果，是现代社会治理的基本手段。[①] 党的领导是中国特色社会主义法治之魂，是我国法治与西方资本主义法治的最大区别。2024 年 1 月，习近平总书记对政法工作专门作出重要指示，要求政法战线要坚持党的绝对领导，忠诚履职、担当作为，以政法工作现代化支撑和服务中国式现代化。党的二十大首次在报告中提出"加强检察机关法律监督工作"，这与人民检察院的宪法定位内在契合，对做好新时代检察工作提出了更高的要求和期待。检察机关是党绝对领导下的政治机关、法律监督机关、司法机关，是政治性极强的业务机关，也是业务性极强的政治机关。"坚持党对检察工作的绝对领导"是检察工作的根本原则。

最高人民检察院党组始终坚持以习近平新时代中国特色社会主义思想为指导，全面贯彻落实习近平法治思想和习近平总书记重要讲话精神，认真落实《中共中央关于加强新时代检察机关法律监督工作的意见》，续写新时代新征程以检察工作现代化服务中国式现代化的新篇章。最高人民检察院党组强调，检察机关是党绝对领导下的国家法律监督机关、司法机关，讲政治是第一位的要求。要依法履行检察职能，充分运用法治力量，坚决捍卫"两个确立"、坚决做到"两个维护"，并使之成为新时代新征程检察机关、检察人员最鲜明的政治底色。

---

① 习近平:《坚持合作创新法治共赢　携手开展全球安全治理——在国际刑警组织第八十六届全体大会开幕式上的主旨演讲（2017 年 9 月 26 日，北京）》，载《人民日报》2017 年 9 月 27 日，第 2 版。

一、检察权是一项党绝对领导下的国家权力

在古代社会，司法和行政合一，行政官员监理司法活动，而现代社会专设司法机关。① 随着法律文明不断发展，司法权被细分为侦查权、公诉权和审判权，分别由警察、检察官和法官来行使，检察权由此产生。"国家职能原本不分，刑起于兵。审判权逐渐从行政权中分离出来后，检察权又从审判权中分离出来。"② 通说认为，检察职能产生的初衷是对刑事侦查和刑事审判的监督制约，随着国家社会治理理念和方式的变革，检察机关逐渐扮演起监督国家权力与保护公民权利的角色。③ 政治方向决定司法工作的前途命运和具体路径，人民司法制度是我们党一手创立起来的。在我国，人民法院和人民检察院代表国家行使司法权，其他任何国家机关、社会组织和个人都不得从事这项工作。检察机关是宪法确定的国家法律监督机关，检察工作是国家法治建设、政法工作和司法工作的重要组成部分，旗帜鲜明讲政治不仅是检察机关的的基本政治态度，更是检察机关的政治责任，应当坚持党对检察工作的绝对领导，落实到检察工作各环节、全过程。

检察制度是一种由检察机关代表国家提起诉讼、维护法律统一正确实施的司法制度，是人类法治文明发展到一定阶段的产物。与审判制度相比，检察制度起步较晚，只有七百多年的历史。在古代，司法与行政合署，执掌审判职权的法官同时也是行政官，一人行使捕诉审一体的司法权，没有"私诉"和"公诉"之分。随着法律文明的不断完善，检察权被独立出来。

纵观我国人民检察发展历程，就是一部中国共产党创建和领导人民检察的历史。党在救国、兴国、富国、强国大业中创建、发展、完善人民检

---

① 杨春福等：《完善我国人权司法保障制度研究》，中国社会科学出版社 2022 年版，第 21 页。

② 熊先觉、刘运红：《中国司法制度学》，法律出版社 2007 年版，第 84 页。

③ 吴建雄：《加强新时代检察机关法律监督的历史逻辑、理论逻辑和实践逻辑》，载《中共中央党校（国家行政学院）学报》2022 年第 5 期。

察事业。作为中国共产党领导的政权结构组成部分，检察机关因时代背景、经济社会发展变化而经历了从孕育到初创、创建、撤销、重建到发展的历史变迁，检察职能的外在表现和实现方式不尽相同，但监督法律实施、保证国家法制统一的职能内核没有发生变化。

新民主主义革命时期是人民检察事业探索和奠基的阶段，检察机关的主要任务是打击敌对分子、惩治反动派、保卫人民民主政权的刑事诉讼法律监督。1937 年 11 月，中华苏维埃共和国临时中央政府宣告成立，作为最高审判机关的最高法院成立，同时在中央政府设裁判部门和配置检察人员。抗日战争和解放战争时期，检察机关的中心任务是保护人民权利和保卫民主政权，检察机构仍未专门设立，实行合署制或配置制。新中国成立后，检察机关的主要任务是维护国家法律统一正确实施，镇压反革命、打击犯罪，为社会主义改造和建设营造良好的法治环境。1949 年 10 月 1 日，中华人民共和国成立，罗荣桓被任命为最高人民检察署检察长。同年 12 月 20 日，《中央人民政府最高人民检察署试行组织条例》颁布，规定检察机关行使 6 个方面的职权：检察政府机关及公务人员和公民是否遵守法律法令、对违法判决提起抗议、对刑事案件侦查起诉、检察监管场所违法行为、参与民事案件及行政诉讼、处理不服检察机关不起诉处分等。1954 年 9 月，我国首部《宪法》《人民法院组织法》和《人民检察院组织法》颁布，检察院代替检察署，成为检察机关的统一名称，初步形成以刑事检察为主，以民事、行政为辅的法律监督格局。"文化大革命"期间，检察制度陷入停滞和撤销状态。进入改革开放和社会主义现代化建设新时期，检察机关得以恢复重建并发展，在平反冤假错案、打击严重经济犯罪、反贪污腐败和严打斗争中发挥了重要作用。1982 年，检察机关的法律监督机关地位得到宪法确认。进入 21 世纪，检察机关贯彻党中央关于全面建设小康社会的决策部署，坚持宽严相济刑事政策，在办案中注重保障和改善民生。这一时期，民事诉讼法和行政诉讼法得到修订，检察机关的民事、行政检察职能得到加强，但总体仍呈现以刑事检察为主的特征。①

党的十八大以来，习近平总书记对检察工作作出一系列重要指示，为检察机关法律监督实践和改革创新指明了方向。随着国家监察体制改革，我国国家权力结构发生重大改变，形成"一府一委两院"的结构体系，检察机关进入"四大检察"全面协调充分发展轨道。2021年6月印发的《中共中央关于加强新时代检察机关法律监督工作的意见》强调，人民检察院是国家的法律监督机关，是保障国家法律统一正确实施的司法机关，是保护国家利益和社会公共利益的重要力量，是国家监督体系的重要组成部分，在推进全面依法治国，建设社会主义法治国家中发挥着重要作用。检察机关开展法律监督工作，必须坚持党的领导，在立场、方向、原则和道路上和党中央保持高度一致。

二、围绕大局履行刑事检察职责

党和国家中心工作推动到哪里，检察工作就跟进到哪里。最高人民检察院党组提出检察机关要自觉"为大局服务、为人民司法、为法治担当"的时代要求，将其作为新时代新征程检察机关的重要使命。进入新时代，党和人民对司法机关、检察机关的期待不仅局限于办对了多少案件，还期待通过高质效履职，在国家和社会治理现代化进程中增加检察贡献度，提升人民群众对法治的获得感和满意度。做好新时代刑事检察工作，就是要坚持从政治上着眼，从法治上着力，将刑事检察工作融入服务党和国家工作大局，紧紧围绕党和国家的中心任务，切实履行法律监督职责，充分运用法治力量，更好服务高质量发展和高水平安全。

---

① 参见吴建雄：《加强新时代检察机关法律监督的历史逻辑、理论逻辑和实践逻辑》，载《中共中央党校（国家行政学院）学报》2022年第5期。

（一）维护国家安全和社会稳定

发展是基础，安全是底线，稳定是前提。刑事检察的重大职责就是以法治力量维护稳定、促进发展、保障善治。国家安全是中国式现代化行稳致远的重要基础，依法惩治犯罪是检察机关维护安全稳定的基本职责：依法严厉打击危害国家安全犯罪，坚决捍卫国家政权安全、制度安全、意识形态安全；依法严惩各类严重暴力犯罪，推进常态化扫黑除恶斗争，协同完善社会治安防控体系；积极推动网络综合治理，依法惩治跨境网络诈骗、网络暴力等犯罪，用法治力量维护网络清朗，全力投入更高水平的平安中国建设，不断增强人民群众安全感。

（二）服务国家建设和经济社会发展

充分运用法治力量服务经济社会高质量发展。聚焦市场化、法治化、国际化营商环境建设，坚持对各类经营主体依法平等保护，严惩严重侵犯企业合法权益犯罪，及时监督纠正不当执法司法行为，最大限度保护企业合法权益；依法惩治侵犯知识产权的犯罪，为科技创新提供宽松环境，服务保障新质生产力发展；加强金融领域执法司法协作，从严打击各类非法支付结算、非法买卖外汇等非法金融犯罪。切实履行反腐败检察职责，服务全面构建亲清政商关系。

（三）推动刑事犯罪治理

"法治建设既要抓末端、治已病，更要抓前端、治未病。"刑事检察应充分利用法律监督贯穿刑事诉讼全过程的有利条件，在刑事犯罪治理工作中承担责任。充分发挥刑事诉讼监督职能，依法适用认罪认罚从宽、司法救助等制度，推动涉案矛盾纠纷高质效化解；主动融入共建共治共享的社会治理新格局，充分发挥社会治理检察建议的作用，督促有关单位和部门依法履行社会治理职责，推动实现办理一案、教育一面、治理一片的良好效果，从源头上预防和减少刑事犯罪发生。

三、把坚持党的领导落实到每一起刑事案件办理中去

坚持党的绝对领导，既是一个理念，又是一项具体要求，应当落实到检察履职中。讲政治是强化法律监督工作的灵魂。离开政治讲业务，犹如蒙着眼走路，不但极易偏离正确方向，更是会栽跟头。[①]

（一）办案中始终站稳政治立场

刑事检察官要善于把讲政治融入司法办案之中，将"国之大者"装在心中，关注党中央在关心什么、强调什么，深刻领会什么是党和国家最重要的利益、什么是最需要坚定维护的立场。在办理每一起案件时，都应从政治维度思考，案件中需要保护的党和国家、人民群众利益有哪些，检察工作与服务大局的契合点又在哪里；案件在作出终局处理时，更要从"民心是最大的政治"出发进行研判，将其作为必经环节，与办案法律效果、社会效果相结合综合考量，尽力实现每一个案件"三个效果"有机统一。

（二）讲法治与讲政治相融合

从政治上着眼，从法治上着力，办理案件既要讲大局、讲政策，也要守好法律底线，依法履职，以法治思维和法治方式做好刑事检察工作。法律是党的路线方针政策的规范化、制度化和法律化，办理案件首先应当严格依法；党的政策是国家法律的先导和指引，是立法的依据和执法司法的重要指导。把党中央大政方针政策和重大决策部署贯彻到刑事检察工作中，正是实现法律的正确适用和社会公正，确保司法活动与国家治理的整体目标保持一致。所以，办案中应统筹运用政治智慧、法律智慧与检察智慧，既要善于用政治思维处理好棘手复杂的法律问题，又要善于运用法律手段解决好带有政治敏锐性的问题，力求在更高水平上实现公平正义。

[①]《坚持讲政治与抓业务有机统一——一论学习贯彻第十五次全国检察工作会议精神》，载《检察日报》2021年1月12日，第4版。

（三）在司法办案中落实重大事项报告制度

《中国共产党政法工作条例》是第一部关于政法工作的党内法规，是新时代政法工作的总纲领。党的领导与依法独立办案具有高度统一性，刑事检察官办案要坚持依法独立办案，更要重视党委对检察机关依法独立办案的领导、指引和保证作用。严格执行条例规定，就是讲政治的具体体现。刑事检察官在履职中，要按照落实重大问题、重大事项请示报告制度，对于刑事检察工作中的重大事项、重要工作等，如影响国家政治安全和社会稳定的重大事项或者重大案件等，要及时履行向党委请示报告制度。

（四）严格落实意识形态工作责任制

意识形态安全是国家安全的重要组成部分，是维护国家安全的重要屏障。刑事案件涉及生命、健康与财产权，极易引发网络舆情，产生意识形态完全风险。刑事检察官办案中应贯彻总体国家安全观，将党中央关于意识形态工作一系列决策部署落地落实，开展网络舆论宣传引导，维护意识形态安全。强化舆情防控意识，严格落实法律文书起草、审核、签发、上网等各环节职责；对于涉法涉诉信访做好矛盾化解的同时，完善舆情应对预案，科学有效处置、化解；更要落实"谁执法、谁普法"责任制，充分发挥典型案例引领法治风尚、塑造社会主义核心价值观的作用，讲好法治故事，传递法治声音，用一个个"小案件"讲好法治"大道理"，不断提高法治宣传的传播力，满足人民日益增长的法治文化需求。

第二节 坚持以人民为中心

人民性是马克思主义的本质属性。马克思在论及"现代化"时，强调以"人的高度"重塑市民社会与国家之间的关系，以人的自由发展实现从"物"的现代化到"人"的现代化。[①] 从宪法层面上看，检察权来自人民的授权，检察机关代表国家利益和公共利益，因而人民检察院具有鲜明的人民性。刑事检察工作坚持以人民为中心的发展思想，就是将体现人民利益、反映人民愿望、维护人民权益、增进人民福祉贯彻落实到刑事检察工作的全过程。通过刑事检察权的行使，维护人民权益，接受人民监督，厚植党的执政根基。

一、坚持司法为民

习近平总书记强调，"推进全面依法治国，根本目的是依法保障人民权益。"[②] 司法为民是我国人民司法的必然结论，人民司法包含三个方面的基本内涵：一是司法权来源于人民，属于人民；二是司法为了人民；三是司法依靠人民，司法工作开展过程中要坚持群众工作法，虚心听取群众意见，满足群众需求。[③] 刑事司法治理的价值在于准确及时查明犯罪事实、惩罚犯罪分子、维持生产力发展秩序，发挥好刑事诉讼法保护公民人身权利、

---

① 参见［德］恩格斯：《反杜林论》（第三编社会主义），载中共中央马克思恩格斯列宁斯大林著作编译局编译：《马克思恩格斯全集》（第20卷第2版），人民出版社2013年版，第281-351页。

② 习近平：《坚定不移走中国特色社会主义法治道路，为全面建设社会主义现代化国家提供有力法治保障》，载《求是》2021年第5期。

③ 杨春福等：《完善我国人权司法保障制度研究》，中国社会科学出版社2022年版，第32页。

财产权利、民主权利和其他权利的"小宪法"作用。① 刑事检察的根本任务之一，就是保护国有财产和劳动群众集体所有的财产，保护公民私人所有的财产，保护公民的人身权利、民主权利和其他权利。

司法为民，首先就是高质效办好群众身边的每一个"小案"。每一个刑事案件都承载着当事人的切身利益，案件再"小"，背后呈现的都是一个家庭与他人的人生。办案中必须考虑老百姓关心什么、关注什么，多站在普通老百姓的角度理解他们合理的想法与诉求，多一点儿耐心和时间释法说理，让办案从过程到结果既有力度又有温度，彰显法治温暖与力量；在案件审查法律适用、定罪量刑方面，将法律的专业判断与人民群众朴素的公平正义观相结合，既要考虑具体法条适用，也要考虑刑法基本原则、立法目的和价值导向以及我国现阶段的基本国情，在严格依法基础上，坚持以司法善意彰显严谨的法理。其次，持续办好为民实事，着力服务保障民生。办案中坚持与发展新时代"枫桥经验"，同步推进司法办案、矛盾化解与信访风险评估，努力将矛盾纠纷化解在首办环节，做到"案结、事了、人和"；依法公正对待人民群众的诉求，深化落实刑事案件被害人法律援助制度，进一步加强检察听证、司法救助等工作，维护刑事案件被害人的权益；通过办案解决人民群众最关切的公共安全、权益保障、公平正义等问题，对于常发于群众身边、与群众生活密切相关的多发性侵财、危害食品药品、公共安全、电信诈骗等犯罪，通过依法办案，保护人民群众健康与财产权益，保障人民安居乐业，提升人民群众法治获得感、幸福感、安全感。

二、加强人权司法保障

保障人权是现代法治文明的重要标志。在现代法治国家，人权保障的

---

① 参见高景峰、王佳：《"中国式"刑事诉讼现代化视野下完善检察权的几点思考》，载《中国法律评论》2024 年第 2 期。

最基本和最重要的方式就是司法保障。① 司法是权利救济的最后一道防线，它让每一个公民在合法的制度设计中能够主张和实现自己的权利，其优势在于有国家强制力作为保障。无论是资本主义社会制度还是社会主义制度，在制度正义与否的价值判断标准上，都以人权为衡量标尺。② 尊重和保障人权是习近平法治思想的重要内容，是宪法确立的一项重要原则。根据刑法规定，刑事诉讼承担着惩治犯罪、保障人权的双重任务。③ 保障人权与打击犯罪构成刑事诉讼"现代范式"的基石，是刑事司法服务国家治理不可偏废的两个方面。在刑事检察领域，只有提升人权保障才能厚植党的执政根基。在以人民为中心的司法价值导向下，刑事检察主要通过在刑事诉讼活动中保障诉讼参与人的权益，规范刑事公权力运行，提升司法公开水平，实现让人民群众对公平正义可感可知。

《刑事诉讼法》第 2 条规定，尊重和保障人权，保护公民的人身权利、财产权利、民主权利和其他权利。可见，刑事检察官办案中保障人权，既要保护犯罪嫌疑人、被告人的权利，也要保护被害人和其他诉讼参与人的权利，还应包括人民群众的生命与财产的安全。通过对刑事犯罪实施打击惩罚，维护社会秩序，保障人民生活的安定安宁，使全体人民的权益免受犯罪行为侵害，正是保护公民的人身权利、财产权利、民主权利和其他权利。践行"以人民为中心"，就是在坚持保障犯罪嫌疑人、被告人人权的前提下，强化对刑事犯罪的惩治手段，从根本上落实"惩罚犯罪，保护人民"。坚决而有力地"惩罚犯罪"才能"保护人民"，让全体人民获得安全

---

① 王夏昊：《司法是人权保障的最佳方式》，载《现代法学》2003 年第 2 期。

② 参见范进学：《权利政治论——一种宪政民主理论的阐述》，山东人民出版社 2003 年版，第 290 页。

③ 《中华人民共和国刑法》第 2 条规定："中华人民共和国刑法的任务，是用刑罚同一切犯罪行为作斗争，以保卫国家安全，保卫人民民主专政的政权和社会主义制度，保护国有财产和劳动群众集体所有的财产，保护公民私人所有的财产，保护公民的人身权利、民主权利和其他权利，维护社会秩序、经济秩序，保障社会主义建设事业的顺利进行。"

感就是最好的人权保护。

刑事被害人是刑事案件重要的诉讼参与人之一，是我国刑法重要的保护对象。刑事检察官办案中注重维护刑事被害人的权益，就是践行为人民司法理念的最直接的体现。一是保护被害人实体权利。树立尽可能"让被害人及时得到救济"的办案理念，通过法治教育、法律威慑和必要的强制措施，促使犯罪嫌疑人、被告人对被害人予以赔偿或补偿。将赃款追缴作为保障被害人权益的重要工作，督促公安机关详细调查犯罪嫌疑人资产状况，查清赃款赃物去向，尽最大努力挽回被害人损失；加强与法院配合，做好刑事附带民事诉讼的调解工作，力争使刑事被害人损失得到充分的赔偿。二是保障被害人的知情权。案件受理后，及时告知刑事被害人依法享有的诉讼权利，帮助被害人准确理解法律及相关的程序规定，保障其依法正确、充分行使权利。在诉讼过程中，依法及时告知案件进展与处理结果。三是充分听取被害人意见与诉求，保障被害人的意见表达权。以当面听取被害人意见为原则，使其有机会充分表达诉求；对于不能当面听取意见的被害人，可以采取远程询问、电话或者书面等形式听取意见。将听取被害人意见作为认罪认罚程序中的必要环节，认真听取被害人对程序启动、案件情况、犯罪嫌疑人是否认罪悔罪、如何从宽处理方面的意见。对于已经在侦查阶段与犯罪嫌疑人达成和解的被害人，或因已获得赔偿而谅解犯罪嫌疑人的被害人，要注意核实其和解、谅解的自愿性和真实性，询问其是否有其他要求。对于被害人提出的异议，应当作为着重说理事项予以释明。四是保障被害人获取司法帮助的权利。将被害人救助纳入案件审查范围，了解被害人家庭经济情况，针对生活确有困难并符合救助条件的，及时启动司法救助程序，同时做好法律援助、心理疏导等工作，切实保障刑事被害人合法权益。

三、主动接受人民监督

司法是以评判纠纷中的是非曲直作为自己使命的，公正是其被制造时就被赋予了的生命内涵。① 从人民民主专政的语境出发，人民司法更侧重强调民主司法，重视司法权来自人民，所有司法活动都要在民主的框架内活动。② 党的二十大把发展全过程人民民主作为中国式现代化本质要求之一，对"发展全过程人民民主，保障人民当家作主"作出全面部署。习近平总书记在十四届全国人大一次会议闭幕讲话中强调，要积极发展全过程人民民主……健全人民当家作主制度体系，实现人民意志，保障人民权益，充分激发全体人民的积极性主动性创造性。

习近平总书记强调，各级国家机关及其工作人员一定要为人民用权、为人民履职、为人民服务，把加强同人大代表和人民群众的联系作为对人民负责、受人民监督的重要内容，虚心听取人大代表、人民群众意见和建议，积极回应社会关切，自觉接受人民监督，认真改正工作中的缺点和错误。这一重要论述，为刑事检察做好代表联络工作、接受人民群众监督提供了重要遵循。刑事诉讼关涉公民基本权利的限制与剥夺，尤其需要拓展人民群众参与刑事司法的广度和深度，增强刑事司法办案工作的社会基础。政治素质高、专业人才多、参政议政能力强，是人大代表、政协委员这两个群体的突出特点。代表委员对检察工作提出建议和提案，是依法履行职责、反映群众心声的重要形式，承载着人民群众对美好生活的向往，体现了人民群众的呼声，凝聚了人民群众的智慧和力量。刑事检察官认真办理建议提案，既是法定职责，更是政治责任，不仅体现对人民负责、受人民监督的宪法精神，也是尊重人民主体地位、践行全过程人民民主、自觉接受监督的必然要求。

权力容易滋生腐败，司法活动中的权力也不例外，因此对司法权进行监督十分必要。人民监督员制度正是检察机关落实全过程人民民主、自觉

---

① 卓泽渊:《法治国家论》，中国方正出版社 2001 年版，第 57 页。
② 杨春福等:《完善我国人权司法保障制度研究》，中国社会科学出版社 2022 年版，第 33 页。

接受人民群众监督、保障人民群众有序参与司法的重要载体。实行人民监督员制度，健全对犯罪嫌疑人、被告人的权利保护机制，对保障人民群众对检察工作的知情权、参与权、表达权、监督权具有重要意义。作为检察监督的"镜子"和"第三只眼"，人民监督员制度是改进检察工作的"指南针"和"助推器"，更是检察机关自觉、主动接受外部监督的具体要求。刑事检察官办案中应主动邀请人民监督员参与公开审查、案件旁听、检察建议的研究提出、督促落实、法律文书宣告送达以及案件质量评查等相关工作，听取意见建议，有助于更好改进工作，实现高质效办案。

检察听证是检察机关接受人民监督、实现司法公正的重要途径。检察听证，是指人民检察院对于符合条件的案件，组织召开听证会，就事实认定、法律适用和案件处理等问题听取听证员和其他参加人意见的案件审查活动。① 检察听证中，通过邀请与案件没有利害关系的社会人士担任听证员，一方面，能够确保人民群众参与司法过程，真正实现让公平正义看得见。另一方面，通过听证能够更全面地听取各方意见，既包括当事人及其辩护人、代理人的意见，还包括听证员、相关办案人员的意见，有助于更加客观准确地认定事实、适用法律，依法公正地对案件作出处理决定，促进依法行使检察权。公开透明的办案方式还能增强刑事检察工作的公信力，提升检察机关在人民群众中的形象。《人民检察院审查案件听证工作规定》要求，人民检察院办理羁押必要性审查案件、拟不起诉案件、刑事申诉案件等，在事实认定、法律适用、案件处理等方面存在较大争议，或者有重大社会影响，需要当面听取当事人和其他相关人员意见的，经检察长批准，可以召开听证会。人民检察院办理审查逮捕案件，需要核实评估犯罪嫌疑人是否具有社会危险性、是否具有社会帮教条件的，也可以召开听证会。刑事检察官在办案中应按照相关规定要求，善于运用公开听证解决办案中的疑难复杂问题。根据听证员的专长和实际需求，邀请具有一定社

---

① 参见最高人民检察院《人民检察院审查案件听证工作规定》（2020年）第2条。

会工作经验的人大代表、政协委员、民主党派、基层群众代表和法学、心理学等专业人士为听证员，参与听证的同时协助检察官做好释法说理、心理疏导等工作。把检察听证作为矛盾纠纷预防化解的常态化方式，推进外延拓展，增强检察听证效能，促进基层治理法治化水平。深化多元听证模式，针对年老体弱、交通不便的信访人，开展上门听证，通过"人性化"关怀，有效化解刑事难题。

【案例：罗某某控告案】

基本案情

罗某某，87岁，原系南京某国有企业经销处处长，1992年因犯受贿罪和玩忽职守罪被判处有期徒刑十年。二审维持原判。经再审，1993年南京市中级人民法院撤销对其受贿罪的定罪处罚，判决其构成玩忽职守罪，判处有期徒刑四年。因不服判决，三十年间罗某某持续信访，均被驳回。2022年，其至南京市玄武区人民检察院控告，认为法院、检察院两家单位的多名干警在办案过程中违法办案，未依法调取其无罪证据，将非国家工作人员认定为国家工作人员，将民事纠纷认定为刑事犯罪，涉嫌徇私枉法。

履职情况

承办人受理该案后，经阅卷审查查明：1988年8月，时任南京某国有企业经销处处长的罗某某在洽购业务中，未尽到必要调查和审查注意义务，与无供货能力的公司签订购销合同，造成公司损失近800万元。1993年，罗某某因犯玩忽职守罪被判处有期徒刑四年。三十余年来，罗某某因对判决理由存在错误认识，难以接受判决给自身及家人生活带来的负面后果，因而信访申诉不断。该案反映诉求不仅涉及案件事实和证据、法律适用等问题，更存在由此而引发的劳动、社会保障等问题，息诉化解难度大。为解开罗某某的"法结"，承办人先后十余次前往罗某某家中，听取罗某某诉求，讲解法律规定，提供相关判例；与罗某某代理律师反复沟通，展示证据，就案件法律适用达成统一认识，通过代理律师向罗某某释法说理；邀请罗某某案发时工作单位向其解释当年开除其厂籍的依据和公司其他类似情形。在办案过程中，为帮助罗某某解决实际生活困难，承办人还多次到人社等部门走访，咨询相关政策规定，前往罗某某户籍所在社区、街道协调，为罗某某办理了南京市城乡居民养老保险和医疗保险；邀请资深的心理咨询师为罗某某和其老伴进行心理帮扶，纾解老人心结；多次与罗某某原单位进行沟通，促成社会帮扶。

为提升案件办理公信度，实质性化解该信访积案，承办人决定通过公开听证，从第三方角度慰藉心理需求，解答法律困惑，进而消弭积怨、化解矛盾。考虑到罗某某年事已高、出行不便，经当事人同意，邀请法学专家、人大代表、心理咨询师上门听证，并邀请原单位、社区代表参与听证。听证会前，听证员提前了解案情，就案件事实、证据等进行讨论。听证会上，罗某某充分陈述了自己的控告理由和诉求，承办人就罗某某控告案的审查办理情况进行了深入细致的解释说明，尤其是针对罗某某控告的司法人员未依法调取证据、案件定性错误等事由，结合事实证据，逐一予以回应。法学专家细心讲解了相关法律规定，并列举了类案判例；人大代表客观分析案件处理情况；心理咨询师耐心交流，进行心理疏导，纾解罗某某心结。听证员综合评议发表听证意见，认为罗某某的控告理由不能成立。最终，罗某某表示认可办案结论，承诺息诉罢访。

第三节 坚持公平正义

公平正义是人类永恒追求的价值目标，更是法治价值的核心要素。社会公平正义既是实现国家长治久安、社会稳定发展、人民安居乐业的价值保障，也是评价国家制度、法治建设和社会文明的重要尺度。社会和谐、人际和睦，无疑以公平正义为重要前提。随着经济社会不断发展，人民群众的公平意识、民主意识与权益保护意识越来越强，对社会公平正义的期待与要求也越来越高。2014年1月，习近平总书记在中央政法工作会议上指出，"公平正义是政法工作的生命线，司法机关是维护社会公平正义的最后一道防线。"党的二十大报告再次强调，"着力维护和促进社会公平正义，努力让人民群众在每一个司法案件中感受到公平正义"。

司法公正在社会公正中占有十分重要的地位，它是维护社会正义的最后一道屏障，是体现社会正义的窗口，是司法机关的灵魂和生命线。公平正义不是某一环节、某一片段的呈现，而是贯穿司法全链条、全过程，其中刑事司法领域是人民群众感知公平正义最直接、最深刻的领域。在刑事司法领域，司法机关依法独立公正行使职权，确保犯罪嫌疑人、被告人得到公正审判和裁决，具体体现在犯罪行为的惩治力度、对犯罪嫌疑人的处罚方式以及对被害人权益的保障等方面。检察机关作为法律监督机关，是保障法律统一正确实施、捍卫公平正义的重要防线，应当将公平正义作为核心价值，使公平正义可感可触可见。

一、刑事检察官的价值追求——秉持客观公正立场

恪守客观公正立场，努力追求刑法实质正义，是检察官的价值追求，这是基于其"法律守护人"的定位和定性。[①] 2019年4月23日，《检察官法》

---

① 参见韩旭：《检察官客观义务论》，法律出版社2013年版，第37页。

由第十三届全国人民代表大会常务委员会第十次会议修订通过，其中第五条规定"检察官履行职责，应当以事实为根据，以法律为准绳，秉持客观公正的立场"。这是第一次以立法形式规定了检察官客观公正的立场，实现了检察官客观公正义务的法定化。"立场"相较于义务，既体现了检察机关宪法定位，又提出了新时代检察官做好公平正义守护者的具体要求。

传统意义上的客观公正义务，一直以来就是刑事检察追求的价值目标之一，也是现代各国检察官普遍接受的司法理念与职业伦理。德国法学家萨维尼认为，"检察官承担法律守护人的光荣使命，既要追诉犯罪，又要保护受压迫者，要援助一切受国家法律保护的人民，在对被告提起刑事诉讼程序中，检察官作为法律守护人，负有彻头彻尾实现法律要求的职责。"1935年美国联邦最高法院在伯格诉合众国一案作出裁决中，对检察官"追求公正"作出陈述："美国检察官代表的不是普通一方当事人，而是国家政权，他应当公平地行使自己的职责；检察官在刑事司法中不能仅仅以追求胜诉作为自己的目标，检察官应当确保实现公正，不允许使用可能产生错误结果的不适当手段追诉犯罪。"1990年8月27日，第八届联合国预防犯罪和罪犯待遇大会上通过了《关于检察官作用的准则》，系统规定了检察官客观义务的内容与具体要求。如第12条规定，检察官应始终一贯迅速而公平地依法行事，尊重和保护人的尊严，维护人权从而有助于确保法定诉讼程序和刑事司法系统的职能顺利地运行。这些都是基于检察官作为"国家与公共利益代表"和"准司法官"的角色定位，源于平衡控辩双方实力、用好起诉裁量权的需要。[①] 可见，对于检察官客观公正义务的要求，它适用于不同法系、不同性质国家的检察官司法过程，反映了国际社会对检察官客观义务的基本要求。

面对新时代、新形势、新任务，随着"捕诉一体"机制的推行，刑事

---

① 朱孝清：《检察官客观公正义务及其在中国的发展完善》，载《中国法学》2009年第2期。

检察一体化程度大大提升，客观公正立场已经不仅仅是检察官履职时强调的道德化义务，而是基于公平正义守护者与履行法律监督职责的新理念与行为准则。它要求我们办理案件以事实为根据、以法律为准绳、以人民为中心，秉持打击与保护并重、实体与程序并重，认定事实客观清楚，适用法律正确无误，努力让人民群众在每一个司法案件中感受到公平正义。

根据《现代汉语词典》释义，"客观"是指"按照事物本来面目观察和认识，不带有个人的偏见"。"公正"是指"公平正直"。根据释义，刑事诉讼活动中，检察官应尊重事实真相，收集与审查证据应全面致力于发现真实；对待当事人双方不偏不倚，对于犯罪嫌疑人、被告人有利或不利的证据均应关注研究，维护权利保障权益应兼顾犯罪嫌疑人、被告人、被害人以及诉讼参与人各方。检察官的责任是寻找正义，而不只是寻求定罪，做到独立、客观、公正，以实现维护公共利益与公平正义的目标。

（一）办案时尊重客观事实、持正司法平等，努力发现法律真相

客观理性运用证据是客观公正立场在诉讼证据认定时的基本要求。与法官相比，检察官在角色与功能上更偏重"事实官"而非"法律官"。[①] 它要求以发现法律真实和保障维护人权为双重目标，既运用证据裁判原则的技术工具，又关切平等维护权益的价值理性，严格按照程序法的规定，全面充分客观获取、审查和运用证据，排除一切主观臆断与无端怀疑。《刑事诉讼法》第52条规定，审判人员、检察人员、侦查人员必须依照法定程序，收集能够证实犯罪嫌疑人、被告人有罪或者无罪、犯罪情节轻重的各种证据。严禁刑讯逼供和以威胁、引诱、欺骗以及其他非法方法收集证据，不得强迫任何人证实自己有罪。可见，刑事检察官全面、合法、客观地收集、审查证据，既要实现实体公正，更要体现程序公正。

---

① 万毅：《论检察制度发展的"东亚模式"：兼论对我国检察改革的启示》，载《东方法学》2018年第1期。

（二）对待当事人坚持一视同仁、不偏不倚，充分保障、维护当事人合法权益

"检察官是世界上最客观的官署"，刑事检察官应正确认识打击犯罪与保障人权的关系，既要坚决打击各种刑事犯罪，又要依法保障诉讼参与人包括犯罪嫌疑人、被告人的合法权益。在办理案件过程中，严格依据法律法规、办案规范性文件，对不同诉讼主体合法权利"一碗水端平"，对所有权利内容、正当程序、诉讼救济手段依法及时保护，最大限度满足人民群众的司法安全感、获得感与正义感。刑事诉讼法的总则与分则部分中有多条规定，在完善证据、辩护、侦查措施、强制措施、审判程序等方面，对刑事诉讼活动中尊重与保障人权作出具体要求，这是在刑事诉讼中实现司法公正的重要前提。这要求刑事检察官既要充分关注被害人的权利保护，又要有效保障犯罪嫌疑人、被告人各项诉讼权利。认真听取被害方与辩护方的意见，以促进双方在刑事和解、赔偿损失等方面达成一致意见。对辩护人提出犯罪嫌疑人无罪、罪轻、应当免除刑事责任、不适宜羁押或者侦查活动有违法情形等意见，刑事检察官应当全面审查，对于合理的意见应当采纳，以有效避免错捕、错诉，也是秉持客观公正立场的应有之义。

（三）认真对待每一次审判活动，以追求公正判决为目标

我们应站在诉讼监督者的立场而不是某方当事人的立场，以保障法律正确统一实施为目标而不是胜诉为目标，客观公正履行相关职责。在审查起诉环节，全面收集、审查证据，包括证明犯罪嫌疑人、被告人罪轻、无罪证据；出庭公诉环节，对被告人有利或者不利的全部证据材料都应当向法庭出示或者提供，不得刻意隐瞒，帮助审判机关作出公正判决。如果诉讼程序中发现不应当追究被告人刑事责任的，应当撤回起诉；如果法院裁判确有错误，可以依法提出抗诉或者提请上级检察院抗诉，既包括有罪判无罪或者重罪轻判，也包括无罪判有罪或者轻罪重判，以保障司法公正。

（四）平衡指控犯罪与法律监督两项职责的关系，实现两者价值统一

刑事诉讼法规定检察机关对刑事诉讼活动进行法律监督，这决定了刑事检察官在行使公诉权、指控犯罪的同时，也行使着法律监督职权。司法实践中，有的刑事检察官将自己定义为一方当事人，以谋求胜诉作为唯一追求。有的刑事检察官过于强调"公平公正"，不敢指控，畏首畏尾，一切"以法院为准绳"，不敢履行监督职责。这两种情形是对公平正义理念的误读，也没有正确履行客观公正义务与立场。我国宪法和法律将检察机关定位为法律监督机关，而不是定位为公诉机关、指控机关，这就决定了刑事检察官不是单纯履行追诉职能，追诉与指控犯罪是法律监督的一部分。公诉不仅是指将案件提起公诉、出庭指控，而且包含审查起诉、决定公诉或者不起诉、出庭支持公诉以及抗诉等一系列诉讼活动。所以，公诉具有追诉、监督的双重属性，检察机关在诉讼中既是控方，依法指控犯罪，又要超越控方，保障国家法律统一正确实施。刑事检察官只有站在客观公正立场上，才能依法独立行使法律监督权，维护实体公正与程序公正，确保惩治犯罪与保障人权双重目的实现，将追诉犯罪职能与诉讼监督职能两者协调统一、相得益彰。

二、优化程序，让公平正义更快更好实现

公正和效率是司法的两大主题，司法公正是司法效率的目标，司法效率直接关乎司法公正的实现。[①] 没有效率的公正其实是不公正，司法效率直接关乎社会公平正义的实现。如果办案效率不高，就会影响人民群众对公平正义的信心，损害党的执政根基。习近平总书记指出，要锲而不舍推进司法体制改革，进一步提高司法质量、效率和公信力。要将质量、效率、

---

① 参见王晨：《司法公正的内涵及其实现路径选择》，载《中国法学》2013年第3期。

效果统一于公平正义，在保证质量的前提下，追求最大化诉讼效率，保障公正及时实现。在轻罪案件占比较大的情况下，优化程序，繁案精办、简案快办显得尤为重要。

近年来，笔者所在南京市玄武区检察院为提升办案质效，积极推动案件繁简分流从流程化、单一化向精细化、类别化转变，主要做了以下探索：

（一）加强建章立制工作，确保刑事案件繁简分流工作有序推进

2023年2月，在检察办案区设置刑事案件快速办理中心，联合区公安分局会签《繁简分流实施细则（试行）》《关于刑事案件快速办理机制的实施意见》等文件，起草《诉前协同审查组运转方案》等制度，细化"繁简分流"标准要求。创设《取保候审案件质量追踪卡》《刑事案件流程监控卡》等7份文书，制作刑事案件快办流程图，对快办中心所有刑事案件从立案侦查、提前介入、审查起诉、审判环节，逐一进行管理、跟踪。

（二）前移"繁简分流"关口，为案件"分道提速"做好准备

与公安商议建立刑事案件归口管理、诉讼环节衔接配合机制，法制部门统一负责工作对接。在此基础上，将"繁简分流"、认罪认罚从宽告知关口前移至侦查阶段。公安法制人员在强制措施审批阶段，筛选出可以适用速裁、简易程序的案件，初步繁简分流。在快办中心成立由法制民警2人、预审民警2人、检察院员额检察官3人组成的诉前协同审查组，对公安法制人员筛选出的犯罪嫌疑人自愿认罪认罚、事实比较清楚、证据相对充分的案件，在拟移送审查起诉前进行协商，确定繁简分流。

（三）破解"受案流转"难题，实现刑事案件案卷快速流转

确定适用快速办理机制的刑事案件，公安法制人员在案卷封面加盖"速裁程序""简易程序"专用章，每周一集中移送审查起诉。同时，案管部门对公安机关电子卷宗制作进行规范，明确案卷扫描标准，由公安两名文员在快办中心集中扫描好卷宗后，通过平台推送，案管录入后可直接分

配给承办人，无须再次扫描，大大节约了案卷流转时间。

（四）科学合理划分案件范围，配精、配强、配优人员力量

在案件范围上，快办团队不区分罪名，集中受理 3 人以下可以适用速裁程序和简易程序的所有案件，推动案件快速办理。在人员安排上，选派具有较为丰富的审查案件经验的人员，简化速裁、简易程序案件办案程序，缩短平均办案周期，确保 30% 刑事检察办案人员办理全院所有速裁案件和部分简易案件，占刑事案件总量 65% 以上，真正破除以往零碎敲打、各自为战的办案格局，实现简案快办、协同有序。

（五）推进值班律师从程序"见证人"向实体"参与者"转变

会同区司法局，引进法律帮助工作站，专业律师团队进站提供法律帮助，形成"实质化阅卷 + 实体化听取意见"的值班律师参与认罪认罚案件办理模式，做到"每案必听取、凡听必记录、听后有反馈"。以律师提供法律帮助的文书化、实质化为核心，增强认罪认罚的自愿性、释法说理的充分性和法律帮助的有效性。

当然，迟到的正义非正义，也并不意味着"速来的正义必然正义"。[①] 质量与效率之间，永远是质量为先，效率应当服从于质量，过度追求高效率，必然会对案件质量带来隐患，也不符合司法规律。效率想要促进公正甚至成为公正，正确的选择是在拖沓与草率之间寻求一个适当的中间状态，"一种介于'过'与'不及'两端之间的均衡性"，即适度性。[②] 所以，司法实践中既需要科学合理的制度设计，更需要在实践中不断地修正完善制度，并通过整合资源，将诉讼效率的追求落到实处，在实体和程序双重维度上真正推进司法公正进程。

---

① 于增尊：《效率追求如何契合公正：刑事诉讼期限立法的基本原则》，载《法学杂志》2019 年第 5 期。
② 王建辉：《适度性原则：人类活动理念的变革与重构》，载《武汉大学学报（人文科学版）》2003 年第 1 期。

三、客观公正理念的运用——"法不能向不法让步"

法不能向不法让步，作为正当防卫理性依据的经典表达，已经成为当下社会流行语。意思是无论立法、执法还是司法，合法不屈从于不法，不能为了某些价值与不法达成妥协，因为法就是价值的形式本身，价值的实质就是客观公正。[①] 正当防卫制度是弘扬惩恶扬善传统文化、维护人民群众合法权益、推动良法善治的代表性制度。近年来，这一制度随着"聊城辱母案""昆山反杀案"等一批热点案例而备受关注，"法不能向不法让步"的理念越来越深入人心。在实践中，罪与非罪的判断需要大量的证据分析，考验的是承办人对证据的综合把握，对国法、天理、人情的综合评价，面对困难持之以恒的决心和魄力。只有依法，才能让"不法"寸步难行。以笔者所在的基层检察院办理的一起软暴力下正当防卫案为例，除了补充侦查与自行补充侦查，还历经了办案组、检察官联席会、上级院汇报、专家论证会、检委会等诸多研究与讨论流程，最终成功认定。本案入选省检察院检委会典型案例。

【案例：李某某故意伤害案】
基本案情

徐某某（男，1975 年出生）从事英语课外培训辅导工作，自 2009 年起担任被告人李某某之女李某（1995 年出生）在初、高中阶段的英语辅导老师。教学过程中，徐某某与李某建立恋爱关系。

2013 年，李某考入南京某大学就读。2014 年下半年起，李某不愿意与徐某某维持恋爱关系。徐某某通过拨打电话、发送短信、纠集社会闲散人员前往学校等方式多次滋扰李某，还向李某的多名同学发送短信暴露李某个人隐私并刺探行踪，给李某的学习和生活造成严重影响。2015 年 11 月 4 日上午 11 时，徐某某纠集王某、赵某艳再次来到南京某大学教室寻找李某，

[①] 贾宇著:《新时代检察理念研究》，中国检察出版社 2021 年版，第 101 页。

在李某明确拒绝交谈后，徐某某等人仍在教室门外蹲点守候，李某遂向其父李某某电话求助。当日 12 时许，被告人李某某赶到教室，欲带李某离开现场，遭到徐某某阻拦，李某某劝阻未果。当双方走到教室外的道路上时，徐某某再次上前纠缠李某，李某某为保护女儿，与徐某某发生口角、推搡。其间，李某某挥手击打徐某某致其左侧眼眶骨折。经鉴定，徐某某的损伤程度为轻伤二级。

履职情况

本案由南京市公安局玄武分局侦查终结，以李某某涉嫌故意伤害罪，于 2018 年 11 月 1 日向南京市玄武区人民检察院移送审查起诉。从常人角度看，作为父亲，李某某保护女儿的行为符合老百姓朴素的情感，但徐某某受伤也是事实，且双方矛盾非常尖锐，如何正确办理案件，实现法律效果和社会效果的统一，是摆在承办检察官面前的难题。承办检察官全面细致审查案件，召开检察官联席会。检察官联席会讨论该案时争议较大，存在三种不同意见：第一种意见认为李某某的行为系正当防卫，不负刑事责任；第二种意见认为构成故意伤害罪，双方未和解且矛盾较大，建议起诉；第三种意见认为构成故意伤害罪，但被害人存在重大过错，可以认定李某某主观恶性小、犯罪情节轻微，建议相对不起诉。此案涉及罪与非罪、诉与不诉的重大分歧，属于重大、疑难、复杂案件，故承办检察官提请检察委员会讨论决定。2019 年 5 月 5 日，检察委员会办公室与案件承办部门共同召开专家咨询会，邀请三名高校刑法学知名专家就该案进行研讨。2019 年 5 月 6 日，南京市玄武区人民检察院召开 2019 年第 3 次检察委员会，决定：李某某的行为系正当防卫，不负刑事责任，作法定不起诉处理。同时，建议承办部门做好释法说理工作。主要理由如下：

（一）李某某有正当防卫的意图

防卫意图包括防卫认识和防卫目的两方面内容，是指防卫人在实施防卫行为时对行为以及结果所应具有的心理态度。结合本案有以下因素足以让李某某产生正当防卫意图：

1.徐某某有长期的恐吓和骚扰行为。徐某某在李某心智发育不成熟年仅16岁时，即与未成年学生建立所谓的恋爱关系。李某上大学后不愿与其交往，徐某某仍采取多种方式予以恐吓、骚扰，如扬言要到学校闹，让学校开除李某，第一滴血从李某的父亲开始等，极端的言行足以造成李某某心理上的恐惧和防卫心理。

2.徐某某有多次堪比"软暴力"的纠缠行为。徐某某此前多次到教室拦截李某，曾经带6个人（有4个是拳馆的人）前来助威。"两高两部"《关于办理实施"软暴力"的刑事案件若干问题的意见》中规定"软暴力"是指行为人为谋取不法利益或形成非法影响，对他人或者在有关场所进行滋扰、纠缠、哄闹、聚众造势等，足以使他人产生恐惧、恐慌进而形成心理强制，或者足以影响、限制人身自由、危及人身财产安全，影响正常生活、工作、生产、经营的违法犯罪手段。徐某某的行为堪比"软暴力"，足以加剧李某某对其实施防卫的心理。

3.李某某的防卫目的是保护女儿不受不法侵害。徐某某及同行的人不让李某走，徐某某又上前纠缠李某，李某某作为父亲在女儿之前多次被徐某某恐吓、骚扰，又在如此情境下怕徐某某做出出格行为，怕女儿吃亏，护女心切，拦在两人中间，互相推搡，后又上前挥打对方予以阻止，具有正当性。

（二）本案有正在进行的现实不法侵害

对不法侵害要整体看待，要查明防卫行为的前因后果，考虑防卫人对持续侵害累积危险的感受，而不能局部地、孤立地、静止地看待。徐某某多次骚扰、恐吓李某，从发给李某和同学的短信等看其思维异于常人，在当时的情境下，徐某某从教室门口一直跟着李某父女不依不饶，在走道里纠缠了有42米左右的距离，李某某一直在阻止徐某某，行为相对克制。到了教室外面的路上，当时见李某父女快要离开，徐某某再次上前纠缠李某。徐某某当时的行为已经对李某的人身安全和名誉等造成现实的不法侵害，不及时阻止有危险升级的可能性，在此紧急的情况下李某某推搡已不能有效阻止，实施了挥打的阻止行为，是父亲保护女儿的应激反应。

（三）李某某对徐某某的行为有防卫的必要性

对于正当防卫中的不法侵害是仅限于犯罪行为还是包括一般违法行为，刑法法条内容为"为了使国家、公共利益、本人或者他人的人身、财产和其他权利免受正在进行的不法侵害，而采取的制止不法侵害的行为"，一般认为"不法"不需要达到犯罪的程度，既可以是犯罪行为，也可以是其他一般的违法行为。同时对于防卫的必要性，更要从实施防卫人的角度考虑和出发，结合前因和当时的情境，不能苛求防卫人李某某作出完全正确的判断和防卫力度。结合当时的情况，作为父亲，李某某的行为也符合人之常情。

（四）李某某的防卫没有超出必要限度

鉴于徐某某之前的行为，李某某在当时的情境下出于保护女儿而挥打对方，在防卫力度的判断上不能采取太严格的态度，在当时的情况下也很难控制好自己的力度，虽造成了对方的伤害后果达到轻伤二级，一般认为要达到重伤才能认定为"明显超出必要的限度，造成重大损害"，本案中的防卫行为明显没有超出必要的限度。

（五）认定正当防卫符合天理、国法、人情

自古以来，父母疼爱子女的舐犊之情是世界上最无私最深沉的爱。李某某知道女儿被侵害的事件后心疼不已，在经历多次被恐吓、威胁，以及报警无效后，考虑到女儿的名誉仍一直相对克制。徐某某却有恃无恐，光天化日之下，带人在大学校园里公然骚扰滋事，李某某只身前往，情急之下做出挥打行为而阻止对方进一步侵害。"法不应向不法让步"，对李某某认定正当防卫并作不起诉决定符合人民群众对公平正义的期待，实现了情理法的统一。

2019年5月8日，南京市玄武区人民检察院作出不起诉决定，认定李某某的行为系正当防卫，不负刑事责任，对李某某作出不起诉决定。徐某某不服不起诉决定，认为认定事实不清，适用法律错误，系放纵犯罪，遂向南京市人民检察院提出申诉。南京市人民检察院立案复查后，作出维持不起诉决定。2020年1月7日，徐某某又以李某某涉嫌故意伤害罪向南京市玄武区人民法院提起自诉，南京市玄武区人民法院于2021年3月19日作出刑事附带民事判决，驳回徐某某的诉讼请求。徐某某不服该判决结果，向南京市中级人民法院上诉，南京市中级人民法院于2021年6月15日驳回上诉，维持原判。

第四节　坚持宽严相济刑事政策

宽严相济刑事政策，是党中央在构建社会主义和谐社会新形势下提出的一项重要政策，是我国的基本刑事政策，是中华优秀传统法律文化、中华法系德法合治思想的延续，有着深厚的历史渊源和中国特色。[①] 它对于最大限度地预防和减少犯罪、化解社会矛盾、维护社会和谐稳定，具有特别重要的意义。

一、宽严相济的深厚法律文化渊源

早在先秦时代就有"刑罚世轻世重""宽猛相济"的政策，如《左传》有言，"政宽则民慢，慢则纠之以猛；猛则民残，残者施之以宽。宽以济猛，猛以济宽，政是以和。"[②] 这里的"政"包含刑罚的运用。"宽猛相济"虽然与"宽严相济"的提法不同，但基本内核是一致的。即使在史称刑罚最为严厉的明朝，这一政策仍然有所体现，《明史·刑法志》记载，"盖太祖用重典以惩一时，而酌中制以垂后世。故猛烈之治，宽仁以诏，相辅而行未尝偏废也。"[③] 这里的"宽猛相辅而行"，也有"宽猛相济"之意。这表明即使在史称刑罚最为严厉的明朝，也会采用宽缓之刑予以调节。

新中国成立后，一直适用惩办与宽大相结合的刑事政策。1956 年 9 月 15 日，中国共产党第八次全国代表大会报告指出，"我们对反革命分子和其他犯罪分子一贯地实行惩办和宽大相结合政策，凡是坦白的、悔过的、立功的，一律给予宽大处置。"1979 年制定《刑法》时，立法机关将这一政

---

① 董桂文等：《重罪案件贯彻宽严相济刑事政策实证研究》，载《国家检察官学院学报》2023 年第 6 期。

② 左丘明：《左传》，中华书局 2012 年版，第 1906-1907 页。

③ 《【稳进落实提升一年间】揭秘！认罪认罚从宽制度适用率从 38.4% 提升至 82.9%》，载微信公众号"最高人民检察院"，2020 年 5 月 8 日。

策列入《刑法》第一条，该条规定："中华人民共和国刑法……依照惩办与宽大相结合的政策……制定。"1997 年《刑法》修订时，虽然删除了"依照惩办与宽大相结合"的政策表述，但该政策对当时的司法实践仍具有指导意义。

2004 年 12 月中央政法会议指出，"正确运用宽严相济刑事政策，对严重危害社会治安的犯罪活动，依法严厉打击，绝不手软。同时要坚持依法惩办与宽大相结合，才能取得更好的法律与社会效果。"这是第一次提出宽严相济的刑事政策。2005 年底举行的全国政法会议对宽严相济刑事政策进行了进一步的阐释，指出"宽严相济刑事政策指对刑事犯罪依法区别对待，做到既要有力打击和震慑犯罪，维护法制严肃性，又要尽可能减少社会对抗，化消极因素为积极因素，实现法律效果与社会效果统一。"这也是第一次将宽严相济作为独立的刑事政策予以明确。2006 年 10 月 11 日，《中共中央关于构建社会主义和谐社会若干重大问题的决定》中提出，"实施宽严相济的刑事司法政策，改革未成年人司法制度，积极推行社区矫正。"这标志着宽严相济刑事政策正式确立。

惩办与宽大刑事政策是"惩办"在先，"宽大"在后。与惩办与宽大的刑事政策不同，宽严相济刑事政策的表述是"宽"在前，"严"在后。[①] 2025 年初的全国检察长会议上强调，全面准确落实宽严相济刑事政策，宽和严都要依法，严和宽两手都要抓、都要硬、都要准。这对刑事检察人员在司法实践中准确依法适用宽严相济刑事政策提出了具体要求。

二、全面准确把握宽严相济刑事政策的时代意义

刑事政策的内容与特定的历史背景与环境有关，不同历史时期，社会条件不同，刑事政策也会呈现不同的内涵。进入新时代，宽严相济刑事政

---

① 参见黄京平：《宽严相济刑事政策的时代含义及实现方式》，载《法学杂志》2006 年第 4 期。

策也应当具备新的时代精神。2021 年 6 月，《中共中央关于加强新时代检察机关法律监督工作的意见》（以下简称《意见》）的印发，充分体现了以习近平同志为核心的党中央深入推进全面依法治国的坚定决心，充分体现了党中央对完善党和国家监督体系特别是检察机关法律监督工作的高度重视，为新时代检察工作赋予了更重政治责任、历史责任。《意见》要求，"根据犯罪情况和治安形势变化，准确把握宽严相济刑事政策，落实认罪认罚从宽制度，严格依法适用逮捕羁押措施，促进社会和谐稳定。"所以，在习近平法治思想的指引下，厘清新时代刑事检察人员在落实刑事政策中承担的重要责任，显得尤为重要。

新时代轻罪案件比例的不断提高，犯罪结构发生变化，同时人们对于刑罚效用有了更为理性的认识。犯罪是社会矛盾和社会结构诸多因素综合作用的结果，治理与预防犯罪，除了刑法，还有民法、行政法、社会法以及教育、社会福利等综合治理手段，这也是新时代构建社会主义和谐社会的必然要求。刑事检察人应该充分认识到这样的发展趋势与时代要求，在办案中将运用刑罚手段与犯罪作斗争的过程自觉转化为不断减少和化解犯罪人群与社会之间矛盾的过程，做到既有力打击犯罪，又尽可能化解社会矛盾，努力将消极因素转变为积极因素，实现办案政治效果、法律效果、社会效果的有机统一。

（一）全面把握宽与严的辩证关系

立足于新发展阶段的国情、社情，既要着眼于维护当下的国家安全、社会安定，又要着眼于维护社会的长治久安与社会治理现代化，不断扩大党执政的群众基础和社会基础，从根本上、长远上巩固党的领导执政地位。因此，应当全面理解宽严相济刑事政策，应当认识到宽与严是一个有机统一的整体，二者相辅相成。切不可人为地割裂宽与严的关系，既不能只强调"严"而忽视"宽"，又不能一味从宽而放纵犯罪。切实做到宽以济严，严以济宽。一方面，要始终坚持"严"的一面绝不动摇，坚决严惩危害国家安全、严重危害社会秩序的犯罪，保持"严"的震慑力度，切实增强人民群众安全感。[①] 另一方面，要规范"宽"的一面，对轻微犯罪、主观恶性不大的犯罪等依法落实"宽"的政策，发挥好"宽"的教育作用，减少社会对抗、增进社会和谐。此外，还应把握轻罪不是一味从宽，轻罪有从重处罚情节的，要从严处理；重罪也不是一味从严，在突出严的同时对有从宽情节的依法从宽，体现区别对待。

（二）在不断提升认罪认罚案件办理质效中进一步全面准确落实宽严相济刑事政策

完善刑事诉讼中认罪认罚从宽制度，是党的十八届四中全会作出的重大改革部署。认罪认罚从宽制度从提出到试点，再到全面实施，对我国刑事司法制度产生了广泛而深远的影响，是中国特色社会主义刑事司法制度的重大创新，丰富了刑事司法与犯罪治理的"中国方案"，已经成为我国国家治理体系和治理能力现代化的重要组成部分。认罪认罚从宽制度是准确落实宽严相济刑事政策的直接产物。[②] 2016 年 11 月，最高人民法院、最高人民检察院、公安部等出台《关于在部分地区开展刑事案件认罪认罚从宽制度试点工作的办法》时明确提出，认罪认罚从宽制度试点是依法推动宽严相济刑事政策具体化、制度化的重要探索。2018 年 10 月，认罪认罚从宽制度被写入刑事诉讼法，最高人民法院、最高人民检察院、公安部等随后出台《关于适用认罪认罚从宽制度的指导意见》，宽严相济刑事政策作为首要原则被写入该指导意见。在践行全面依法治国、加快推进社会治理现代化的时代背景下，认罪认罚从宽制度作为实体规范和程序保障一体构建的刑事法律制度，对推动宽严相济刑事政策制度化和深化发展起着重要作用，在更好满足社会多元司法需求、更好回应人民群众对司法公正期盼，在更

---

① 参见叶青:《检察机关贯彻宽严相济刑事司法政策的思考》，载《政治与法律》2008 年第 1 期。
② 参见陈光中:《认罪认罚从宽制度若干重要问题探讨》，载《法学》2016 年第 8 期。

高层次上实现司法公正与效率相统一、惩罚犯罪与保障人权相统一的制度探索等方面，具有重大的时代意义和实践价值。[①] 2020 年以来，全国检察机关认罪认罚适用率始终保持在 90% 左右，这表明刑事检察人员在刑事诉讼中的主导作用提升明显，也充分体现了宽严相济刑事政策适用效果。提升认罪认罚案件办理的质效，一方面，应依法规范办案，保证认罪认罚的自愿性、真实性，量刑建议的合法性、恰当性。另一方面，把握宽严相济刑事政策中从宽与从严的"相济"与"相当"。认罪认罚案件绝大部分是轻罪案件，需要更好进行分流处理、区别对待，实体上落实宽严相济、坦白从宽，对自愿如实认罪、真诚悔罪认罚的犯罪嫌疑人、被告人，特别是对民间矛盾引发的轻罪罪犯、过失犯、未成年犯等依法从宽处理，确保罚当其罪，更好发挥刑罚教育矫治功能，让罪犯有机会改过、有出路自新，更好改造、回归社会，可以最大限度地减少社会对立面，促进社会和谐稳定和国家长治久安。同时，程序上推进繁简分流、轻重分离、快慢分道。长期以来，我国针对重罪治理积累了较为丰富的实践经验，但随着近些年我国犯罪结构的深刻变化，轻罪案件数量大幅度上升，检察机关应将犯罪治理的重心由重罪转向轻罪，提升犯罪治理效能，为刑事司法领域加快推进社会治理现代化方面提供更多有益的探索。[②]

（三）在全面准确落实宽严相济中促进公平正义

新时代语境下，刑事检察人员应根据社会发展的情势，准确把握人民群众在新时代对公平正义的需要，坚持实体公正和程序公正相统一、公正与效率相统一、惩罚犯罪和保障人权相统一的司法理念，坚决杜绝"人情案""关系案"，确保法律面前人人平等，全面准确贯彻宽严相济的刑事政

---

① 参见沈亮：《凝聚共识　推进认罪认罚从宽制度深入有效实施》，载《人民法院报》2021 年 7 月 22 日，第 2 版。
② 参见万春：《宽严相济刑事政策创新发展的检察实践》，载《中国刑事法杂志》2022 年第 4 期。

41

策,切实提升社会公平正义。① 一方面增强大局意识,对于社会高度关注的重大敏感复杂案件,须从严的从严,该从宽的从宽,宽严相济,兼顾了天理国法人情,实现政治效果、法律效果、社会效果的统一。另一方面加强人权司法保障,不断推动以审判为中心的刑事诉讼制度改革,强化律师辩护作用,为宽严相济刑事政策的全面准确贯彻营造良好环境。

【案例:马某乙等人聚众斗殴案】

基本案情

2023 年 7 月 16 日 23 时许,顾某、马某甲因个人矛盾,在南京市秦淮区洪武路 199 号来斯小酒馆附近互相殴打。后双方召集人员打架,顾某召集陆某等人,马某甲召集马某乙、张某等人,马某乙召集陈某、尹某,马某甲在南京市玄武区珠江路东鼎大厦门口找到朱某和顾某,并用喷辣椒水等方式对二人进行殴打。殴打结束后,双方未离开现场,并再次召集他人,付某被召集至现场后,双方再次发生斗殴,付某手搯蒋某、脚踹马某甲;双方发生激烈争吵,陆某上前对马某甲飞踹一脚,事态再次升级,陆某对马某甲拳脚相加,尹某等人继续与对方互殴。后双方到达南京市鼓楼区车之梦汽车租赁公司门口,经商议,由朱某和张某互殴一分钟,互殴后双方离开现场。经法医鉴定,朱某、张某、顾某的损伤程度属轻微伤。

履职情况

2023 年 8 月 17 日,南京市公安局玄武分局对犯罪嫌疑人马某乙、尹某、顾某、陆某以涉嫌聚众斗殴罪提请审查逮捕。虽然四名犯罪嫌疑人均为未成年人,但此次聚众斗殴犯罪参与人数多,规模大,且系在公共场所、交通要道聚众斗殴,且有部分参与人将殴打他人视频上传网络,传播面广,社会影响较为恶劣。检察官经讯问,实地走访家庭,了解到顾某父母离异,母亲角色的缺失、父亲教育方式的不足,自控能力差,此前因多次盗窃被

---

① 参见李培龙:《宽严相济的刑事司法政策及其在检察工作中的实现》,载《华东政法学院学报》2007 年第 2 期。

公安机关取保候审，仍不思悔改，此次借故生非，纠集多人并积极参加聚众斗殴系在取保候审期间继续实施犯罪行为；陆某虽自幼与父母生活在一起，但父母忙于生计，对其监管缺位，青春期中陆某长期与社会不良青少年来往，从他们身上寻求肯定和存在感，常年流连于酒吧等娱乐场所，沾染上吸烟、喝酒、吸毒等恶习，曾因盗窃、殴打他人、寻衅滋事、吸毒等违法行为被多次处理，此次犯罪为泄私愤，积极参加聚众斗殴，人身危险性和再犯可能性均较大；马某乙虽然家庭条件优渥，但法律意识极为淡薄，青春期后开始叛逆，长期与社会不良青少年来往后，沾染了无证驾驶、饮酒、泡吧等恶习，此次犯罪其纠集多人参加聚众斗殴，提供车辆运输人员、器械并且在现场分发器械，持械助威，积极参加聚众斗殴，即使在犯罪后仍没有认识到法律后果的严重性，认为自己未成年，且没有积极的打斗行为，只是喊了人到现场，后果不会很严重，具有一定的侥幸心理，故三人有逮捕必要；而尹某父母离婚后，父亲经常酗酒打骂自己，让其心灵产生了较大的阴影，虽在案发前长期与社会不良青少年来往，但平时一贯表现较好，此次在他人纠集下参加斗殴，但情节轻微，未造成严重后果，案发后能够积极认识到自己身上存在的错误，愿意积极改正，断绝以前的交友圈，故无逮捕必要。

2023年8月24日，南京市玄武区人民检察院对马某乙、顾某、陆某批准逮捕，对尹某不批准逮捕。2023年9月21日，公安机关将该案移送审查起诉。承办人了解到马某乙被逮捕后，在看守所内深刻反省自己的言行，剖析后认为自己一直抱有侥幸心理觉得不会被关押，此次被关押后真的认识到错误了，不会再做违法犯罪的事情。其父母也认识到自己的教养方式存在问题，有改变的意愿，愿意承担起监管责任。2023年9月25日，玄武区检察院决定对马某乙启动羁押必要性审查，通过召开不公开听证会，邀请听证员就其是否有必要继续羁押进行讨论。听证员们一致同意对其变更强制措施，9月25日，玄武区检察院对马某乙决定变更强制措施为取保候审；10月18日，考虑到其有悔罪表现，人身危险性小，再犯可能性不大，决定对其附条件不起诉，2024 年 5 月 20 日，对其作出不起诉处理决定。

三、逮捕措施适用中"宽"与"严"的把握

逮捕是最严厉的刑事强制措施，是否适用逮捕措施应谨慎而为。2007 年 1 月，最高人民检察院关于印发《最高人民检察院关于在检察工作中贯彻宽严相济刑事司法政策的若干意见》的通知中就明确规定，严格把握"有逮捕必要"的逮捕条件，慎重适用逮捕措施。……审查批捕要严格依据法律规定，在把握事实证据条件、可能判处刑罚条件的同时，注重对'有逮捕必要'条件的正确理解和把握。2021 年 6 月，党中央印发《中共中央关于加强新时代检察机关法律监督工作的意见》将"严格依法适用逮捕羁押措施，促进社会和谐稳定"作为检察机关一项重要履职任务。2023 年 11 月，最高人民检察院、公安部联合印发《人民检察院、公安机关羁押必要性审查、评估工作规定》，围绕规范羁押强制措施适用，对检察机关、公安机关开展羁押必要性审查、评估工作的职责分工、启动程序、内容方式、标准把握、监督管理等方面作出具体规定。2024 年 7 月，最高人民检察院制定《人民检察院羁押必要性审查工作指引》，进一步细化权利保障、工作程序流转、审查内容与方式等具体操作要求。

《刑事诉讼法》规定逮捕的条件是，有证据证明有犯罪事实，可能判处徒刑以上刑罚，采取取保候审、监视居住等方法尚不足以防止发生社会危险性而有逮捕必要。作为身担"捕诉一体"职能的刑事检察人员，在履行审查批捕过程中，应严格依据法律规定，在满足事实证据、可能被判处徒刑以上刑罚条件的同时，全面审查犯罪嫌疑人的社会危险性，注重对《刑事诉讼法》规定的"有逮捕必要"条件的正确理解和把握。[①] 逮捕措施适用前，应依照立法规定结合案件事实综合考虑以下因素：主体是否属于未

---

① 参见万毅：《法定逮捕要件模式的反思与重构》，载《江苏行政学院学报》2023 年第 6 期。

成年人或者在校学生、老年人、严重疾病患者、盲聋哑人、初犯、从犯或者怀孕、哺乳自己婴儿的妇女等；犯罪行为的法定刑是否属于较轻的刑罚；犯罪情节是否具有中止、未遂、自首、立功等法定从轻、减轻或者免除处罚等情形；是否是过失、受骗、被胁迫等；犯罪后是否具有认罪、悔罪表现，是否具有重新危害社会或者串供、毁证、妨碍作证等妨害诉讼进行的可能；案件基本证据是否已经收集固定、是否有翻供翻证的可能等。其中对于罪行严重、主观恶性较大、人身危险性大或者有串供、毁证、妨碍作证等妨害诉讼顺利进行可能，符合逮捕条件的，应当批准逮捕；对于可以作轻缓处理的犯罪，依法慎重适用逮捕措施；对于不采取强制措施或者采取其他强制措施不至于妨害诉讼顺利进行的，应当不予批捕。

对犯罪嫌疑人、被告人被逮捕后进行羁押必要性审查、评估工作，同样是全面准确贯彻宽严相济刑事政策的关键一环。[①] 开展羁押必要性审查、评估工作，全面审查、评估犯罪嫌疑人、被告人涉嫌犯罪事实、主观恶性、悔罪表现、案件进展情况、可能判处的刑罚、身体状况、有无社会危险性和继续羁押必要等因素，对于复盘逮捕措施适用至关重要，有利于更好地维护公民合法权益，更好地保障刑事诉讼活动顺利进行，也是高质效办案的应有之义。在办案中我们应重点审查：是否存在因患有严重疾病、生活不能自理等原因不适宜继续羁押的；是否是怀孕或者正在哺乳自己婴儿的妇女；是否系未成年人的唯一抚养人；是否系生活不能自理的人的唯一抚养人；案件诉讼期限内长时间未审结，继续羁押犯罪嫌疑人、被告人，羁押期限是否将超过依法可能判处的刑期的；案件事实、情节或者法律、司法解释发生变化，是否存在可能导致犯罪嫌疑人、被告人被判处拘役、管制、独立适用附加刑、免予刑事处罚或者判决无罪的；案件证据发生重大变化，是否可能导致没有证据证明有犯罪事实或者犯罪行为系犯罪嫌疑

[①] 参见陈涵颖：《羁押必要性审查制度的现实困境与改革进路》，载《西南石油大学学报（社会科学版）》2021年第4期。

人、被告人所为的。如果发现这些情形，应当立即开展羁押必要性审查、评估工作，以保证案件质量，提升刑事案件办理质效。对于羁押必要性的审查应坚持全面评判、综合认定的原则，对于同时符合不同类别的多项情形的，应当系统评价在押人员社会危险性，不能仅因符合某一项情形而简单认定其具有或者不具有社会危险性。此外，对于已经径行逮捕的对象，也应当进行审查，如发现因案情或者适用法律发生变化，犯罪嫌疑人可能判处的法定最高刑在 10 年有期徒刑以下刑罚等情形，也可以开展羁押必要性审查。

【案例：孙某以危险方法危害公共安全案】

基本案情

2021 年 2 月，犯罪嫌疑人孙某通过网络平台购买弹弓、钢珠弹丸，多次在其住处附近荒山和公园内练习弹弓射击。2021 年 5 月 18 日、25 日，犯罪嫌疑人孙某至沪宁高速公路南京连接线北侧，博爱园靠卫岗隧道东入口一带，使用弹弓发射钢珠弹丸向沪宁高速南京连接线路面及设施射击，造成在此路面快速行驶的被害人杨某甲、杨某乙等人驾驶的 9 辆机动车车窗玻璃等处被击损。经鉴定，损失合计人民币 9880 元。

履职情况

2021 年 5 月 27 日，犯罪嫌疑人孙某被公安机关抓获归案，并在其处查获弹弓及钢珠弹丸等。次日，孙某因涉嫌以危险方法危害公共安全罪，被南京市公安局玄武分局刑事拘留。同年 6 月 25 日，该分局提请南京市玄武区人民检察院批准逮捕，因案件发生在高速公路沪宁连接线区域，涉及时间、空间跨度较大，证据有灭失的可能性。检察机关带领公安机关侦查人员现场勘察，经过现场查看、车辆测速，认定孙某的行为对公共安全存在危害，且其在打鸟和打护栏的过程中，确实能够损害到正常行驶的车辆，主观上是间接放任的故意。因犯罪事实尚未查清，各被害人未得到相应赔偿，没能达成刑事和解，有影响诉讼正常进行的可能性，2021 年 7 月 2 日玄武区检察院对孙某批准逮捕。在案件的捕后侦办过程中，承办检察官定期与公安机关沟通案件进展情况，要求公安机关对孙某手机中的购买记录等电子数据进行及时提取固定；要求进行走访、监控排查调查，查清有无其他被害人，在最短时间内完成证据锁链闭环。经核实，孙某因个人兴趣购买弹弓，并未有暴力犯罪倾向、认罪认罚态度诚恳，在其家庭并不富裕的情况下，仍积极退赔。在了解到9名被害人中有2人并不愿意谅解时，承办检察官主动找到被害人，询问相关情况，告知其犯罪嫌疑人现在的认罪态度及其家庭状况，通过沟通被害人表示愿意谅解。鉴于孙某涉嫌犯罪事实已全部查清，其本人认罪认罚、在南京有固定工作和稳定收入、表示愿意随传随到、保证配合诉讼工作，且被害人均已得到赔偿，达成了谅解。因此，在能够保证诉讼顺利进行的前提下，玄武区检察院在审查起诉阶段主动开展羁押必要性审查工作，于2021年9月9日对其变更强制措施为取保候审。

【案例：李某某故意伤害案】

基本案情

被告人李某某与施某甲于2010年登记结婚，婚前双方各有一女，2012年下半年，李某某夫妇将李某某表妹张某某之子被害人施某某（男，案发时8周岁）从安徽省带至江苏省南京市抚养，施某某自此即处于李某某的实际监护之下。2013年6月，李某某夫妇至民政局办理了收养施某某的手续。2015年3月31日晚，李某某因认为施某某撒谎，在其家中先后使用竹制"抓痒耙"、塑料制"跳绳"对施某某进行抽打，造成施某某体表150余处挫伤。经法医鉴定，施某某躯干、四肢等部位挫伤面积为体表面积的10%，其所受损伤已构成轻伤一级。案发后，施某某的生父母与李某某达成和解协议，并对李某某的行为表示谅解。

履职情况

2015年4月1日，"南京虐童案"的被害人施某某满身是伤的照片被网络曝光后，网民群情激愤，引发舆论极大关注。公安机关介入后，南京市浦口区检察院第一时间成立办案组，提前介入，引导侦查。4月5日，南京市公安局高新技术开发区分局以李某某涉嫌故意伤害罪对其刑事拘留，4月12日，向浦口区检察院提请批准逮捕。该院经审阅案卷、讯问犯罪嫌疑人、询问证人、听取被害人及辩护人的意见。4月16日，为更好回应社会关切，办案组就是否批准逮捕李某某召开公开听证会，广泛听取社会各界意见建议。省、市人大代表，政协委员，人民监督员，法学、社会学、心理学专家学者等18人，以及李某某的辩护律师出席听证会。4月19日，经浦口区检察院检察委员会研究，认定李某某涉嫌故意伤害罪，但无逮捕的必要，不批准逮捕。主要理由如下：

（一）逮捕是刑事强制措施的一种，并不等同于刑事处罚

刑事强制措施是指司法机关为了保证刑事诉讼的顺利进行，依法对犯罪嫌疑人的人身自由进行限制或者剥夺的各种强制性方法。强制措施包括了取保候审、监视居住、逮捕等。逮捕作为最严厉的一种强制措施，表现为在一定时限内剥夺犯罪嫌疑人人身自由，其主要目的也是保障刑事诉讼活动的顺利进行，防止犯罪嫌疑人逃避侦查、起诉和审判，进行毁灭、伪造证据、继续犯罪等妨害刑事诉讼的行为。因此，逮捕是预防性而非惩戒性措施，其仅具有程序性效力，并非对案件进行实体处理。本案中，李某某的行为已经涉嫌故意伤害罪，理应承担相应的刑事责任。逮捕仅是一种强制措施，是否逮捕不会影响对其刑事责任的认定，逮捕并不意味着对犯罪嫌疑人进行了刑事处罚，不逮捕也不意味着宣告犯罪嫌疑人无罪。

（二）对照刑事诉讼法的规定，对犯罪嫌疑人李某某无逮捕必要

我国《刑事诉讼法》第79条规定了逮捕的条件。具体到本案，犯罪嫌疑人李某某伤害他人身体，致人轻伤，法定刑为三年以下有期徒刑、拘役或者管制，属于轻微刑事案件。李某某归案后，在侦查阶段以及审查逮捕阶段均能够如实供述自己的犯罪行为，认真反思，并通过辩护人宣读了致歉信。其深刻地认识到行为的危害性以及自身存在的问题，认罪态度端正，

真诚悔罪。目前全案基本证据已得到搜集、固定，不需要再通过对李某某采取羁押的方式进行调查取证。李某某在南京有固定的住所和稳定的工作，无任何前科劣迹，表现一贯良好；经评估，对其采取取保候审的方式也不会对被害人再次造成人身伤害或者打击报复，因此，具备取保候审的条件。综上，对犯罪嫌疑人李某某不批准逮捕，采取取保候审等强制措施，不会妨碍刑事诉讼过程的顺利进行。

（三）该案的发生系事出有因

犯罪的动机和目的是我们办理案件过程中需要认真考虑的因素。本案中，犯罪嫌疑人李某某实施故意伤害犯罪的动机是因为未成年子女的教育问题，目的是提高学习能力。但李某某为了教育子女采取了不当的方式，其没能用平等对话的方式与未成年子女进行沟通交流，而是选择了"棍棒"教育这一简单粗暴的家庭教育方法，导致了危害结果的发生。该案系不当的家庭教育方法而引发的刑事案件，因此李某某实施故意犯罪与其他故意虐待、无端殴打未成年人的违法犯罪行为有所差异，其主观恶性也相对较小。

（四）不批准逮捕符合各方当事人意愿

根据最高人民法院、最高人民检察院、公安部、司法部《关于依法办理家庭暴力犯罪案件的意见》规定，对发生在具有监护关系的共同生活成员之间的家庭暴力犯罪，办理的基本原则之一是尊重被害人意愿。根据最高人民法院、最高人民检察院、公安部、民政部《关于依法处理监护人侵害未成年人权益行为若干问题的意见》规定，处理监护侵害行为，应当遵循未成年人最大利益原则，充分考虑未成年人身心特点和人格尊严，给予未成年人特殊、优先保护。因此，该案的办理应当充分听取各方当事人的意愿，依法作出有利于维护未成年人的合法权益的处理。本案被害人向检察官表达了想见妈妈的意愿，被害人亲生父母向检察院表示不希望批捕李某某，听证会上，绝大多数与会人员从多个角度表达了赞成不批准逮捕的观点。对李某某批准逮捕，继续对其进行羁押，会对被害人身心健康造成不良影响，很可能会引起新的心理创伤，会对其造成"二次伤害"。因此，在不影响刑事诉讼活动前提下对李某某不批准逮捕，有利于被害人尽快恢复正常的生活、学习状态，有利于其健康成长。

四、依法准确行使起诉权

慎刑思想在我国传统法律文化中有着深远的历史基因。早在西周时期就存在"明德慎罚"的思想，《尚书·周书·康诰》中，周公曾告诫赴任殷商旧地治理民众的康叔，"惟乃丕显考文王，克明德慎罚；不敢侮鳏寡，庸庸，祗祗，威威，显民"。① 这里的"明德慎罚"有两个层面的含义："明德"即提倡德治，重视道德教化，用道德的力量去教育、感化民众；"慎罚"即慎重用刑，本着审慎、宽缓的原则用法施刑，不得随意用刑、滥杀无辜。清末法律改革沈家本也曾指出："苟不能化其心，而专任刑罚，民失义方，动罹刑纲，求世休和，焉可得哉？"② "化民之道，固在政教，不在刑威也。"③ 现代刑法谦抑原则要求能用其他法律方式解决问题时，坚决不动用刑法。可运用刑罚可不运用刑罚时，坚决不运用刑罚。进入新时代，随着轻罪案件大量增加，严重暴力犯罪逐年减少，司法实践中，更要求司法人员办案中以事实为依据，以法律为准绳，公正地裁断案件，依法适用刑罚。

起诉必要性审查是全面准确落实宽严相济刑事政策的重要组成部分，早在 2007 年最高人民检察院的相关文件中，要求在奉行起诉法定主义为主导、起诉便宜主义为补充的刑事追诉原则下，充分发挥检察机关不起诉裁量权的价值功能，以起诉合法性与起诉合理性标准规范刑事追诉行为，释放刑事裁量不起诉的制度活力。诉与不诉一字之差，却很可能改变一个人甚至一个家庭的命运。通过这一制度，检察机关可以在确保公正和效率的

---

① 《尚书》，慕平译注，中华书局 2009 年版，第 166 页。
② 沈家本：《历代刑法考》，中华书局 1985 年版，第 1 卷，第 171 页。
③ 沈家本：《历代刑法考》，中华书局 1985 年版，第 4 卷，第 2025 页。

同时，体现对轻微犯罪的宽容和对人权的保障，促进社会和谐稳定。刑事检察官在审查起诉中，应通过依法行使起诉权，综合权衡考量法、理、情，依法合理精准作出办案决定，充分发挥审查起诉的审前把关、分流作用，对符合法定条件的依法适用不起诉，以尽可能实现提高司法效率、节约司法资源的目标。

《刑事诉讼法》第176条规定的起诉标准是人民检察院认为犯罪嫌疑人的犯罪事实已经查清，证据确实、充分，依法应当追究刑事责任的，应当作出起诉决定。所以，具体在审查起诉中是否提起公诉，应当严格把握两个条件，进行两次判断。一是对是否符合起诉条件进行合法性判断；二是对是否必须起诉进行合理性判断。起诉合法性标准要求检察机关严格把握提起公诉的法律条件与证据标准，对不符合公诉条件的案件，应当作出法定不起诉决定。对不符合法定起诉条件的案件提起公诉，是检察机关错误行使公诉权，可能导致冤枉无辜等严重后果。起诉合理性判断则要求检察官在决定是否起诉时，在法律允许的范围内，应当综合考量社会公共利益及诉讼权利主体利益，依法准确行使起诉裁量权，作出适当的处理，而非基于报应刑思想一律作出起诉决定。检察机关是公共利益的代表，公诉是检察机关代表国家提起诉讼，要求法院予以审判，使国家刑罚权得以实现，公共利益得以维护。作为公共利益的守护者，刑事检察官在审查起诉过程中，如果根据当下的法律法规、公共政策、刑事政策，通过不起诉能更好地维护和实现公共利益，可依法选择不起诉。所以，在起诉裁量时必须将诸多法律规定及案涉要素都放到"不起诉是否更符合公共利益"这一大原则之下进行综合考量，以公共利益考量指引案件整体法律适用，这样的"诉"或"不诉"，才能更好地实现政治效果、法律效果和社会效果的有机统一。

起诉必要性审查内容需要关注与公共利益相关的案件因素，具体而言包括：一是对国家和社会公共利益影响，包括国家安全、社会秩序、公共利益等。犯罪行为破坏的社会关系是否得到修复，造成的恶劣社会影响是否能够消除。如果这种损害不可逆、无法修复，则应当给予刑罚处罚。当然，对于因犯罪嫌疑人已经拿出足额赔偿但尚未满足被害人或者其近亲属不合理要求的情形，不能因被害人一方漫天要价而否认社会关系修复。二是犯罪嫌疑人社会危害性与人身危险性程度，即不给予刑事处罚能否预防犯罪，包括犯罪嫌疑人犯罪性质、手段、后果、是否犯数罪、有无前科、劣迹、累犯、犯罪后的悔罪表现等。三是犯罪主体的情况，是否属于法律和刑事政策给予特殊宽宥的群体，如是否是在校学生、有未成年子女需要抚养或者年老多病的父母需要赡养的人、与被害人之间的社会关系等。四是犯罪原因和动机刑法是否宽宥，包括是否系因生活所迫犯罪还是好逸恶劳犯罪，是否被胁迫犯罪。五是其他涉及公共利益的情况。对于以上五类要素，承办检察官应当作出综合评估判断是否具有起诉必要性。

当然，起诉必要性审查作为检察机关行使起诉权的具体履职方式，应当以罪刑法定、罪责刑相适应为基本原则和要求，才能做到当严则严、当宽则宽。此外，在"诉"与"不诉"之间，还需要进一步完善案前、案中、案后全方位、多方面监督机制，加强对检察裁量权的监督与制约是保障权力良好运行的要求。只有这样，才能更加准确地把握好宽与严的辩证关系，做到"宽严有据、宽严有度、宽严相济"。

【案例：叶某等人敲诈勒索案】
基本案情

2016年7月，叶某加入陈某等人组织的恶势力犯罪集团，对外实施"套路贷"犯罪行为，并以暴力、软暴力等方式多次、持续向借款人、借款人家属实施债务催收，敲诈勒索借款人及其家属财物。叶某作为催收组成员参与暴力催收行为。2016年8月，叶某离开该恶势力犯罪集团。2018年"扫黑除恶"行动后，陈某等人未再实施犯罪。2022年9月，经举报，陈某等人恶势力犯罪行为被公安机关立案侦查，陈某、叶某等人先后被公安机关抓获。经查，以陈某为首的恶势力犯罪集团共实施10起敲诈勒索犯罪，敲诈勒索总额30万元，其中犯罪既遂10万元。叶某作为积极参与者，参与其中 3 起敲诈勒索犯罪，敲诈勒索犯罪总额 8 万元，其中犯罪既遂 3 万元。另查明，被害人在被滋扰期间曾多次报警，控诉陈某等人的行为，但民警出警时均因陈某等人持有高倍借条，作民间借贷纠纷处理，未予立案。

履职情况

2022 年 11 月 19 日，南京市公安局玄武分局以陈某、叶某等 9 人涉嫌寻衅滋事罪，向南京市玄武区人民检察院移送审查起诉。审查中，承办检察官整理了近年来全省的相似案例，对犯罪嫌疑人的主客观方面深入分析，最终认为陈某等人的行为主要目的是勒索钱财而非寻求刺激、发泄情绪等，其行为与索要钱财之间关联度更高，认定为敲诈勒索罪更能够综合、准确地评价整个犯罪行为。

在定性敲诈勒索的情况下，对于叶某的行为是否超出追诉时效以及确认追诉时效对应的犯罪数额是以既遂数额、未遂数额还是既未遂之和的标准进行认定出现较大争议，存在两种分歧意见：第一种意见认为，2016 年案发时，被害人已经向公安机关报案，公安机关应当立案而未立案，按照刑法规定，应当阻断追诉时效，且叶某涉嫌敲诈勒索的犯罪总额已达"数额巨大"，追诉期限应为 10 年，可以对叶某追诉。第二种意见认为，被害人向公安机关仅仅是报警，不属于《刑法》第 88 条规定的"控告"行为，并且被害人在 2016 年后也未向公安机关以外的其他部门举报该恶势力犯罪集团的犯罪情况，不符合刑法规定的不受追诉期限限制的情形；叶某敲诈勒索犯罪数额中既遂、未遂部分均未达到"数额巨大"，追诉期限应为 5 年，本案中叶某的行为已超过追诉时效，不应对叶某追诉。

2022 年 12 月 30 日，玄武区检察院决定将逮捕羁押的陈某等 6 人先行起诉，将取保候审的叶某等 3 人分案处理。2023 年 6 月 21 日，南京市玄武区人民法院以陈某等 6 人犯敲诈勒索罪，分别判处有期徒刑一年至六年不等的刑罚。陈某等人上诉后，2023 年 8 月 23 日，南京市中级人民法院裁定驳回上诉、维持原判。2023 年 7 月 20 日，玄武区检察院将叶某等 3 人寻衅滋事案退回公安机关补充侦查，要求公安机关围绕叶某等人的犯罪数额、犯罪事实补充侦查。2023年7月31日，侦查机关以叶某犯罪数额未达6万元，已超过追诉时效为由，撤回移送审查起诉。

2023年11月，玄武区检察院为审慎处理，召开专家论证会，听取专家意见。召开检察官联席会，进一步研究，形成较为一致意见，认为应当追诉。主要理由有：

（一）应当首先在准确把握追诉时效制度立法本意的基础上，注重社会公共利益和被害人合法权益的保护

刑法设置的主要目的不是报复，而是改造、预防犯罪，当犯罪行为人在犯罪后很长一段时间内都遵纪守法，安稳生活，其社会危害性随着时间的推移渐渐稀释，刑罚的目的已经得到满足，没有特殊预防的必要，进而司法机关放弃追诉，不打破犯罪行为人稳定生活的安定性，这是刑事追诉制度设置的本意，此外设置刑事追诉时效制度可以优化司法资源配置，将有限的司法资源用在打击现行犯罪上。然而，为保障刑事诉讼相对人的合法权利，《刑法》第87条、第88条、第89条规定了追诉时效的延长、中止、中断，规定了数种不受追诉时效限制的情形，平衡犯罪嫌疑人、被害人和社会公共利益之间的关系。黑恶势力犯罪区别于普通犯罪最明显的特征在于，其犯罪持续时间长，组织成员加入退出较为频繁，但立案侦查时间滞后，不同组织成员加入退出组织时间不一，所实施的违法犯罪行为涉及不同层级的组织成员，被害人在合法权益遭受侵害后也难以及时获得司法救济，甚至出现被害人初步寻求司法救济后，受"保护伞"或执法观念等因素的影响而没有获得救济，进而被黑恶势力团伙进一步欺压。所以针对黑恶势力犯罪此类严重危害社会公共利益和被害人人身财产利益的犯罪，应当更注重对被害人及社会公共利益的保护。

（二）要准确把握对追诉时效发生影响的实质性要件，对被害人是否控告应当进行实质性判断

首先，本案是被害人本人报警，报警与控告是存在交叉重叠的，本案被害人实质上是在权益遭受侵害后，向公安机关寻求救济，符合控告的范畴；其次，本案被害人报警系当场报警，有明确的犯罪嫌疑人和具体的犯罪事实指向，符合公安机关立案条件；最后，被害人控告的实质是要求被害人对特定的犯罪嫌疑人进行责任追究的意识，而不应局限于控告的形式。作为普通百姓，权益受到损害最常见的寻求司法救济的方式就是报警，此时被害人实质上已经提出控告，在公安机关未依法立案的情况下再苛求被害人向其他司法机关控告，没有法律依据。所以，本案中被害人报警的行为具有控告的意识，报警时具有明确的犯罪嫌疑人和犯罪事实指向，报警的时机处于追诉时效内，符合"被害人已经提出控告，公安机关应当立案而未立案，不受追诉期限的限制"的情形。

（三）追诉时效中犯罪数额的认定应当以犯罪数额整体认定，既未遂只是犯罪形态，是否构成犯罪应当整体认定，而不能割裂分别评价

第二种观点中关于追诉时效认定应当以既遂、未遂分别达到"数额巨大"标准进行认定，其观点参照了《关于办理电信网络诈骗等刑事案件适用法律若干问题的意见》第2部分第5项之规定，"电信网络诈骗既有既遂，又有未遂，分别达到不同量刑幅度的，依照处罚较重的规定处罚；达到同一量刑幅度的，以诈骗罪既遂处罚"，即在本案认定追诉时效时，也应当考虑既未遂数额是否能够达到对应的量刑幅度。首先，上述观点割裂了本案犯罪行为认定的整体性，犯罪未遂是因为意志以外的原因，属于量刑情节，不应影响法定刑的认定，而追诉时效的标准是参照法定刑确立的；其次，如果以既遂、未遂分别达到"数额巨大"标准，进而确认追诉时效期限，会出现以下法律悖论，在一起犯罪数额为10万元的敲诈勒索案件中，立案时间距犯罪行为发生时间为6年，其中犯罪全部既遂、全部未遂的情况下均被追诉，但处于中间状态的犯罪行为部分既遂却可以逃脱法律惩罚，显然违背常理。

（四）严厉打击黑恶势力符合人民群众的期待

"扫黑除恶"专项行动前，正是由于黑恶势力"套路贷"等行为野蛮生长，百姓遭受欺凌，是以在国家决定开展"扫黑除恶"治理时，更不应该

对遭受迫害的群众强加法律责任，这既不合情理，也不合法理。"套路贷"所衍生出的暴力催收行为，严重侵害了出借人、借款人，以及贷款人的合法权益，更扰乱了金融管理秩序，更有甚者借助保护伞侵蚀国家基层政权，横行乡里，欺行霸市，人民群众迫切期待对黑恶犯罪予以严厉打击。

本案经向南京市人民检察院汇报，同意对叶某等人以敲诈勒索罪起诉，2023 年 12 月 14 日，公安机关将叶某重新移送审查起诉，玄武区检察院并案审查，于 2023 年 12 月 20 日对叶某等人提起公诉。2024 年 4 月 15 日，南京市玄武区人民法院以叶某犯敲诈勒索罪，判处有期徒刑一年二个月，并处罚金人民币 2 万元。一审判决后，叶某等人未上诉，该案判决已生效。

【案例：苏某等人销售假冒注册商标的商品案】

基本案情

2015 年 7 月，苏某伙同他人以杭州某科技有限公司（以下简称某科技公司）旗下的香港某商行名义，在电商平台注册成立某国际海外专营店，从事化妆品销售。2017 年 7 月至 2019 年 4 月，上述人员利用电商平台，通过伪造海外物流信息，分别参与销售假冒 AHC、贝德玛、安耐晒注册商标的化妆品人民币 52 万至 67 万余元不等。

履职情况

2019 年 4 月 11 日、12 日，苏某等 12 人被公安机关抓获归案；4 月 13 日 1 人主动向公安机关投案。苏某等 6 人于 2019 年 5 月 17 日经南京铁路运输检察院批准逮捕；其余 7 人分别于 2019 年 5 月 10 日、17 日被南京市公安局玄武分局取保候审。2019 年 7 月 17 日，南京市公安局玄武分局将该案移送南京市玄武区人民检察院审查起诉。案件审查过程中，检察官了解到公司高管被长期羁押，合作伙伴欲终止合作，企业面临经营困难。为进一步核实公司现状，承办人实地走访苏某的某科技公司，讯问了苏某等人，调取了某科技公司财务报表、员工花名册、纳税登记等材料。查明某科技公司 2018 年销售额近 2 亿元，纳税 1000 万余元。公司管理层因被羁押达 8 月有余，业绩较上年同期下滑 30% 左右，占经营额 70% 的韩国 JM solution 品牌商对合作预期产生顾虑，意图停止续约，公司将面临破产风险，120 余名员工会被迫失业。针对侦查阶段苏某等公司高管对立情绪强烈，拒不认罪。玄武区检察院在讯问苏某等人时，耐心释法说理、阐明利害关系，苏某等 11 人心中坚冰彻底融化，均表示认罪。玄武区检察院依职权启动羁押必要性审查程序。2019 年 12 月 27 日，经检察长决定，对苏某等 6 人变更强制措施为取保候审。同时，考虑到苏某等 8 人系公司管理人员，在犯罪过程中起主要作用，犯罪数额巨大；但赵某等 3 人系公司雇员，仅参与审单、仓储等辅助行为，犯罪情节较轻；王某等 2 人构成犯罪的证据仅有本人供述，系孤证。

2020 年 1 月 22 日，经玄武区人民检察院检委会研究决定，对苏某等 8 人提起公诉，同时考虑到认罪认罚、退出全部违法所得，为了保障某科技公司正常经营，均提出缓刑建议；对赵某等 3 人作相对不起诉；对王某等 2 人作存疑不起诉。2020 年 10 月 9 日，南京市玄武区人民法院作出一审判决，采纳了检察机关指控的犯罪事实和量刑建议，以销售假冒注册商标的商品罪判处苏某等 8 人有期徒刑十个月至三年不等刑罚，并全部适用缓刑。宣判后，8 名被告人未提出上诉，判决已生效。2021 年 1 月，玄武区人民检察院针对在办案过程中发现的某科技公司法治意识淡薄、风控机制缺失等问题，检察机关从加强法律知识培训、完善规章制度、树立诚信经营理念等方面，向某科技公司发出《检察建议书》。

在办案过程中，检察官应根据具体案情依法履职，犯罪较轻的，能不捕的不捕，即便批捕也不能一捕了之、一押到底。要向被告人释法说理、引导和解，量刑情节发生变化后，及时启动羁押必要性审查，释放司法善意，减少社会对立面。相反，对于罪行极大，有社会危险性的，该捕即捕，坚决维护社会公平正义，保障人民群众合法权益。对犯罪团伙人员要区分情形、区别对待，准确把握地位作用，全面考量犯罪手段、危害后果、认罪态度等，充分发挥审查起诉的把关、分流作用。对初次参加犯罪团伙甚至为就业而被蒙蔽参加犯罪团伙的从犯、胁从犯，要与首犯、主犯区分开来，依法准确评估起诉必要性；确需起诉的，可提出轻缓刑建议，最大化促进社会内生稳定。同时，对于社会危险性较大、作用关键、行为积极、拒不认罪悔罪的，要坚决起诉，追究其刑事责任，真正做到罚当其罪、罪当其责。

第五节　坚持高质效办好每一个案件

2023 年 3 月，最高人民检察院党组立足习近平总书记"努力让人民群众在每一个司法案件中感受到公平正义"的目标，聚焦以检察工作现代化融入、支撑和服务中国式现代化的总体要求，提出要让"高质效办好每一个案件"成为新时代新征程检察履职办案的基本价值追求，强调"要通过检察履职办案，在实体上坚持以事实为根据，以法律为准绳，确保实现公平正义，在程序上做到办案规范高效，严守办案期限、严把办案程序、规范办案流程，让公平正义更好更快实现，在效果上让人民群众可感受、能感受、感受到公平正义，做到检察办案质量、效率、效果有机统一于公平正义。""高质效"体现的是多重价值导向，质是质量，效是效果、效率。高质效办好每一个案件，核心是处理好公平、效率与效果的辩证关系。

一、案件质量是永远的生命线

高质效办好每一个刑事案件，应当坚持公正优先、保障公正的基础上追求效率。案件质量是检察司法办案的"生命线"，是夯实"高质效办好每一个案件"的前提和基础，是推进检察工作的重要内涵和有力支撑。刑事案件关系到当事人的人身权、财产权甚至生命权，万分之一的失误，对当事人就是百分之百的伤害，必须用最高的标准、最严的要求对待。如果案件质量保证不了，公诉效率、效果必然大打折扣，维护司法公正、保障人民合法权益也就成为"纸上谈兵"。刑事检察官应主动融入以审判为中心的刑事诉讼制度改革，聚焦证据审查、判断与运用，更好担负起刑事指控体系中的检察责任。

聚焦每一个刑事案件，以证据为核心是保证案件质量的最基础的底层逻辑。而刑事检察官保证案件质量，首先应将遵循刑事证据规则作为确保案件质量的基石。规则直接关系到案件事实的认定、公平正义的实现。充分运用非法证据排除规则、意见证据规则、关联性规则等，以保证每份证据达到合法性、客观性、关联性的要求。改变简单地将侦查机关移送的证据直接搬到法庭的做法，对侦查机关移送的证据进行实质审查，该留用的留用，该排除的排除，该退回补充侦查的退回，[①] 强化对证据能力与证据证明力的审查，更加注重证据与待证事实之间的关联以及在证据链条中所起的作用，将"证据"转化为"定案的根据"。落实刑事诉讼全过程的指控责任，发挥诉前主导、审前过滤、庭审指控等作用，确保环环相扣，每一个案件都达到指控标准"犯罪事实清楚，证据确实、充分"。办案中还应强化案件规范化办理，严格依法规范适用讯问、搜查、扣押、逮捕、拘留等侦查强制措施，严格遵守法律规定，严禁超期羁押和超范围扣押。依法尊重和保障犯罪嫌疑人、被告人的诉讼权利，切实保障和支持律师依法履职，积极推动认罪认罚从宽制度适用。

强化程序意识，严格按照法定程序办案，是保证案件质量的关键。刑事案件的办理不仅涉及证据的收集、审查，还包括程序的合法执行。程序的正确性和合法性直接关系到案件的最终处理结果，即被告人的定罪与否以及刑罚的轻重，对于维护司法公正具有重要意义。刑事检察官应加强程序审查，确保刑事诉讼程序的正确性，如审判管辖是否适用正确，起诉和审判程序是否合法等，通过保障被告人的合法权益，防止冤假错案的发生。此外，有效的程序监督机制可以及时发现和纠正程序中的错误，防止因问题的积累导致案件质量的下降。

刑事检察官辩证看待案件质量、数量与效率的关系，应以尊重诉讼规律为前提。讲求案件质量不是不要案件数量与效率，任何质量都表现为一定的数量，没有数量也就没有质量。所以，质量是基础，数量"多"与效

---

① 参见门植渊:《构建以证据为核心、以公诉为主导的刑事指控体系研究》，载《浙大法律评论》(2019 卷)，浙江大学出版社 2020 年版，第 184 页。

率"快"要严格建立在"质"的基础上，否则，"多"与"快"都是没有意义的，既不能实现高质量，更无法实现实质的公平正义。刑事检察官树立正确政绩观，就是统筹好"有数量的质量"和"有质量的数量"之间的辩证关系。高质效办案离不开"有数量的质量"，没有办案数量与效率做支撑，高质量办案就成了"空中楼阁"；同时高质效办案更需要"有质量的数量"，作为法律监督机关，将案件质量作为生命线，才能确保公平正义经得起历史的检验。

二、以"三个善于"做实高质效办好每一个案件

司法实践中，案件真相的发现、公平正义的实现，往往有一个由浅入深、由繁化简、由现象到本质的过程。为此，检察机关探索提出"三个善于"的办案要求，以"高质效办好每一个案件"为价值追求，统一于实现政治效果、法律效果、社会效果"三个效果"有机统一的实践路径。"三个善于"既是司法办案的认识论，也是方法论，旨在引导检察人员始终坚持以习近平法治思想为指引，坚持讲政治与讲法治有机统一、执行党的政策与执行国家法律有机统一，践行司法为民宗旨，提高正确运用法律政策的能力，做实"努力让人民群众在每一个司法案件中感受到公平正义"。[①]

"三个善于"之间既是基础、关键、目标的关系，也是司法办案中各有侧重、循序渐进的三个层次，体现了由"以事实为根据"到"以法律为准绳"再到"争取最佳效果"的三重境界。第一个善于，是指善于从纷繁复杂的法律事实中准确把握实质法律关系，侧重准确抓住主要矛盾。实质法律关系是案件所涉众多法律关系中，起主导和支配作用，对案件定性处理具有决定性影响的法律关系。办理案件过程中，我们需要透过现象看本质，抓住案件中的主要矛盾和矛盾的主要方面，才能将统领法律事实的实质法

---

① 应勇：《学思践悟习近平法治思想　以"三个善于"做实高质效办好每一个案件》，载《人民检察》2024 年第 3 期。

律关系理出来、把握住，这是高质效办好每一个案件的基础。如针对刑民交叉的案件，需要首先厘清刑事法律关系、民事法律关系等不同法律关系，其次准确把握民事侵权、民事违约与刑事犯罪之间的界限。第二个善于，是指善于从具体法律条文中深刻领悟法治精神，侧重正确适用法律，是高质效办好每一个案件的关键。我们应准确理解刑法具体规定，把握法律条文背后的价值理念、立法目的与精髓要义。办案中不仅要看刑法分则中的构成要件，更要关注刑法总则，实质把握犯罪的特征与性质。而在经济社会飞速发展的背景下，如网络虚拟财产、数据资产等，传统意义上的财产权概念也将发生变化，我们应与时俱进，紧跟经济社会发展步伐，在深刻领悟刑法精神、法治原则基础上，运用正确的解释方法与解释规则认识现有法律规定的内涵，使法律得到有效应用。第三个善于，是指善于在法理情的有机统一中实现公平正义，侧重如何确保案件办理取得最佳效果，是高质效办好每一个案件的目标。法理情有机统一，即天理、国法、人情有机统一，实际上就是政治效果、法律效果、社会效果有机统一。"天理"指国家整体利益和人民根本利益，"政治效果"自在其中；"国法"是国家法律，侧重的是"法律效果"；"人情"是社情民意，符合人民群众的朴素正义观，实际上就是"社会效果"。

政治效果、法律效果与社会效果有机统一，是高质效办理刑事案件的具体体现。政治效果是前提，要求确保刑事检察工作在政治上的正确性和方向性，强调刑事检察活动应保障国家政治安全和社会秩序，维护宪法法律权威，服务党和国家的工作大局，服务经济社会健康发展。法律效果是底线，强调刑事检察活动应遵守法律的实体规定和程序规定，确保司法规范与合法。刑事检察官应熟练掌握办案方法，实现法律的正确适用和程序正义。社会效果是目标，强调社会公众对司法过程和结论的认同，办案处理决定符合普通人的价值观和朴素正义感，以体现司法的人文关怀和温度。

政治效果、法律效果、社会效果有机统一，展开而言，执法办案的"政治效果"指通过执法办案厚植党的执政基础，巩固党的执政地位，维护国家长治久安，保障人民安居乐业；"社会效果"指执法办案的行为和结果得到广大群众的普遍认同，并有利于维护社会和谐稳定，保障人民合法权益，促进经济社会发展，维护社会公平正义；"法律效果"指办案中通过法律的严格执行，维护法律的尊严和权威，促进人民群众对法治的尊崇和对法律的遵守。"三个效果"有机统一，不是零和博弈、此消彼长，不能以减损某一效果为代价去追求其他效果。"三个效果"有机统一是微观个案与宏观大局的统一，是政治与业务的统一，是司法人员专业判断与人民群众朴素正义观的统一，是"案内矛盾解决、治已病"与"源头治理、治未病"的统一。①

电影《第二十条》火爆出圈，引发社会热议，折射出了新时代人民群众对法治、对公平正义的强烈渴望和更高要求，这也反映办案政治效果、法律效果、社会效果"三个效果"有机统一的直接评判标准。以往，老百姓可能满足于案子办得"对不对"，现在还会关心案子办得"好不好"，办案"瑕疵"也容易引发舆情。这是社会分工精细化、现代化对包括司法机关在内的各行各业的必然要求。作为法律监督机关，我们要比普通老百姓更具有专业性，就必须努力提升办案能力和水平。民生小案的高质效办理，不仅体现在严格依法上，还体现在答复群众是不是有细心、耐心的态度，办案细节上是否规范，要能够带着如我在诉、将心比心的情怀，改进优化群众接待工作，促进矛盾实质性化解，提升检察工作的群众满意度。而对"三个善于"具体运用成果、是否实现"三个效果"有机统一进行自我评价，可以在案件办结后，多进行一些案件"回炉复盘"，因为"案件办理不应以办结为终点，在办结后还应再去'复盘'研究"，② 这是每个刑事检察官对自己所办案件是否符合高质效办案价值追求的自我检视。可以试着进

① 参见朱孝清：《论执法办案的"三个效果"统一》，载《中国刑事法杂志》2022年第 3 期。

② 王旭光：《深化检察理论研究　推动检察工作高质量发展》，载《人民检察》2023 年第 24 期。

行"每案多问"：我的案件真正案结事了吗？案中矛盾化解了吗？是不是做到了高质效？"三个善于"我做到了几个？办案过程还有什么遗憾之处值得总结……总之，司法不仅是对个案是非曲直的评价，更是对社会价值共识的确认和引领。作为司法者，我们要全面理解和贯彻法的精神，时刻保持职业敬畏感，以法、理、情的平衡统筹，实现政治效果、法律效果、社会效果的统一。

三、治理与治罪并重

近年来，我国刑事犯罪结构发生深刻变化，根据最高人民检察院近三年工作报告，被判处 3 年以上刑罚的占比不断下降，从基层检察院的办案实践来看，轻罪案件占比近九成。如 2023 年，笔者所在区人民检察院办理判处 3 年有期徒刑以下刑罚 833 人，占比 88.5%；判处 1 年有期徒刑以下刑罚 473 人，占比 50.2%。认罪认罚适用率 92.47%，速裁、简易程序适用率 90.34%。可以说，我国犯罪结构呈现重罪率与重刑率"双降"、轻罪率和轻刑率"双升"的态势，轻罪案件办理也成为近年来基层院面临的重要课题。

习近平总书记多次强调，法治建设既要抓末端、治已病，更要抓前端、治未病。犯罪治理是社会治理的重要一环，关乎国家安全、社会安定、人民安宁。法与时转则治，治与世宜则有功。犯罪态势的深刻变化，决定了刑事检察的模式也要从传统惩罚犯罪向现代治理犯罪转变，这既符合国家犯罪对政策转型的需要，也是国家治理体系和治理能力现代化的客观要求。《2023—2027 年检察改革工作规划》提出，构建治罪与治理并重的治理方式。传统的刑事检察实践重打击、轻治理，刑事检察官当下必须转变理念，从治理理念调整角色定位，承担起社会治理的主体责任，树立治理与治罪并重的理念，通过办案推动社会治理，从深层次预防与减少犯罪，以体现高质效办案的内核要求。

一是化解矛盾。犯罪治理的目的，不仅在于惩治犯罪，更在于预防、化解矛盾纠纷，最大限度消减对抗阻力，有效促进了案结事了人和。① 对交通肇事、故意伤害、轻微侵财等涉及赔偿、退赃的案件，涉及司法机关会同基层组织共同依法做好刑事和解等制度。

二是源头治理。坚持和发展新时代"枫桥经验"，加强矛盾风险摸底排查，将开展办案影响、风险研判作为执法司法办案的必经环节，建立案件矛盾风险发现、评估、处置机制。在办理轻微刑事案件时，不仅要对个案进行处断，还需要基于个案延伸到类案，通过总结类案发案规律来分析案件背后的社会性问题。社会性问题当然需要社会多方参与解决，所以检察机关要协同多方力量，打通刑事案件基层治理的"最后一公里"。②

三是开展法治宣传。常见多发的轻微刑事犯罪案件类型，如危险驾驶罪、盗窃、诈骗等与社会生活息息相关。刑事检察官办理轻微刑事犯罪案件，既是执法者，也是普法者。应以所办轻微刑事犯罪案件为切入点，通过发布典型案例、举办法律讲座、制作宣传视频等方式，向社会公众普及法律知识，增强法治意识与自我防范能力。

四是探索社会支持体系建设。推动建立多元化的社会支持体系，为轻罪犯罪人回归社会提供帮助。鼓励社会组织、企业等参与到轻微刑事犯罪治理中来，为犯罪人提供职业技能培训、心理辅导、就业帮扶等服务。如帮助有劳动能力的轻罪犯罪人重新就业，减少其再犯罪的可能性。

近两年，笔者所在检察院积极应对犯罪结构新变化，构建治罪与治理并重机制，坚持高质效办好每一个案件，探索打造"一站式"、全流程具有玄武特色的犯罪治理机制，持续推进社会治理和治理能力现代化，主要做法包括以下几点：

---

① 参见苗生明：《夯实工作基础完善"三个体系"推动刑事检察行稳致远》，载《人民检察》2024 年第 3 期。

② 参见赵大伟、王济阳、荆一铭：《刑事案件诉源治理与检察建议研究》，载《中国检察官》2024 年第 9 期。

（一）推动建立党委领导、司法协同、各方参与的全域治理体系

积极争取区委政法委支持，近年来，玄武区检察院加强公检法司办理案件的协作配合，建立各政法单位联席会议机制。一体推进法律援助、社会治理、矛盾化解、普法宣传等工作。公检法司会签《案件繁简分流实施细则》《快速办理机制实施意见》等，系统化推行刑事案件繁简分流工作机制。联合国税、生态环境、街道等单位会签相关文件，系统全面规定依法不起诉案件适用非刑罚措施、刑行衔接的程序、步骤和方法。

（二）创设"九集中"集约化办案机制

统筹司法资源、集约化办理刑事案件是深化犯罪治理工作的重要方向。玄武区人民检察院建立"九集中"工作机制，实现刑事案件"一站式"快速办理。在检察办案中心设立轻罪案件快速办理中心、引进法律援助工作站，公安干警、检察官、值班律师在轻罪案件快速办理中心集中办公。前移繁简分流的关口至首次强制措施审批，由公安派驻 2 名法制、2 名预审民警与 3 名检察官共同组成"2+2+3"诉前协同审查组，共同负责繁简分流。对符合条件的案件加盖速裁、简易程序专用章，公安机关集中批量移送起诉。实现审查起诉阶段刑事辩护全覆盖，值班律师提供法律帮助过程中集中逐案阅卷，进行"实质化阅卷"，提出具体的法律帮助意见。玄武区人民检察院组建专业化办案团队，科学合理划分案件范围，简化办案程序，缩短平均办案周期，检察官集中送达提供法律帮助相关文书、集中具结、集中提起公诉、集中听证、集中训诫、法院集中开庭和宣判。2023 年以来，速裁程序适用率达 54.81%，检察环节平均办案周期缩短 3 天，实现以 30% 的刑检人员办理 65% 以上的刑事案件。

（三）创新检察听证运行模式

在检察院办案区建设标准化听证室，依托区政法委在社区矛盾调解中心建设"检察为民 e 站"，设立检察听证室。选取发生在群众身边、群众

诉求强烈、矛盾突出案件，在社区检察听证室召开听证会，采取集中听证、集中以案释法的方式，让群众近距离感受听证，评判对错是非。研发"云听证"小程序，开展线上线下同步远程视频听证的方式，"隔空"搭建对话平台，证据同步展示、释法说理同步开展、全程同步录音录像，打破了地域限制，减轻群众诉累。同时面向社会开通线上旁听预约渠道，方便群众申请在线旁听，让更多群众了解、参与检察听证，零距离接受群众监督和舆论监督。

（四）立足重点领域，规范制发检察建议

在办理轻微刑事案件中强化以案促治，以类案调研数据为支撑，以类案治理为切口，坚持"类案监督、综合治理"工作思路，关注案件背后社会治理难点问题，针对行政机关、犯罪嫌疑人所在单位、其他涉案企业在社会管理、部门监管等方面存在的共性问题，制发风险提示函或检察建议"献计献策"，促进依法行政和规范经营。如针对辖区内自助结账商超盗窃违法犯罪行为多发态势，向区行政主管机关制发检察建议，推动行政部门优化商超行业营商环境建设，引导商超场所规范事中异常结账处置流程、事后盗窃赔偿制度以及人脸识别技术应用。

第六节　坚持双赢多赢共赢理念

在新时代全面依法治国深入推进的背景下，最高人民检察院党组以习近平新时代中国特色社会主义思想为指导，贯彻落实新发展理念，重新审视监督者与被监督者的关系，提出了双赢多赢共赢的法律监督理念。在党的领导下，我国各政法机关分工负责、互相配合、互相制约。法律监督各方都是社会主义法治国家的建设者，只有加强与监督对象的有效沟通，才能建立起与被监督者之间的良性关系。[①] 实际上，监督者与被监督者使命、目标最终一致，赢则共赢，损则同损。双赢多赢共赢理念为新时代刑事检察提供了正确认识和处理监督者与被监督者关系的新视角，也指明了刑事法律监督的价值判断和价值追求的着眼点和立足点。只有努力寻求监督者、被监督者以及社会公共利益的广泛共赢，才能真正实现检察工作现代化的目标。[②] 刑事诉讼活动中，刑事检察官与法官、侦查人员、律师都属于法律工作者，具有相同的知识结构，奉行相同的法治理念，无论在法治实践中扮演何种角色，都是法律权威性的坚定维护者。无论彼此之间是协作配合还是制约监督，最终目的都是实现公正，公平正义是法治职业共同体成员之间最大的公约数，是共同的价值追求。因此，应努力构建良性、互动、积极的新型工作关系，才能共同推进严格执法、公正司法，共同维护人民群众的根本利益。刑事检察官同样应处理好与侦查机关、审判机关等之间的关系，最大限度凝聚共识、深化协作、形成合力，共同促进司法公正。

[①]　参见鲁建武：《检察工作现代化的价值目标及实现路径》，载《人民检察》2024年第6期。

[②]　参见陈勇：《以检察工作的高质量发展服务保障中国式现代化》，载《东方法学》2023年第5期。

一、双赢思维下的新型检警关系

通常认为，博弈是指代表不同利益的决策主体，在一定的环境条件和规则下，同时或先后、一次或多次从各自允许的行动方案中加以选择并实施，从而取得各自相应结果的活动。博弈有多种分类方法，从结果来说可以分为负和博弈、零和博弈、正和博弈三种基本类型。20 世纪以来，人类在经历了两次世界大战、经济高速增长、科学技术进步、全球一体化以及日益严重的环境污染之后，"零和"观念正逐渐被"双赢"观念所取代。合作共赢已经成为新时代博弈各方的主流价值追求。

检察机关对公安机关的监督职能是《刑事诉讼法》规定的法定职责，检警双方虽然各司其职，但却殊途同归。新时代新形势下，检警双方应由对立思维向双赢思维转变，通过良性互动共促进形成新型检警关系，双方在监督中支持，在支持中监督，实现共存共赢，共同进步。新型检警关系，不仅要求检察机关严格依法履行对公安机关的监督职能，也要求公安机关主动承担起接受检察机关引导侦查的义务。① 检察机关履行法律监督职能的过程，也是帮助公安机关查找执法不足的过程，公安机关接受检察机关法律监督，进一步补齐短板，有利于侦查人员更好地理解法律，更加规范履行职责，从而保障法律法规得以正确贯彻施行，更好维护社会公共利益和公平正义，不断提升司法公信力。刑事检察人员在履行对侦查机关法律监督的过程中，要坚持依法、规范、理性的监督原则，遵循"参与不干预、引导不主导、配合不越位、监督不失职"的总要求，在办案中监督，在监督中办案，把监督置于配合之中，既履行好法律监督职责，又与公安机关形成对刑事犯罪的打击合力，真正达到既促进公安机关执法办案行为规范，又有效提升检察监督的效果。

2019 年以来，《中共中央关于加强新时代检察机关法律监督工作的意

---

① 参见王方林:《侦查监督与协作配合机制的健全与完善》，载《人民检察》2023 年第 14 期。

见》《中共中央关于加强新时代公安工作的意见》相续制发后，对侦查活动的配合与制约提出了新标准、新要求、新使命。最高人民检察院和公安部为贯彻落实上述文件精神，联合下发了《关于健全完善侦查监督与协作配合机制的意见》，提出公检双方应当健全完善信息共享机制，共同牵头设立侦查监督与协作配合办公室，构建规范高效的执法司法制约监督机制，推动提升公安执法和检察监督规范化水平，优化侦查监督与协作配合工作，切实提高办案质效，更进一步推进以审判为中心的刑事诉讼制度改革，维护社会公平正义。[①]

2022 年以来，笔者所在玄武区因地制宜，创新建立在区公安分局执法办案中心派驻检察官、在区检察院办案中心派驻民警的"双向派驻"运行新模式，在侦查监督与协作配合机制上作出有益探索。主要做法有：

一是双向互派，推进监督协作常态化。在区公安分局执法办案中心派驻检察官开展大案要案介入、同步监督，部门负责人每周固定时间提前介入重大疑难、复杂案件；分管领导对重大敏感涉舆情案件进行个案督促指导办案。在本院办案中心派驻法制民警负责跟踪督促逮捕案件后续补证情况，各司其职，提升案件办理质效。检警协同构建以证据为核心的刑事指控体系。前移监督关口，采取"日常巡查 + 不定期抽查"方式，实时查看公安机关执法办案中心监控画面、警综平台，针对执法办案不规范、提前介入意见落实不到位等情形制发《侦查监督月报》，其他各项监督数据同比上升 28%。

二是同研同训，共同提升专业素养。每季度召开检警联席会，共同研判犯罪态势、类案证据标准等，针对办案理念、办案思路、办案质效上存在的问题与差异凝聚共识，开展相关案件立案监督等专项监督。加强同研同训力度，依托公检系统培训、案例研讨、座谈会等形式共同举办检警同

---

① 参见唐雄鹰、李阔森：《侦查监督与协作配合办公室检察工作的优化》，载《中国检察官》2023 年第 9 期。

堂培训，在相关司法实践中的疑难复杂案件处理标准上达成共识。

三是互联互通，助力监督质效提升。建立信息共享机制，实现检察业务应用系统 2.0、公安专网、互联网"三网"接入，推进跨部门大数据协同办案。共享使用公安"证 e 通"远程讯问、询问、签署具结，破解异地取保候审案件办案周期拉长难题。注重从"单项监督"向"双向协同"转变，建立刑事案件归口管理、诉讼环节衔接配合机制，法制部门统一对接监督文书的签收、落实、回复事项，定期将检察监督违法内容在全局刑侦会议上反馈，强化公安内部执法监督与外部检察监督的有效衔接，形成"1+1>2"的叠加效应。激活数字赋能新动力，建立涉恶意举报类敲诈勒索违法犯罪监督模型，通过大数据比对、筛查监督线索，向公安机关移送违法犯罪线索。

【案例：张某非法经营案】

基本案情

2019 年 1 月起，某博物院实行实名预约制，游客提前通过该博物院的微信小程序进行实名预约后，刷身份证或医保卡即可免费进入参观。2023 年 2 月起，犯罪嫌疑人张某使用家人及捡拾的身份证共计 33 张，通过微信小程序提前预约游览门票，然后到该博物院门口进行兜售，以人民币 30 至 60 元不等的价格出售给未预约到门票的游客，并提供对应身份证供游客进入博物院时查验使用，游客游玩结束后将身份证归还。仅四个月时间，张某通过上述方式共计预约并成功让其他游客进入某博物院 1100 次，获利人民币 4 万余元。同时，多名游客通过政务服务热线投诉，称预约不上博物院门票，在博物院门口遇到"黄牛"。

履职情况

2023 年 7 月，南京市公安局玄武分局对犯罪嫌疑人张某以非法经营罪立案侦查，并预采取取保候审强制措施。鉴于该案系社会舆论关注案件，玄武分局依据侦监协作机制，邀请检察机关提前介入。南京市玄武区人民检察院受邀请后立即派员介入，对于张某使用他人身份证预约博物院免费门票并出售的行为定性，形成非法经营罪、盗用身份证件罪、倒卖伪造的有价票证罪、不构成犯罪四种不同意见。因案件争议较大，双方商讨后决定共同召开专家论证会。经论证研讨，公检双方达成一致意见，认为张某的行为未达到犯罪程度。理由如下：

（一）张某的行为不宜认定为非法经营罪

1. 本案如果认定为非法经营罪则违反了罪刑法定原则。非法经营罪是指违反国家规定，故意从事违反法律的经营活动，扰乱市场秩序，情节严重的行为。依据最高人民法院《关于准确理解和适用刑法中"国家规定"的有关问题的通知》，实务中应当从严把握"其他严重扰乱市场秩序的非法经营行为"的适用标准，有关司法解释未作明确规定的，应当逐级向最高人民法院请示。本案不属于现行司法解释明确规定的非法经营烟草、彩票等非法经营行为，而是一种新出现的情形，这种新情形突破了一般人的认知和预测，定罪有违刑法的成文性和谦抑性。

2. 本案的社会危害性与《刑法》第225条明确列举的非法经营行为不相当，侵害的法益不相同。《刑法》第225条前3款列举了未经许可经营专营专卖品、买卖进出口许可证、非法经营证券等非法经营行为，这些行为都是严重影响民生的经济活动行为。非法经营罪意在打击不当经济活动，最为核心的客体在于市场秩序。而博物院属于事业单位，免费向社会公众开放，是公益性的服务活动而非经济性活动，没有准入、竞争、交易、退出等行为，不是市场经济行为，也不存在市场秩序。张某的行为损害的是博物馆的预约、参观秩序，属于社会管理秩序。

（二）张某的行为不宜认定为盗用身份证件罪

在国家规定的应当提供身份证明的活动或场合中，故意使用伪造、变造的身份证，或者盗用他人的身份证的行为，构成盗用身份证件罪。这里"依照国家规定应当提供身份证明"中的"国家规定"，是指全国人民代表大会及其常务委员会制定的法律和决定，国务院制定的行政法规、规定的行政措施、发布的决定和命令。目前，仅有国务院的"十四五"旅游业发展规划对"景区门票实名制预约"进行了规定。但"十四五"旅游业发展规划不是刑法中的"国家规定"。"十四五"旅游业发展规划系针对特定时期、特定区域或者特定行业领域所作出的计划、布局，"景区门票实名制预约"是一种行政规划，不同于决定或者命令，不具备行政法规、规定的强制性，不能等同于国家规定。景区门票实名制预约是为了统计参观人数、疏导限制人流、错峰参观，盗用身份证件罪的设置是为了打击、遏制公民隐瞒真实身份参与社会活动，实名制预约是国内大部分博物馆和景区的要求，但并没有任何法律法规、行政措施、决定或命令予以强制性规定，故参观博物馆不是国家规定的应当提供身份证明的活动或场合。

（三）张某的行为不构成伪造、倒卖伪造的有价票证罪

1.本案中博物院的门票不属于有价票证的范畴。博物馆门票既不是船票、车票、邮票，也不属于法条中的其他有价票证。"其他有价票证"是指在性质上与船票、车票、邮票相似，有关机关、企事业单位向社会公众发放或销售的，具有一定票面金额，通过流通、使用，享有要求对方支付一定数额的金钱或提供特定服务之权利。随着经济社会的发展，有价票证的情况不能一概而论，有价票证的表现形式多样，如司法解释中提及的免费坐车凭证、IC卡等，也可能只是一个二维码、一串数字，法律很难全面穷尽列举。故刑法只列举了危害较为严重突出的、实践中较常见普遍的船票、车票、邮票，至于对伪造、倒卖伪造的其他有价票证的行为，采用兜底方式作了概括性规定，更便于查处打击这类犯罪活动。有价票证一般具有下列特点：一是有价性，即票证上要有一定的面额；二是权利性，即代表一定的经济利益上的权利；三是公共性，即票证的使用、发放范围在相当的空间进行，对大多数或不特定的人有效；四是债权债务性，票证体现的法律关系内容为提供或接受一定的服务。在具体认定"其他有价票证"时，不应苛求与刑法列明的"船票、车票、邮票"具备完全相同的特征，应从票面的有价性、权利性、公共性及债权债务性等多方面综合把握。案件中，

涉案票证系博物院门票，虽具有权利性、公共性、债权债务性特征，但社会公众可凭身份证实名预约后免费获取，无票面金额，不符合票面有价性基本特征，亦与演唱会门票、体育赛事入场券等票证不同，不具备社会流通性，不宜以"有价票证"论处。是否是有价票证，应以官方发布为准，不能凭事后的交易状态认定，否则，有价的车票经过无偿赠送就可以否定其有价票证的属性，不符合常理。

2.本案中不存在伪造票证的行为。本人、证件、预约凭证三者均是参观博物馆的条件，但票证仅有预约凭证这一项，前两项不是票证。与私自仿制或者变造门票导致博物院在查验门票时陷入错误认识进而放行准入的行为不同，案件中，张某通过亲属及捡拾的身份证预约得来的凭证是博物院官方出具、真实有效的门票，门票从始至终未改变。张某的关键行为不是伪造票证，而是伪造了参观博物馆三个条件中的"本人"，让游客冒充证件中的"本人"，利用的是博物院核验漏洞以获取参观通行权。

（四）张某的行为不构成刑事犯罪

虽然张某的行为具有一定的社会危害性，但危害性有限，情节显著轻微，且缺乏刑法规制，其行为不构成犯罪，行政处罚即可。"黄牛"又被称为"票贩子"，以倒卖票证或其他稀缺资源，从而获取非正常差价，其本质上是一种投机取巧行为，"黄牛"利用各种信息差、资源差和渠道障碍倒卖票证和其他稀缺资源，获取不正当利益，该行为一方面造成了普通老百姓购买难、购买成本高和社会资源浪费等问题，另一方面"黄牛"不是真实的消费者，其与真实的消费者之间双方地位、资源不对等，其剥夺了消费者公平交易的权利，扰乱了市场秩序。博物院门票免费是公开的信息，花钱购买的游客对此完全知悉，出于图方便的心态自愿出资，不存在认识上的瑕疵，事后也确实凭票顺利进入博物院，实现了参观目的。据此，表现上，购买"黄牛"票的游客利益没有受损，受损的是社会秩序。但实质上，如果没有"黄牛"提前抢票，游客可以随时预约，就可以节约购票成本，故游客最终还是在经济上和自主选择上遭受到了损失。总的来说，目前对于票贩子侵占其他游客和博物馆利益的行为，基于刑法的谦抑性，还是应以批评教育和治安处罚为主。根据《中华人民共和国治安管理处罚法》第52条第4项的规定，伪造、变造、倒卖车票、船票、航空客票、文艺演出票、体育比赛入场券或者其他有价票证、凭证等行为之一的，可以拘留或罚款。故张某的行为涉嫌违反我国治安管理处罚法，属于违法行为。

2023年9月，玄武区人民检察院向公安机关发出《建议撤销案件函》，次日玄武分局撤销该案。涉案博物院也同时规定"同一证件号7天内最多预约2次"，遏制恶意囤票，保障参观体验。

【案例：左某盗窃案】

基本案情

2021年9月至11月，被告人左某利用担任南京某公司淮安分公司区域经理的便利，在未经公司授权和客户同意的情况下，使用该公司业务信息管理系统非法获取大量具有支付结算功能的账户、密码。2022年1月至3月，被告人左某在离职后，利用其之前掌握的资料及公司App存在的安全漏洞，通过VPN（虚拟专用网络）翻墙技术、虚拟云手机，隐藏自己真实IP、操作设备号，窃取该公司400余名客户名下账户资金共计180余万元。其中，被告人左某将被害人账户内资金进行转移、汇集，通过与王某变现交易方式，窃取资金19万余元；通过指使郑某某（另案处理）与他人变现交易，后将变现资金转入伍某某（另案处理）控制的账户中，再由伍某某通过虚拟币交易再次变现后回流的方式，窃取资金共计160余万元。

履职情况

2022年8月25日，南京市公安局玄武分局将左某抓获归案。归案前，左某为逃避打击，使用软件擦除作案电脑内操作痕迹，到案后拒不认罪。刑事拘留阶段，虽有证据证实左某实施了下载客户数据的行为，但现有证据无法将被盗资金与其相关联。同年9月25日，左某被玄武分局取保候审。

南京市玄武区人民检察院应邀提前介入，对在案证据进行全面审查，详尽梳理案件涉及的上下游犯罪、关联犯罪关系以及电子证据等，并先后七次召开联席会讨论案件侦查方向，建议公安机关围绕行为人实施犯罪的关键环节即"非法获取客户信息—使用接码平台、VPN软件、虚拟云手机转移客户资金—无接触式操控他人与线下"黄牛"交易变现—通过虚拟货币洗钱"收集证据，主要包括：一是全面查清左某下载客户数据的时间、方式及相关遗留痕迹，排除他人下载可能性。二是查明VPN账户实际注册人、虚拟手机注册等情况，使用公司App进行注册和转账操作，通过侦查实验复现涉案账户的被盗经过，破解犯罪手段。三是查实涉案被盗资金的去向，全面收集、分析左某实际控制的虚拟币地址，追踪虚拟币的交易链，查明赃款回流路径，绘制资金去向图。

经过公安机关补充侦查，进一步完善了证据体系。一是相关证人证言以及左某本人名下的客户卡交易记录等，证实左某在职期间，即通过绑定自己手机号操作转账客户卡少量钱款的事实，说明左某熟知南京某公司的系统漏洞，熟悉具体操作流程。二是左某本人的电子数据邮箱数据、服务器日志、检查笔录、停车缴费记录等证据相互印证，证实其利用公司辅助业务信息管理系统，搜索、下载用户信息并发送到邮箱，导入U盘，且本案被盗的账户被左某下载的用户信息所覆盖。三是北京某科技有限公司提供的VPN使用日志，证实涉案VPN账户首次使用时间为2021年12月21日22时许，被害公司服务器访问日志证实，在同一时间、基于同一IP地址的访问记录，公安机关通过DES解密软件程序，证实左某实际控制使用尾号1938的虚拟号码，并掌握该VPN的涉案账号、与王某某变现交易的微信号。检察机关技术部门利用JAVA软件编写解码程序验证了该手机号的解密过程。四是通过对侦查实验笔录、涉案被盗账户设备号信息、电子数据网络远程勘验笔录等证据，进一步佐证了访问涉案App操作转账在后台留存的设备号与左某虚拟币钱包地址的设备号一致，足以证实左某系盗窃涉案账户资金的行为人。五是左某利用虚拟币洗钱将盗窃赃款变现，被盗资金最终流向左某。搜查笔录、扣押清单等证据，证实2个虚拟币钱包地址确属左某本人。根据同一时间、多个虚拟币地址同一 IP，结合交易习惯、交易规律、资金来源、异常资金流向，确定左某实际控制的 10 余个钱包地址。证人伍某某、郑某某等人的证言、银行卡交易记录、虚拟币交易记录等证据相互印证，证实左某安排郑某某将涉案盗窃钱款转入伍某某控制的银行卡中，伍某某通过虚拟币交易的方式，再向左某控制的虚拟币账户大额转账。证人王某甲、王某乙等人的证言，转账记录等证据，也进一步印证了左某通过申请信用卡和 POS 机并多次通过 POS 机刷卡透支，再将通过网络售卖虚拟币的对价资金以偿还欠款的方式将虚拟币最终变现。涉案的每个环节左某都实际参与，证据之间相互关联，信息流和资金流形成的证据链，均指向唯一结论，即左某系本案盗窃犯罪活动的行为人。

2023 年 3 月 28 日，玄武分局以涉嫌侵犯公民个人信息罪对左某刑事拘留；同年 4 月 23 日，玄武分局以左某涉嫌盗窃罪提请玄武区检察院批准逮捕；同年 4 月 28 日，玄武区检察院依法对左某作出批准逮捕决定。2023 年 8 月 28 日，玄武区检察院以左某犯盗窃罪依法提起公诉。2023 年 11 月 28 日，南京市玄武区人民法院以盗窃罪判处左某有期徒刑 13 年，并处罚金人民币 30 万元。宣判后，左某提出上诉。2024 年 4 月 10 日，南京市中级人民法院裁定驳回上诉，维持原判。

以上两个案例，一个是检察机关履行法律监督职能，不构罪的案件坚决不诉；另一个是检察机关充分发挥引导侦查功能，与公安机关共同构建以证据为中心的指控体系，协力完成犯罪指控，不让任何一个罪犯逍遥法外。可见，把握侦查监督和协作配合的尺度，应牢牢坚持"在监督中支持、在支持中监督"的原则和双赢多赢共赢理念，最终保障案件质量与公平正义的实现。

二、平等协商的新型控辩关系

"法律家阶层……必须具有一致的愤怒感，去反对不管由谁或针对谁的任何违法，去反对一切总想去违法的人……整个法律家阶层正是在法上安身立命的。"[①] 检察官与律师同属法律职业共同体，是基于共同的法律信仰、价值、理念、思维与语言所形成的精神性聚合职业共同体。在刑事诉讼活动中，均需承担依据查明的事实证据正确适用法律，维护诉讼参与人诉讼权利和其他合法权益，共同肩负为实现国家法治现代化与社会治理体系现代化的责任和使命。

自 1996 年修改的《刑事诉讼法》实施后，控辩对抗成为控辩关系的突出特征。控辩对抗虽然在一定程度上发挥着引导裁判者发现事实真相、作出准确裁决的作用，[②] 但就控辩关系而言，由于长期以来"敌我矛盾"观念的影响，基于职业立场的不同而导致控辩关系对立的问题尤为突出。不少控辩双方缺乏互动，在庭下不沟通、不交换意见，在法庭上双方好似"仇人相见，分外眼红"，控辩冲突时有出现。随着以审判为中心的诉讼制度改革的不断深入，特别是认罪认罚从宽制度的适用，在追求公正的同时，刑事司法的价值追求与效率的价值目标更趋统一。新时代新背景下，控方与辩方应当尽量"平等武装"，达到力量均衡，控辩关系努力从控辩对抗向控辩平等协作发展，[③] 建立以审判为中心，控辩平等、有效协商、良性对抗、和谐互动的新型控辩关系。

法庭之下重在控辩平等协商。2019 年"两高三部"《关于适用认罪认罚从宽制度的指导意见》第 33 条明确规定，在认罪认罚案件中，检察机关在提起公诉提出量刑意见前，应当听取辩护意见，尽量做到协商一致。随着认罪认罚从宽制度的深入实施，认罪认罚案件适用比例逐年增加，2022 年以来，全国检察机关认罪认罚案件适用比例达到 90% 左右。2023 年全国检

---

① ［德］拉德布鲁赫：《法律智慧警句集》，舒国滢译，中国法制出版社 2001 年版，第 132 页。

② 参见冀祥德：《世界刑事诉讼的四次革命》，载《中国法学》2024 年第 1 期。

③ 参见魏晓娜：《认罪认罚从宽制度中的诉辩关系》，载《中国刑事法杂志》2021 年第 6 期。

察机关已办理的审查起诉案件中，提出确定刑量刑建议占量刑建议提出数的97.2%；对检察机关提出的量刑建议，法院采纳数占同期提出量刑建议数的97.5%。这表明控辩协商成为控辩之间的常态。有专家将认罪认罚案件中的辩护样态称为"交涉性辩护"，因为认罪认罚案件的辩护更多地体现在审前程序，尤其是审查起诉环节中与检察机关的沟通、协商、对话。所追求的诉讼目标是，通过与检察机关积极的沟通、协商和对话，说服其在被追诉人自愿认罪认罚后及时终结诉讼，或在提起公诉的情况下可以向法庭提出较为轻缓的量刑建议，从而让被告人获得更为有利的诉讼结果。①

作为刑事检察官，首先应深化对控辩平等原则的认识，控辩平等作为刑事诉讼的基本原则，是司法职能配置的基本要求，也是提升司法公信力的重要体现。认罪认罚案件控辩协商是法律规定给予被告人依法"从宽"的量刑优惠，不是司法机关单方面的"恩惠"，而是控辩双方充分协商后的诉讼合意，这一观念转变才是贯彻落实认罪认罚从宽制度的关键。② 其次，控辩协商不是追诉职能的改变，是工作方式发生了变化。刑事诉讼过程中，刑事检察人员的基本职能仍然是指控犯罪，只不过在这个过程中更加强调协商，以提高司法效率、节约司法资源。

案件办理中，承办检察官需要重点关注：一是严格审查适用条件。对认罪认罚适用条件的严格审查是检察机关客观义务和法律监督职能的充分体现，也是保障人权、维护司法公正的要求。办理认罪认罚案件，第一要务就是对案件质量负责，千万不能因为侦查机关移送起诉时犯罪嫌疑人认罪认罚而忽略对案件实体的审查，轻信犯罪嫌疑人"认罪"假象，将无罪案件当作有罪案件来办，而应当全面阅卷，细致述评，严格全面地审查和认定证据，使每一个案件事实都有证据予以佐证，排除合理怀疑，确保案

---

① 李奋飞：《论控辩关系的三种样态》，载《中外法学》2018年第3期。
② 参见卞建林、李艳玲：《认罪认罚从宽制度适用中的若干问题》，载《法治研究》2021年第2期。

件质量经得起考验。^① 二是认真听取辩护人或值班律师意见。辩护律师或值班律师的介入是认罪认罚从宽制度得以正当运行的关键。犯罪嫌疑人认罪认罚的，承办人仍应认真细致听取辩护人或者值班律师的意见。"听取意见"正是控辩双方的平等交流互动，既能充分彰显控辩协商的价值和意义，又有利于案件程序与实体上的准确办理。有的案件虽然犯罪嫌疑人已经认罪认罚，但是辩护人在案件事实细节上是存在不同认识的，通过听取意见、交换证据，则可以消除分歧，以便于双方对案件处理意见形成共识。三是重点审查犯罪嫌疑人认罪认罚的自愿性、真实性、合法性。尽可能保障被追诉者的权利，使其在强大的公权力面前，呈现出有力的、可抗衡的状态，自愿认罪认罚，而非基于对刑事处罚的恐惧而被迫认罪认罚。^② 如果犯罪嫌疑人是在非自愿或者因为自身认知能力不足而受其他因素干扰等情况下认罪认罚，那就失去了该程序的正当性，还有发生冤假错案的风险。所以，审查犯罪嫌疑人认罪认罚的自愿性，是审查起诉阶段承办检察官的工作重中之重，也是提出量刑建议、签署具结书的重要前提。四是重点关注量刑建议的精准性与具结书签署的仪式感。提出量刑建议和签署具结书是推进认罪认罚程序的重要工作。承办检察官提出确定的、合理的量刑建议，并按照程序要求犯罪嫌疑人签署认罪认罚具结书，能够增强认罪认罚过程的规范性，推动认罪认罚制度积极作用的发挥。这就要求承办检察官应强化对量刑技术的学习、对量刑指导规则的把握、对具结过程的实操。

法庭之上重在控辩平等对抗。控辩双方因为各自职能的不同而成为矛盾的两面，尽可能实现双方的对立统一是支配控辩关系的哲学基础。^③ 现代刑事诉讼程序是在中立法官的主持下，通过控辩双方的平等对抗进行的，

① 参见汪海燕：《认罪认罚从宽制度视野下的"以审判为中心"》，载《中国法学》2023 年第 6 期。

② 参见刘少军、张菲：《认罪认罚从宽制度中的被追诉者权利保障机制研究》，载《政法学刊》2017 年第 5 期。

③ 参见马永平：《控辩关系整体性重构的基点选择——评冀祥德教授〈控辩平等论〉》，载《人民检察》2017 年第 1 期。

刑事诉讼的价值是在控辩双方的平等对抗中实现的。通过控辩双方有秩有序的良性对抗，使得纠纷在受到理性控制的、看得见的条件下得到解决。认罪认罚从宽制度的推行，使刑事案件的办理被区分为认罪认罚案件与不认罪认罚案件两种类型。不认罪认罚案件中的辩护样态中"对抗性辩护"特点突出，控辩双方在法庭上需要进行"你来我往"式的唇枪舌剑。作为公诉人，应秉承对抗不对立、交锋不交恶的原则，保持理性、平和的态度，在平等对抗中寻求控辩和谐。具体应做到，一是互相尊重。法律职业共同体的建构必须有法律信仰的推动。法律信仰是法律人的精神纽带，公诉人和律师必须建立起法律信仰，信仰法律至上，以法律法规作为行使权利的最高行为准则，维护法律的尊严和权威性，检察机关应避免职业优越感，认真听取辩护律师的辩护意见，切忌轻视或否定律师在查明事实真相中的作用。① 此外，检察官与律师要具备协同理念，尊重彼此合法职业行为，彼此之间建立合理期待，分歧面前求同存异，共同营造协同诉讼模式所需的职业氛围。二是理性对抗。在控辩平等的现代内涵之中，控辩双方在平等武装与平等保护之下，理性平等对抗。刑事庭审实质化要求控辩双方的平等、专业对抗，重视辩护律师在庭审中的作用。② 在庭审过程中，控辩双方均应坚持以审判为中心，在审判长主持下，协力做到事实查明在法庭、证据认定在法庭、诉权保护在法庭、裁判决定在法庭，双方有序充分发表意见，给合议庭提供最全面的参考，切实发挥庭审在诉讼制度中的应有作用。三是平和对抗。法庭辩论当然需要口才和激情，但是也绝不能逞一时口舌之快，而应切实做到以理服人。③ 遵守法庭纪律，不滥用诉讼权利，情绪平静，听从审判长指挥，不随意反驳对方发言，更不能以贬损他人人格的语

① 参见田圣庭：《以审判为中心视野下的控辩对抗》，载《学习与实践》2018年第2期。

② 参见胡婧：《刑事普通程序庭审实质化的强化路径》，载《甘肃社会科学》2021年第2期。

③ 参见李勇：《审判中心主义背景下出庭公诉的对策研究》，载《中国刑事法杂志》2016年第5期。

言进行攻击，以维护司法权威和对方尊严。

【案例：王某某盗窃案】

基本案情

2023 年 1 月 19 日，王某某在南京市玄武区某珠宝店柜台准备换购黄金手镯，后趁店员离开柜台间隙，窃得店员放在柜台上向其展示的黄金手镯 1 件（价值人民币 20888.92 元）。次日，王某某被公安机关抓获归案，归案后如实供述了上述犯罪事实。公安机关在其住处查获并扣押上述被盗黄金手镯，并已发还被害单位。

履职情况

2023 年 1 月 20 日，南京市公安局玄武分局以王某某涉嫌盗窃罪对其立案侦查并采取取保候审强制措施。2023 年 3 月 27 日，公安机关将案件移送南京市玄武区人民检察院审查起诉。因王某某未委托辩护人，玄武区检察院向南京市玄武区法律援助中心建议指派法律援助律师提供法律帮助。值班律师在进行实质化阅卷后，采取会见方式听取王某某意见，并出具详细的书面法律意见书，指出本案相关瑕疵证据；从有利于犯罪嫌疑人的角度，将涉案黄金手镯的价格认定为 14000 元（王某某供述柜员说一对旧手镯可以折价 9000 元，另外还需要再补 5000 元差价才可兑换新的金手镯），并从犯罪数额未达到数额巨大的严重程度，且犯罪嫌疑人存在坦白、认罪认罚、初犯、偶犯等从宽处罚情节，并从本案事出有因、王某某患有抑郁症等方面证明王某某的社会危害性小，主观恶性不大，该案属于情节轻微，建议依法不予起诉。

检察官对瑕疵证据予以确认，要求公安机关补充提供鉴定机构和鉴定人的资质证明及见证人的身份证明材料。最终对值班律师提出的犯罪数额的认定方式不予认可，涉案被盗黄金手镯经鉴定为足金，根据被害单位提供的进货账单，并参考案发当日金价，认定手镯价值人民币 20888.92 元。就值班律师提出的患有严重抑郁症问题，检察官要求王某某提供相关的就医就诊材料，经查，王某某于案发后至脑科医院就诊，医院并未确诊其患有抑郁症等病症。后承办人与值班律师进行当面沟通，值班律师对手镯价值、抑郁症问题对检察机关的意见表示认可。本案的关键问题在于：盗窃金额达 2 万余元，是否属于情节轻微。盗窃数额是判断犯罪情节及社会危害性的重要依据，但不是唯一依据，还应综合考虑案件其他情节及犯罪嫌疑人的主观恶性和人身危险性等因素。判断某一盗窃犯罪行为是否属于刑法第三十七条规定的"情节轻微"，要综合考虑犯罪手段、犯罪对象、退赃情况、认罪认罚等情况。最终，经过听证程序，检察机关认为王某某系初犯、偶犯，认罪认罚，真诚悔过，主观恶性小，犯罪情节轻，同意做不起诉处理。2023 年 8 月 15 日，玄武区检察院依法对王某某依法公开宣告不起诉并进行训诫，告知其刑事违法性、社会危害性及应当吸取的教训。

第二章

路径建构——四种思维的道与技

　　思维是借助语言、表象或动作实现的、对客观事物概括的和间接的认识，是认识的高级形式和阶段，表现为对外界输入的信息进行深层次的分析、综合、比较、抽象和概括，形成概念，进行推理，做出判断，揭示事物的本质特征、内在联系和发展规律，解决人们面临的各种问题。[①] 党的二十大报告中强调"不断提高战略思维、历史思维、辩证思维、系统思维、创新思维、法治思维、底线思维能力"。习近平总书记强调要提升思维能力，把新时代中国特色社会主义思想的世界观、方法论和贯穿其中的立场观点方法转化为自己的科学思想方法，作为研究问题、解决问题的"总钥匙"，增强工作科学性、预见性、主动性、创造性。学习习近平新时代中国特色社会主义思想与习近平法治思想，正需要领悟掌握贯穿其中的辩证唯物主义和历史唯物主义的世界观和方法论，提升解决问题的思维能力。

　　刑事检察官因职业特点在思考专业问题时，有其特殊的逻辑。进入新时代，面对新变化，刑事检察官应打破思维定式，顺应时代发展对思维方式进行调整。哲学家康德曾说过，重要的不是给予思想，而是给予思维。可见，思维与理念虽然同属于"知"的范畴，但两者切入角度不同，在哲学上可以理解为世界观与方法论的关系。理念更多强调的是方向，影响着我们思想、观念；而思维更多关注的是路径，影响着我们的做事方式和解决问题的效率。方向对了，选一条最合适的路，会让我们更快到达。

　　对于新时代的刑检工作者，法治思维、系统思维、辩证思维与数字思维是高质效履职的重要方法。法治思维为刑事检察官提供了基本的价值取向和方法论指导，系统思维提供了全局和动态分析问题的视角，辩证思维通过深化洞察分析以提供解决复杂法律问题的最佳路径，数字思维则帮助我们面对数字浪潮不断创新监督方式。这四种思维方法中，法治思维是基础，系统思维是核心，辩证思维是关键，数字思维是深化，它们之间相辅相成、相互作用，共同构成了刑事检察官处理问题的全面思维框架。

———————————

[①]　彭聃龄:《普通心理学》，北京师范大学出版社2004年版，第245-249页。

第一节　法治思维：
实现刑事诉讼无冤、无纵

　　法治思维是"法治原则、法律概念、法学原理、法律方法以及一些法律技术性规定等在思维中的有约束力的表现"。[①] 法治思维是习近平总书记高度重视、强调最多的思维方式之一。2013 年 10 月，习近平总书记就坚持和发展"枫桥经验"作出重要指示：要善于运用法治思维和法治方式解决涉及群众切身利益的矛盾和问题。2014 年《中共中央关于全面推进依法治国若干重大问题的决定》着眼于"抓住立法、执法、司法机关各级领导班子建设这个关键，突出政治标准，把善于运用法治思维和法治方式推动工作的人选拔到领导岗位上来"，要求"提高党员干部法治思维和依法办事能力"。2020 年 10 月，习近平总书记在中央党校（国家行政学院）中青年干部培训班开班式上强调："要自觉运用法治思维和法治方式深化改革、推动发展、化解矛盾，维护社会公平正义。"检察机关作为国家的法律监督机关，办理的每一起案件都是在践行法治。作为新时代刑事检察官思维方式的基础，法治思维是第一位的，决定了司法办案能否实现"努力让人民群众在每一个司法案件中感受到公平正义"的目标。

　　法治思维是一种正当性思维，蕴含着公平、平等、民主、人权等法治理念，它要求检察官始终坚持法律至上，以确保公平正义的实现。法治思维还是一种规范性思维，它要求检察官在执法办案中，依法行使职权，让每一起案件都在法治轨道上公正办理，确保法律的正确实施。具体到刑事案件的办理，在坚持法治思维的认识上，一是无冤，二是无纵，严格依证

---

　　① 陈金钊:《对"法治思维和法治方式"的诠释》，载《国家检察官学院学报》2013 年第 2 期。

据认定案件事实，确保所办的每一起案件都能经得起法律和历史的检验。法治思维往往强调基于对法治的理性认知，来促进所涉规定、知识与理念的切实实施，特别是在"运用法律思考和解决问题的过程"[①] 中，有必要凸显法治思维的行为转化。[②] 对于如何践行法治思维，重点应把握以下几对关系：

一、惩罚犯罪与保障人权的关系

刑法是"两类人"的"大宪章"，既是"犯罪人的大宪章"，也是"善良人的大宪章"。[③] 现代刑法具备惩罚犯罪与保障人权两大功能，两者之间是对立统一的关系，是可兼容兼顾的辩证关系。法哲学家和刑法学家拉德布鲁赫说过，刑法的目的不仅在于设立国家刑罚权力，同时也要限制这一权力，刑罚不仅要面对犯罪人，也要面对检察官保护市民，成为公民反对司法专横和错误的大宪章，即"刑法不仅要面对犯罪人保护国家，也要面对国家保护犯罪人"。[④] 所以刑法既要惩罚犯罪，也要保护国家安全、人民权利、维护社会秩序。惩罚犯罪就是为了保障人权，保障人权也是为了正确惩罚犯罪，两者的目的是一致的。

刑事诉讼对犯罪事实的证明是一种回溯性证明，要受诸多因素影响，犯罪嫌疑人的人权同样应得到保障，不重视人权保障，就有可能发生冤假错案。刑事检察官在办理案件过程中，应坚持惩罚犯罪与保障人权并重的思维，实现惩罚犯罪与人权保障的双重价值目标。[⑤] 既不能只顾惩罚而轻

---

① 陈金钊：《法学意义上的法治思维》，载《国家检察官学院学报》2017 年第 1 期。

② 赵谦：《中国式现代化语境下的法治思维结构论》，载《现代法学》2024 年第 4 期。

③ 张明楷：《刑法格言的展开》，法律出版社 2005 年版，第 49 页。

④ ［德］拉德布鲁赫：《法学导论》，米健、朱林等译，中国大百科全书出版社 1997 年版，第 96 页。

⑤ 参见何秉群、陈玉忠、王雷：《我国检察机关侦查监督模式的问题及完善路径——基于诉讼模式进化原理的分析》，载《中国刑事法杂志》2013 年第 10 期。

视保障，也不能一味保障而放弃惩罚，否则法律将失去其应有的客观性和公正性。保障人权包括所有诉讼参与人的权利，既有案件被害人，也有案件被告人与犯罪嫌疑人。秉持客观公正立场，贯彻证据裁判规则和疑罪从无原则，严格实行非法证据排除规则，既要保障有罪的人受到公正的惩罚，也要保障无罪人不受刑事追究。

二、罪刑法定与无罪推定的关系

无罪推定原则是现代法治国家普遍承认的一项重要的刑事诉讼原则。18 世纪意大利刑法学家贝卡利亚在其著作《论犯罪与刑罚》中首次提出了"无罪推定"的理论构想，他指出："在法庭判决之前，一个人是不能被称为罪犯的。只要还不能断定他已经侵犯了给予他公共保护的契约，社会就不能取消对他的公共保护。"[1] 我国《刑事诉讼法》明确规定："未经人民法院依法判决，对任何人都不得确定有罪。"罪刑法定是刑法的铁则，它的经典表述是"法无明文规定不为罪，法无明文规定不处罚"。行政国家的强化、网络社会与风险社会的兴起，社会治理对刑法的依赖日益加重，行政违法行为的犯罪化进程亦不断加快，作为刑法"帝王原则"的罪刑法定原则随之迎来了各种各样的挑战。[2] 在此背景下，罪刑法定原则更彰显了时代价值。无罪推定原则与罪刑法定原则共同构成了现代刑事法律的基石，两个原则所要体现的根本精神均是"有利于被告人"，两者之间是协调统一的关系。

司法公正主要追求的是个体公正，即个案公正，司法活动应当围绕个案进行。错案率对于司法机关来说可能只有千分之几，但是对于被冤枉的当事人来说则是百分之百。要懂得"100-1=0"的道理，一个错案的负面影

---

① ［意］贝卡利亚:《论犯罪与刑罚》，黄风译，中国法制出版社 2005 年版，第37 页。

② 江溯:《罪刑法定原则的现代挑战及其应对》，载《政法论丛》2021 年第 3 期。

响足以摧毁九十九个公正裁判积累起来的良好形象。执法司法中万分之一的失误，对当事人就是百分之百的伤害。每一件错案的背后，都是一段让人痛心的悲剧。从佘祥林、呼格吉勒图至浙江张氏叔侄，这些错案损害的不仅是他们个人、家庭的权益，更是法律的尊严和权威，以及社会公众对社会公平正义的信仰。2019 年新修订的《检察官法》第 5 条明确规定检察官办理刑事案件，应当严格坚持罪刑法定原则。办案中，刑事检察官应全面落实控方举证责任，严格按照证据裁判原则，构建以证据为中心的刑事指控体系。对于侦查机关移送的证据，经审查补证不能达到确实、充分要求，不能排除合理怀疑的，则应作出有利于被告人的事实认定，切实贯彻证据不足作无罪处理的疑罪从无原则。

当下轻微刑事犯罪数量上升，但刑事检察官切不可认为，轻罪案件就可以人为降低证明标准，适当放松构成要件的限制而随意扩张处罚范围，甚至突破罪刑法定这一底线。公正是不可动摇的底线，但效率与公正的冲突乃至对立等问题仍然突出。如在美国，轻罪治理制度虽然缓解了轻罪数量过多与司法资源有限之间的供需矛盾，却也暴露了入罪门槛过低、程序的任意性过度、罪刑的不均等问题。[①] 这些现象都值得我们警惕，办案中即使是侦查机关移送的认罪认罚案件，同样要关注罪刑法定原则的贯彻和维护，因为案件有轻重、人生无轻重，他人的人生与我们的人生都只有一次，把握好无罪推定与罪刑法定原则的关系，需要我们每一个刑事检察官的坚持不懈的努力。

三、法律真实与客观真实的关系

"以事实为依据"是刑事检察官办案必须坚持的司法原则，这里的"事实"是什么？是客观真实还是法律真实？客观真实是实际发生的事实，它

---

① 冀莹：《美国轻罪治理体系的现状、困境及反思》，载《政治与法律》2022 年第 1 期。

发生在过去，是事物本来的状态与面貌；法律真实则呈现于现在，它是以客观真实为基础，形成于办案人员认识的过程之中，是司法人员按照法定程序、运用证据规则尽最大努力还原的法律上认可的事实。客观真实与法律真实两者之间存在辩证统一关系，要在平衡各种价值需要的基础上协调客观真实与法律真实之间的矛盾。①

"每一个案件，公检法人员认识犯罪人、犯罪现场、证据属性都是一个'从客观真实走向法律真实'的过程，这是一种'主观的表达'，是认识论的体现。"② 可见，法律真实是经过证据重新建构的客观真实，就如同一个房子倒塌了，即使让原来的工人重新搭建，可能与原来的房子很相似，但绝无可能和原来的一模一样。客观真实是司法活动所追求的终极目标，办案人员追求两者之间的无限接近，就是实现公平正义的过程。我们应基于良知与理性，以事实为依据、以法律为准绳，公正审查，得出最接近客观真实的法律真实结论。既要坚持全面审查，不放过任何一个疑点，同时细致了解案件发生的起因、背景等情况，全面做出判断，努力查明事实；又要坚持正当目的原则，严格按照法律规定的程序办理案件，排除非法证据，保证证据收集的合法性。从客观证据出发，严密地进行推理论证，对于证据不能证实的事实不予认定。

价值问题虽然是一个探讨相对困难的问题，但它却是法律科学所不能回避的。理想的诉讼价值观应当以"均衡"为原则，在兼容并包的基础上实现自由与秩序、公正与效率的协调一致，均衡发展，任何重此轻彼或将两者割裂开来的做法都是不可取的。③ 我们既要反对为了盲目追求客观真实不顾证据裁判原则，造成案件久拖不决；又要杜绝以发现了法律真实为借口，放弃对关键证据的追查而造成误断。始于客观，忠于法律，我们无

---

① 王贞会、王福恒：《客观真实与法律真实之价值考量——对我国刑事诉讼证明标准的再思考》，载《河北师范大学学报（哲学社会科学版）》2007 年第 1 期。

② 樊崇义：《真实是什么？》，载《人民法治》2024 年第 1 期。

③ 吴卫军：《司法改革原理研究》，中国人民公安大学出版社 2003 年版，第 131 页。

法超越自身限制而直接看清任何事物的本来面目，但却可以在自身能力限度之内努力达成正义目标。每一名刑事检察官都应当带着一颗敬畏的心去审查每一份证据材料，目光不断往返在法律真实与客观真实之间，全力探求法律事件背后的事实真相，让施害者受到法律制裁，让受害者感受到司法温暖，才能彰显国家法律的公平与正义。

【法治思维的思考维度】

案件证据能够证实的犯罪事实是什么？

在案的证据审查是否已经足够全面、审慎？

内心确信的案件客观事实是怎么样的？

有没有可能通过补充侦查、自行补充侦查接近客观真实？

案件事实无法查清的部分，有没有站在"存疑有利于被告人"的原则去认定？

办案中是否既保障了被害人的权益，也保护了犯罪嫌疑人的权利？是否还有其他诉讼参与人的权利？

法律适用过程中是否遵循了罪刑法定原则？

第二节　系统思维：建立整体观、全局观

　　系统是由相互作用、相互依赖的若干部分结合成具有特定功能的有机整体。万事万物是相互联系、相互依存的，只有用普遍联系的、全面系统的发展变化的观点观察事物，才能把握事物发展的规律。功能主义提供了一种法制度功能运行的系统维度和路径实现。在社会学研究中，功能主义是将某一社会现象或者社会制度置于相互联系的社会系统内进行规范分析的思维路径和方法，为考察司法制度的运行实效提供了多元视角，可以从社会、法律和司法等不同的系统维度和路径来对司法制度的功能进行分层考察。[①] 法律系统是社会系统的重要组成部分，与经济、政治、文化等社会子系统相互联系、相互作用。系统思维是习近平法治思想的重要思维方法。习近平总书记在中央全面依法治国委员会第一次会议上指出："全面依法治国是一个系统工程，必须统筹兼顾、把握重点、整体谋划，更加注重系统性、整体性、协同性。"法律问题与其他社会现象和问题相互交织，必须从社会系统的整体出发来研究和解决。

　　在系统理论的视角下，刑事法体系区分不同犯罪类型和行为人是一种不断产生法律系统规范整合功能的运作，也是系统不断吸纳社会其他子系统知识与理性的过程。[②] 刑事检察不是平面的，而是立体的，与政治、社会、经济、文化等各方面息息相关。系统思维要求检察官将案件办理、法律监督等工作视为一个整体系统，全面考虑各种因素和可能的影响，以实现最佳的工作效果。一方面，我们在办理刑事案件时，"要跳出检察看检察"，从全局考

---

　　① 王贞会：《法制度功能运行的系统维度与路径实现：以刑事强制措施为例的分析》，载《社会科学战线》2022 年第 11 期。

　　② 刘涛：《社会系统及其互动：刑事和解中"以钱买罪"现象新解》，载《法制与社会发展（双月刊）》2017 年第 2 期。

量，将案件放在为大局服务、为人民司法、为法治担当的系统中去考量，综合分析后方能达成"三个效果"统一的决定。另一方面，个案办理具体过程中，刑事诉讼各环节之间不是孤立的，而是相互联系的，刑事检察官应"跳出刑事看刑事"，既应考虑在刑事诉讼活动中涉及各司法机关、各诉讼参与人之间的关联，又应考虑检察机关内部"四大检察"一体履职、融合履职的办案要求，不断调整角度、换位思考，或站在侦查人员、审判人员、诉讼参与人、社会群众等不同角度，或站在民事检察、行政检察、公益诉讼检察以及检察侦查等不同立场，反复思考琢磨，才能更加准确适用法律、找到最佳处理路径，实现高质效办好每一个案件这一基本价值追求。

一、侦查思维

侦查思维是将刑事案件、现场时空、痕迹物证、侦查要素、数据集合等案件信息在头脑中赋予对应的实物形象，作为还原现场和分析案情的物质基础以及查找线索和进行判断推理的思维方式；是在吃透案情和总结经验教训的基础上，对与案件有关的信息碎片进行拼接联想、知识迁移、逻辑跳跃和关联印证，进行逆向思维和发散思维，同中求异，异中求同，提出新的侦查思路，推进案件侦查的思维方法。[①] 过程回溯性是侦查人员常用思维方式，它讲究以果求因、以果溯因，通过侦查活动推断犯罪人的犯罪经过，刻画犯罪人犯罪条件，以追踪犯罪嫌疑人。侦查人员擅于运用反常点进行判断，如犯罪嫌疑人口供中的矛盾点，从发现问题到分析问题，从而提出侦查假说，最终确定犯罪嫌疑人。

正因为侦查思维强调证据的收集、审查和构建案件逻辑链条，这样的思维方式对刑事检察官审查案件、运用逻辑推理构建犯罪体系以及全面履行侦查监督职能方面有可借鉴之处。一是刑事检察官在办案初期介入侦查

---

① 聂江波：《侦查思维范式转换研究》，载《中国人民公安大学学报（社会科学版）》2020年第3期。

时，通过站在侦查的角度看审查，运用代入式的思维，以案情为思考对象，对案件中的物证、人物、事件、时间、空间以及相关信息的掌握作出综合分析判断，在复杂多变的案件情况中迅速抓住问题的核心与关键，形成对案件的初步判断，促进内心确信的形成。二是刑事检察官通过大胆运用侦查思维，从被动依赖卷宗材料转变为主动挖掘案件背后的疑点，对案件的事实、证据、程序进行审查、甄别，对犯罪嫌疑人的犯罪轨迹进行深度分析，与侦查人员的侦查思路进行碰撞，并围绕可能构成犯罪的各个要件，提出补充侦查的思路与取证方向。三是侦查思维可以使刑事检察官设身处地站在侦查的角度，建立"问题意识"，全面研究思考案件的侦查方向、侦查范围、侦查程序，更好地发现证据存在的问题。从证据的可靠性与程序的合法性入手，排除自己的合理怀疑，更加理性地运用证据，对排除非法证据、侦查活动违法、追诉漏罪漏犯等环节，提出针对性意见，全面履行对侦查活动的监督，降低指控风险。四是在案件审查起诉环节，侦查思维要求公诉人思考如何更有效地收集和利用证据，以及如何设计侦查方案来揭露真相。公诉人可通过还原侦查活动的全貌的方式查明案件事实真相。在阅卷的过程中，可以将侦查机关移送的程序卷与实体卷的内容重新进行有机组合，将侦查机关的活动按照时间顺序重新排列，通过侦查活动的时间轴，办案的实际过程就出来了。而往往侦查活动的过程，就是案件真相发现的过程，这时既可以完整客观了解案件事实，也可以全面审查侦查机关所收集证据的合法性、客观性与关联性。

二、审判思维

在审判工作中，法律经由法官之手转换成个案场景中的裁判，在这一过程中，法官的审判思维成了承前启后的关键环节。[1] 审判思维是法官秉

---

[1] 袁江华：《论刑事法官的审判思维——以应然与实然为研究视角》，载《法律适用》2008 年第 11 期。

持以审判为中心，对案件事实、证据、法律适用等问题进行全面审查并依法做出理性判断，其中有罪刑法定的原则性思维、有控辩平等的中立性思维、有不断怀疑的批判性思维，还有刑法谦抑性的定罪思维。合理性怀疑是刑事法官的天性，诉讼过程中法官不断打破"排除合理怀疑"的过程，刑法中的无罪推定原则、疑罪从无原则的确立就是这一思维方式的体现。[1] 审判思维具有底线思维的特征，如"事实清楚，证据确实、充分"，是提起公诉的标准，也是作出有罪判决的标准。两者相较而言，对于"证据确实、充分"的理解，法官则更为审慎。作为公平正义的最后一道防线，审判人员有这样的认识是可以理解的。所以，对于刑事检察官而言，在审查案件时应全面考虑案件的各种因素，包括被告人的辩解和证据的反驳等，以确保指控的成立具有充分的证据支持。提起公诉前，对于证据的确实与充分性的标准，应当站在审判人员的角度，更为审慎地思考。以罪刑法定思维为出发点，时刻调整对犯罪行为的认定；始终树立惩罚犯罪与保障人权的价值观，刑事检察中强调被害人与犯罪嫌疑人诉讼权利保障兼顾；在判断案件事实与证据时，时常以"被告人供述是否客观，犯罪嫌疑人辩解是否合理，供述与其他证人证言存在矛盾，还有哪些客观性证据可以提取；经常问问自己，"如果我是审判人员，这个案件我敢不敢下判"等。

与侦查人员的"入罪思维"不同，审判人员的"出罪思维"同样值得刑事检察官借鉴。在办理案件过程中，应将刑法有限性、谦抑性作为必不可少的一个环节，如果有其他手段可以充分保护法益，不一定要运用最严厉的刑法。与侦查人员的单一追诉性思维不同，法官具有多元平衡性思维。法官大多具有较强的平衡意识，他们会尽力保持不同案件判决一致性的平衡，同一案件中不同主体权益的平衡以及当事人权利与社会利益之间的平衡。这种平衡意识不仅考验着法官的裁判智慧，更是其实现公平正义的重要保障。同样，刑事检察官在审查案件时，需要学习这样的审判思维，有

---

[1]　王纳新:《法官的思维——司法认知的基本规律》，法律出版社2005年版，第66页。

意识地去进行不同利益的平衡，而这背后最重要的因素就是实现政治效果、法律效果和社会效果之间的有机统一。办案中依据常识、常理、常情，本着良知、善意，寻求运用多样切实可行的方法，最终实现"三个效果"统一的最优解。

拥有良好的审判思维能力有助于刑事检察官预测判决结果，更好履行审查监督职责。在审查起诉过程中，站在审判长、合议庭的角度，对案件进行综合、系统的把握，对审判结果"心中有数"，其中既包括实体方面，也包括程序方面；既包括案件定性，也包括案件量刑；这样当法官作出判决裁定之后，有助于刑事检察官更有针对性地去审查判决结果，判决是不是"确有错误"，是不是具有抗诉必要性，是不是存在审判程序违法，是不是应当启动审判监督程序，等等。

三、辩护思维

如果说侦查思维是学会否定别人，也就是"质疑思维"，辩护思维则需要尝试自我否定，即具有"逆向思维"。我国法治建设的历程是一个辩护权和辩护制度不断完善的过程。[1] 辩护思维是指从案件的事实、证据、法律适用等方面出发，对辩护人所提出的辩护观点、辩护理由进行研究和反驳的思维方法。

运用辩护思维是辩证法的体现，它让刑事检察官站在指控犯罪与辩护立场双方进行案件审视，帮助刑事检察官更全面履行客观公正义务，努力平衡"控方"与"辩方"的角色对比，实现"知彼知己、百战不殆"。辩护活动贯穿于整个刑事诉讼全过程，辩护思维与指控思维有相同之处，依据的基础都是事实、证据。但控辩双方因立场不同，审查的思维方式有所不同，公诉人审查案件好比搭建房子，少一块砖头都不行。辩护人审查案

---

① 冀祥德：《以刑事辩护八大学说助推法治现代化》，载《中国社会科学院大学学报》2024 年第 4 期。

件好比拆房子，只要抽掉一根梁，房子就可能坍塌。公诉思维的主要目的是指控犯罪，而辩护思维的目的则旨在为犯罪嫌疑人或被告人争取到无罪与罪轻的辩护结果。公诉思维侧重于从全局性出发，运用证据构建出一套逻辑严密的指控体系；而辩护思维侧重于找出指控体系中的薄弱环节，并进行有力打击。所以，辩护思维要求公诉人在指控犯罪的同时，站在辩护人角度审查案件，从案件事实、证据、法律适用等方面，对辩护人所提出的辩护观点、辩护理由进行研究，从而在审查案件过程中，及时补强瑕疵证据，自觉排除非法证据，精准预测辩护人的辩护重点，在有效指控犯罪，提升公诉综合效果的同时切实维护犯罪嫌疑人的合法权益。辩护思维对案件侦查带有"补遗""纠偏"的辅助性效果。[①] 公诉人在审查案件时，可以运用辩护思维，在注重全局证据体系构建的过程中，更加重视指控体系的薄弱环节并进行加固，以点带面，构建更加逻辑严密的证据体系。

随着以控辩协商为内核的认罪认罚从宽制度全面推开，在刑事诉讼中控辩"合作"的机会大大增加，这种控辩关系的变化在一定程度上平衡了刑事司法对公正与效率的现代价值追求。[②] 审查起诉阶段认真听取辩护人意见也是辩护思维运用的重要环节。这是古老"自然正义法则"的重要要求，也是衡量司法裁判程序是否公正的基本标准。在公诉环节听取辩护人意见，既是对审查起诉过程中事实认定、证据审查、法律适用所发现问题的有效补充，同时也是保障刑事辩护权利实现，有效维护犯罪嫌疑人合法权益，确保理性、平和执法理念落实的综合体现。

此外，辩护思维的运用还体现在出庭公诉前的庭审预案准备过程中。为顺利完成出庭公诉任务，庭前对辩护观点、质证意见进行预测非常重要，公诉人需要对被告人翻供或者可能辩解的问题加以预测；对辩护人针对庭

---

① 董坤：《律师侦查阶段调查取证权新探》，载《武汉大学学报（哲学社会科学版）》2016 年第 2 期。

② 冀祥德：《以刑事辩护八大学说助推法治现代化》，载《中国社会科学院大学学报》2024 年第 4 期。

审程序问题与证据"三性"的质证意见进行预测；对于拟出庭证人、侦查人员的询问，辩护人会如何询问进行预测；对于法庭答辩环节，辩护人会针对法律适用上可能存在的哪些分歧意见与辩点进行预测，等等。

四、全链条思维

捕诉一体办案机制是检察机关批准逮捕、提起公诉以及刑事诉讼监督职能的一体化行使方式，它要求对同一刑事案件的审查逮捕、审查起诉、出庭支持公诉和立案监督、侦查监督、审判监督等工作，由同一刑事检察官或者检察官办案组负责。捕诉一体改革后，刑事检察官的履职活动贯通侦查、逮捕、起诉到审判的全过程，这将改变以往检察机关与侦查机关分段对应、难以有效衔接的局面。同一个检察官审查同一个案件时，会因为思维的连续性而把自己在审查批准逮捕阶段形成的内心确信延续到审查起诉阶段，强化追诉犯罪的倾向，这种倾向更有利于国家追诉权的实现，而不会削弱国家追诉权的行使。[①] 从刑事证据的"生命流程"来看，检察机关对证据生成、收集、固定、保存、提出、运用的整个过程进行审查，所以履职链条变长了，刑事检察官就要建立系统观念，转换思维方式为全链条思维模式。从立案后报捕之前提前介入到审查逮捕、审查起诉，直至案件提起公诉、出庭支持公诉、判决结果监督等，众多环节都在整个刑事诉讼活动链条中起重要作用。这就要求刑事检察官在诉讼过程中，秉持"高质效办好每一个案件"，紧扣法律监督职能，从提前介入的前端，到审查逮捕、审查起诉的中端，直至作出是否起诉决定之后的末端，每个环节都应依法履职、有所作为，不遗漏不怠慢任何一个环节，并且将各个环节前后呼应、层层递进。

侦查是刑事案件的基础，侦查机关收集、固定证据的质量直接关系检察机关指控犯罪的效果，侦查质量高低对案件顺利诉讼起着至关重要的作

---

① 张智辉:《论捕诉一体》，载《法学杂志》2021 年第 9 期。

用。在捕前提前介入、引导侦查的前端环节，要牢牢把握对标审判标准的刑事追诉逻辑，将案件质量标准不断向侦查机关传导，保障基础证据的合法性，积极进行证据引导。应通过提前参与侦查过程，引导取证和侦查监督，紧扣证明对象，引导完善证据体系，以提高办案质量和效率。中端是审查逮捕、审查起诉阶段，应注重全面审查案件事实，夯实证据体系，准确把握逮捕和起诉的证明标准。一方面进行穿透式证据审查，对证据是否确实充分进行全面审查，对瑕疵证据提出补正完善意见。另一方面继续增强证据链条完整性，审查逮捕阶段需要关注的是，不仅审查是否符合逮捕条件，同时从审查起诉的角度提出继续侦查或补充收集证据的意见。捕后持续跟进案件侦查工作，及时了解案件证据收集固定情况，推动建立起完整的刑事证据链。审查起诉环节则立足把关过滤职能，持续做优证据审查模式。坚持依法履职，对证据收集和采信进行更严格、全面的判断，保障事实认定的准确性与完整性，最终确保证据链完整形成闭环。末端是出庭公诉、宣布不起诉后，则要求刑事检察官在准确进行法律适用与办结案件后，开展行刑反向衔接、制发检察建议参与社会治理以及开展被害人司法救助等工作，做好办案的"后半篇文章"。当然，末端环节的履职工作，并不代表只有到了这个阶段才开始做，具有全链条思维的刑事检察官应以始为终，在介入案件的前端阶段，就应了解案件案发特点，关注犯罪嫌疑人犯罪成因、涉案相关企业经营状况、案件被害人的生活现状等，为办出高质效的案件进行准备。

前端、中端与后端三个阶段，在刑事诉讼过程中，是各自相对独立的环节，但相互之间不是孤立存在，而是相互衔接、相互串联，前一环节的结果直接影响后一环节的启动与过程效果，只有每一环节高质效，才能做到全过程的高质效。而只要运用全链条思维，在每一环节履职"求极致"，就能做到全案的高质效。在全链条高质效办案的同时，应勇检察长也强调，"要全链条体系化落实司法责任制，'把落实和完善司法责任制'的要求具体化到每一个案件、每一个办案组织、每一名检察官，进一步促进回归高质效监督办案这个检察工作的本质本源。"[1]

五、融合履职思维

作为一次系统性、重塑性的检察权能整合和拓展，"四大检察"这一检察权运行新机制，使中国特色社会主义检察制度迎来了新的发展时期。"四大检察"是检察机关法律监督的主体框架，各具有相对的独立性，但又统一于法律监督权，相互衔接、相互耦合，一体履职、融合履职可以提升法律监督的整体质效与检察工作水平，增强社会公信力。

刑事检察官在审查刑事案件过程中，应树立整体检察监督观，运用系统思维，将刑事案件办理的过程看成检察整体职能履行的一个部分，加强与相关部门的协作配合，办案中充分思考刑事检察与民事检察、行政检察、公益诉讼检察、刑事侦查等检察业务之间的关联点，再通过移送线索等方式，解决案件中出现的部门法叠加适用的问题，发挥"四大检察"协同监督的合力，促进形成多元化、立体化的工作格局，以适应时代发展对刑事检察官的新要求，这也是践行高质效办好每一个案件的体现。

"四大检察"分为不同的区块，并不意味着民事、刑事、行政和公益诉讼检察职能间失去了联系。四种检察职能应当是区块链，区块链使得彼此之间无须借助一个中立的中央权威而进行合作。[2]刑事检察在"四大检察"中处于基础地位，刑事检察范围涵盖刑事立案监督至刑罚执行全部刑事诉讼阶段，跨度长、覆盖广，刑事检察官在办案中完全具备发现其他检察的案件监督线索的条件。如在办理涉侵犯公民人身权利类、

---

[1] 《最高检调研组在云南调研　应勇强调学思践悟习近平法治思想　在维护国家安全社会安定人民安宁中扛实检察责任》，载中华人民共和国最高人民检察院网站，https://www.spp.gov.cn/tt/202410/t20241012_668495.shtml。

[2] 转引自陈军：《"四大检察"改革背景下的检察权能配置探析》，载《政法论丛》2020年第5期。

侵财类案件中，发现刑事被害人可能涉及司法救助的线索，移送给控告申诉部门进行办理；在办理虚假诉讼案件过程中，有可能发现法院在民事执行程序中存在的问题线索，移送给民事检察部门进一步调查；在办理刑事案件中，发现有未成年子女的犯罪嫌疑人存在家庭监护不力等情形，可将线索移送未成年人检察部门进行审查办理；在审查行政执法和刑事司法衔接案件中，有可能会发现行政机关履职中的违法线索，对于需要对行政相对人予以行政处罚或者行政行为需要行政机关依法纠正的，可以移送行政检察部门进行审查；在办理涉食品药品、环境资源、侵犯公民个人信息等犯罪案件中，可能发现相关公益诉讼线索；又如在办理涉司法机关查办的相关刑事犯罪案件中，可能发现司法机关办案中的渎职犯罪线索，可以移送检察侦查部门进一步侦查。除了业务部门，刑事检察官还可以与综合业务保障部门的检察官融合履职、一体履职，共同提升业务管理的质效。如可以与案件管理部门、法律政策研究室的检察官协作，通过对业务系统抓取的业务数据进行对比分析，找出案件类型、涉案人员等比例、变化及态势、共性及个性特点，共同分析数据发展变化背后的深层次原因，形成专题或综合性分析报告，并提出有针对性的对策建议。

【系统思维的思考维度】

侦查人员会怎么破案？

前端的提前介入工作还有没有疏漏之处？

辩护律师会怎么辩护？

犯罪嫌疑人提出的辩解是否有合理之处？

法官会怎么判案？

证据体系是不是足够严密？

中端审查逮捕、捕后跟踪、审查起诉工作每个环节是不是都履行了主导责任？是否存在自行补充侦查的必要？是否存在需要移送民事检察、行政检察、公益诉讼检察、检察侦查等部门进行履职的其他线索?

是否已经全面关切诉讼参与人权利与权益保障?

公开庭审中如何能够表现得更完美?

分析案件发案的原因,是否有制发社会治理类检察建议的需要?

案件结案后复盘,全案办理过程中哪些细节可以考虑得更细致? 高质效办好案件的价值追求是否已经实现?

第三节 辩证思维：用好矛盾分析法

辩证思维是指以唯物辩证法为指导，承认矛盾、分析矛盾、抓住关键、找准重点，洞察事物发展规律并自觉按照规律分析问题、解决问题的科学思维方式。恩格斯指出，"一个民族要想站在科学的最高峰，就一刻也不能没有理论思维"，而辩证法是"最重要的思维形式"。[①] 习近平总书记对辩证思维高度重视，反复强调领导干部要坚持并自觉运用辩证思维，不断提高辩证思维能力。2020 年 11 月，他在中央全面依法治国工作会议上强调："树立辩证思维和全局观念，系统研究谋划和解决法治领域人民群众反映强烈的突出问题，不断增强人民群众获得感、幸福感、安全感，用法治保障人民安居乐业。"

事物的矛盾法则，即对立统一的法则，是唯物辩证法的根本法则。辩证思维核心是运用对立统一规律观察分析事物。刑事检察官办案过程中，应自觉将唯物辩证法作为指导思想和工作方法，在研究问题矛盾的过程中，既要分析主要矛盾，也要分析次要矛盾，既要看到矛盾的主要方面，也要看到矛盾的次要方面，即一分为二地看问题。

一、讲政治与讲法治统一

法治是一种政治现象，政治决定法治，法治服务政治，世界上从来不存在与政治"绝缘"的单纯法治。习近平总书记指出法治当中有政治，没有脱离政治的法治……每一种法治形态背后都有一套政治理论，每一种法

---

① ［德］马克思、恩格斯：《马克思恩格斯选集》（第三卷），中央编译局译，人民出版社 2012 年版，第 874-875 页。

治模式当中都有一种政治逻辑。① 西方学者也说："法律的苍穹不是独立的，它建立在政治的柱石之上，没有政治，法律的天空随时可能坍塌。"② 习近平法治思想包含着丰富的政治理论，无论是"坚持党对全面依法治国的领导""坚持以人民为中心"，还是"坚持中国特色社会主义法治体系""坚持依宪治国、依宪执政"，既是新时代中国法治形态的科学指南，也是中国特色社会主义理论体系的重要理念与观点。

刑事检察官运用辩证思维，首先要厘清讲法治与讲政治之间的关系。讲政治是统领各项检察工作的灵魂，是一个方向性的问题；讲法治，才能将讲政治落到实处，是一个具体性、实操性的问题，二者绝不是此消彼长和矛盾对立的问题。

讲政治与依法办案高度统一。讲政治，不仅是在大是大非面前讲政治，在具体案件中依法办案也体现讲政治。因为民心是最大的政治，办案不依法，老百姓不会满意，社会效果不好，最终失去理解和认同。只有以依法办案实现办案政治效果、法律效果、社会效果的真正统一，才是真正的讲政治。同时，要将讲政治的要求贯穿到办案的每一个环节中。但这并不意味着办案中可对现行法律作"适当"的突破，更不能以讲政治为名，行违法办案之实。

二、法理与情理融通

最高人民检察院党组要求，要善于在法理情的有机统一中实现公平正义。司法实践中，有些案件处理结论看似没有问题，但当事人不断上访申诉，而有些案件处理后，各方当事人都息诉服判，其中就蕴含着形式正义

---

① 习近平：《在省部级主要领导干部学习贯彻党的十八届四中全会精神全面推进依法治国专题研讨班上的讲话》2015年2月2日，载《习近平关于全面依法治国论述摘编》，中央文献出版社2015年版，第34页。
② ［美］莱斯利·里普森：《政治学的重大问题——政治学导论》，刘晓等译，华夏出版社2001年版，第20页。

与实质正义的关系问题。案件办得好不仅要求法律论证严密、法律适用准确，也不仅是我们自己认为办得好，还应该是参与诉讼全过程的当事人可感受、能感受、感受到公平正义，并且心悦诚服、服判息诉。这就要求刑事检察官在办案中将形式正义与实质主义统一起来，兼顾不同的价值取向，做到法理与情理的融通。

申言之，法律应以"人民意志"为其正当性基础，在关注形式合理性的同时，思考如何在多元时代中，通过制度安排使法律承载广泛的"社会共识"，从而真正成为"人民意志"的表达。① "法不容情"是一句古话，多用于要求我们办理案件过程中坚持原则、不法外开恩。但法度与情理是不是就是对立与排斥的？案件的办理过程离开了情理，离开了人民群众普遍认知的道理和世间公理，这种所谓的合法，一定会令人生疑。某地曾办过一件女子盗窃超市案件，虽然每次偷窃物品金额不大，但盗窃三次以上，公安的起诉意见书认为构成犯罪，形式上看也是符合盗窃罪犯罪构成要件的，但仔细分析犯罪动机就会发现，该女子是因为生活拮据为抚养孩子而偷拿食物，这种形式上构罪但实质上犯罪情节显著轻微，不起诉的效果一定比起诉的效果要好得多。

法律不能罔顾人之常情，民之常理。如果对法律与情理进行辩证思考，就能认识到法律之所以被信仰是因为法律表达了人民群众认可的基本价值。当然，刑事检察官在办案过程中，也不能被所谓的民意所绑架，因为法律既要听从民众的声音，又要超越偏见。刑事检察官办案过程中，目光不仅要往返于事实与法律之间，而且要注意到事实中体现的国情、社情、民情；既要看文本法，也要看"内心法"，只有将文本法和内心法融会贯通、辩证统一，才能既按照法律规定形成的处理结论，又能让当事人感受到公平正义，得到司法与社会的一致认可。

---

① 党燕妮：《论马克思法律正义思想》，载《理论视野》2024 年第 4 期。

三、理性思维与感性思维兼备

社会认知双系统理论认为人们处理信息的系统可分为理性—分析模式和直觉—启发模式（HSM）[1]，可以对应理性思维和感性思维。刑事检察官应当是理性思维与感性思维的双重集合体。理性思维是建立在证据与逻辑推理基础之上的思维方式，是个体基于规则的连续逻辑推理，对信息的实际内容经过全面分析后产生的反应；感性思维依赖于个人直觉和经验，以自动联想的方式对信息进行简单判断和处理。[2]

理性思维是法律思维与生俱来的，法律本身就是人类理性的产物。在理性思维的指引下，检察官能够对事实或者问题进行观察、比较、分析、综合、抽象与概括。理性思维要求克服自身情感，不能凭借个人喜乐好恶为评判标准，坚持事实与法律。对于刑事检察官，只有具备理性思维，才能理性地分析矛盾与解决矛盾。但法不外乎人情，优秀的检察官一定是对人情世故有深刻理解、有丰富社会经验的人。当我们指控"A 实施了 B 行为，导致 C 结果，因此构成 D 罪"的时候，所描述的不仅仅是一个精准的公式，在这些公式的背后，真实存在着的是一个个活生生的人。并非每个被告人都恶贯满盈，有的时候仅仅是因为一念之差而成了千古之恨。如果硬生生地套用法律规定，处理的结果可能与社会期待背道而驰。所以，刑事检察官不仅应当是技艺精熟的法律工匠，更应是洞悉世事的人文大家。应当把社会现实和真实人性填充进那些抽象的 ABCD，才能真正看得清、看得懂这个案件，也才能给出公正的评判。美国著名法官霍姆斯说："法律的生命不在逻辑，而在于经验。"波斯纳也曾说过，司法者不需要天资多高，而必须通晓人情世故。法律与社会科学和自然科学的其他门类不同，与社会生活有着千丝万缕的联系，没有

---

① 转引自谢晓河：《庭审事实查明中的非理性思维：联想与图式》，载《法律方法》2023 年第 1 期。

② 谢晓河：《庭审事实查明中的非理性思维：联想与图式》，载《法律方法》2023 年第 1 期。

社会经验与情感的人，很难做出明智与公正的裁判。

刑事检察官办案中应当用理性思维看"事"，用感性思维看"人"，辩证看待案件中的人以及犯罪嫌疑人所干的事，在法律规则下恰当地运用感性思维，将爱心与温度熔铸于法律之中，秉法治之情，持悲悯之心，以此寻求理性对话的基础，更加科学合理地对待和处理案件所面临的问题。

四、实体正义与程序正义平衡

著名法学家边沁曾讲过这样一个故事：两人分一块饼。只能用刀来切，没有任何的尺子、天平等测量工具，但需保证一刀切下去，饼能公平地被分成平等的两份。那么，怎样做才能让两人心服口服呢？边沁给出了一个答案：一人切，另一人先拿。这个故事背后正是关于实体正义和程序正义的平衡，两人都有可能在利益的分配中吃亏或者占到便宜，分割很难达成实质公平。实体正义和程序正义是公平正义的两个不同侧面，中国传统的朴素正义观尤为强调实质正义，实体公正对人民群众关于司法公平正义的感受具有更强的冲击力与影响力，这从呼格吉勒图等一批冤错案件引起广泛热议可以看出。但程序是法律制度的生命形式，[①] 程序公正更加符合司法哲学的内在机理，人们能否在诉讼中感受到程序公正是他们能否信任司法机构、遵从司法决定的重要条件。[②]

司法实践中，程序正义和实体正义就好像两棵生长在一起的大树，枝叶交叉却彼此独立。实体正义关注结果价值，重在权利义务分配的公平合理，是实现法治目标的基本追求。程序正义则更关注过程价值，强调程序及其规则的运用正当，即"看得见的正义"。程序正义与实体正义是司法公正的"一体两面"，应并行并重、有机统一。追求实体正义，不能以违背或者破坏程

---

① ［德］马克思、恩格斯：《马克思恩格斯全集》（第一卷），中共中央马克思恩格斯列宁斯大林著作编译局编译，人民出版社 2016 年版，第 178 页。
② 孙辙、张巢：《司法的实体公正、程序公正及法官的行为公正》，载《法律适用》2022 年第 3 期。

序正义为代价；强调程序正义，并不意味着放弃对实体正义的追求，强调程序的独立价值，目的是实现实体公正和"看得见的正义"。[①] 习近平总书记提出：努力让人民群众在每一个司法案件中感受到公平正义，这里的"公平正义"就好像一块硬币的两面，一面是实实在在结果的实体正义，另一面是办案的过程程序正义。而所谓的"获得感"，既包括获得了满意的处理结果，也包括人民群众清晰地看到了司法机关输送正义的方式文明，方法正确，手段正当，过程公开可信。可见，我们既要反对重实体轻程序的错误做法，也要反对只讲程序正义，不讲实质正义的另一种极端做法。只有两者兼顾，并行并重，才符合辩证法，才符合人们普遍认知的道理。

刑事检察官在进行证据审查时，首先要从证据的合法性开始，对于通过违法非法手段取得的证据，即使这份证据从实质上看可能是有证明价值的，也不能允许其进入证据体系。但同时要坚守刑法的基本理念和原则，确保符合实体公正的基本标准，充分运用退回补充侦查、自行补充侦查等手段收集完善证据，综合经验法则和逻辑判断，查明事实真相。

【辩证思维的思考维度】

案件办理全过程中，是否体现了为大局服务、为人民司法、为法治担当的基本要求？办理涉民生案件时，是否兼顾了社会公益与个体权益维护两方面的考量？

案件法律适用与处理过程中是否兼顾法、理、情？在依法理性看"事"的同时有没有兼顾感性看"人"？

案件的处理是否符合社会大众的朴素正义观？案件处理的法律专业维度与社会大众的社会正义维度是否统一？

办案过程中有无兼顾程序合法与规范？是否存在为了追求客观真实而忽略程序合法规范之处？是否存在需要排除的非法证据？

---

① 江必新：《司法审判工作的理念、政策与机制》，人民法院出版社 2019 年版，第 7 页。

第四节　数字思维：
个案办理到类案治理的新引擎

当前，数字化浪潮席卷全球，正在深刻改变人类生产方式、生活方式和治理方式。习近平总书记在十九届中央政治局第三十四次集体学习时强调，数字经济正在成为重组全球要素资源、重塑全球经济结构、改变全球竞争格局的关键力量。随着经济社会数字化水平的提高，一个大规模产生、分享、应用数据的时代已经开启。数字技术的发展，带来犯罪方式的改变，金融、数据流通、知识产权等领域的侵权、犯罪现象不断增多，数字经济安全的司法保护工作面临诸多新形势、新挑战，对检察理念更新、知识储备、政策把握、办案能力等都提出了新的更高要求。[①] 中共中央印发的《法治中国建设规划（2020—2025年）》主张，充分运用大数据、云计算、人工智能等现代科技手段，全面建设'智慧法治'，推进法治中国建设的数据化、网络化、智能化。在此背景下，检察机关提出"数字检察"改革，希望以数字化赋能法律监督，应对传统检察"被动性、碎片化、浅层次"的问题，以有效解决检察机关监督履职面临的难题。[②] 数字化不仅是一场技术变革，更是一场思维革命。刑事检察官高质效办好每一个案件，必须主动适应从传统到现代的变化，而这种变化应当包括建立数字思维。

一、拥抱数字时代

随着大数据、人工智能、区块链、云计算、量子信息等技术的迅速发展，人类正从工业时代步入数字时代。数字技术作为世界科技革命和产业

---

① 王振峰：《检察机关服务加快转变经济发展方式的基本路径》，载《人民检察》2011年第11期。
② 贾宇：《论数字检察》，载《中国法学》2023年第1期。

变革的先导力量，日益融入经济社会发展各领域和全过程，深刻改变着生产方式、生活方式和社会治理方式。同样，数字化浪潮影响下，检察工作也经历着深刻变革。一方面，犯罪手段日益复杂多变，传统的法律监督手段难以有效应对。例如，网络犯罪往往涉及海量数据，传统的人工审查方式难以发现其中的犯罪线索和规律。另一方面，随着经济社会的发展，人民群众对司法公正和效率提出了更高的要求，检察机关需要借助数字技术提升监督效能，及时回应社会关切。可见，数字与法律的融合是数字时代刑事检察官高质效办案的必然选择，这不仅是数字时代复杂性的要求，也是实现检察办案质量、效率、效果有机统一于公平正义的可行路径，推动进入"智慧治理"的新阶段。

传统的法律思维强调以法律规则为依据，运用逻辑推理和法律解释的方法，对案件事实进行分析和判断；数字思维则是基于数字技术，运用大数据、区块链、人工智能等手段，对信息进行处理、分析和决策的思维方式。法律思维以法律规则和公平正义为导向，注重追求个案的公正裁判；而数字思维则强调通过对数据的收集、分析和挖掘，注重发现数据背后的规律和趋势。在传统法律监督模式下，刑事检察官关注个案的办理，通过个案发现社会治理漏洞，但很难发现案件背后的类案问题。而数字思维的运用，借助数字技术，能够实现从个案监督到类案监督的转变，提升法律监督的精准性和实效性。

数字技术在刑事诉讼领域的应用已然成为一种趋势。例如，在办理一起涉虚拟币盗窃犯罪案件时，法律思维关注的是犯罪嫌疑人的行为是否符合盗窃罪的构成要件，证据是否确实充分。而数字思维则注重利用智能化辅助工具，更好地分析案情，提高案件审查的质量和效率；利用数字技术对案件数据进行分析和挖掘，从海量数据中查找有价值的线索和证据，发现隐藏的其他犯罪线索；通过数字监督模型对近年来相关盗窃案件进行分析，发现此类案件在特定区域、特定场合呈现高发态势以及社会治理中的制度漏洞，检察机关可就此发出检察建议，监督相关单位完善制度、加强管理，实现从治标到治本的转变。此外，数字思维使法律监督从静态监督向动态跟踪监督转变。通过数字化法律监督平台，可对执法司法活动进行全程动态监督，及时发现和纠正违法行为，实现从"事后纠错"到"实时介入"。如利用大数据技术对案件办理进度、强制措施的适用等情况进行动态评估，一旦发现异常情况，及时启动调查，实现对侦查活动的精准监督。

当然，拥抱数字时代，不是简单的"法治＋数字"，法律思维与数字思维的融合，更不是简单的工具叠加，本质是用法律逻辑融合技术逻辑，技术逻辑赋能法律逻辑，助力法治服务社会治理体系和治理能力现代化。所以，刑事检察官应站稳法律思维的原点，坚持罪刑法定、证据裁判等基本原则，在此基础上通过大数据、AI 等辅助手段，强化法律监督的穿透性与预见性，在类案监督、精准监督、源头治理等方面发挥更大作用，更好地履行法律监督职责，以"数字革命"驱动法律监督提质增效。

二、建立全域积极主义数字法律监督观

与被动性、碎片化的传统监督模式不同，全域积极主义数字法律监督观是指运用数字检察思维，积极、主动、高效地行使法律监督职能，提升刑事、民事、行政和公益诉讼等领域检察工作质效的法律监督新理念新方法新形态。[①] 建立全域积极主义数字法律监督观，具体而言，应在监督理念、监督范围、监督手段、监督效果四个方面实现重塑。

（一）在监督理念上实现从回应主义向积极主义转变。积极，就是自觉、主动，相反就是被动、消极、机械 [②]

法律监督是检察权的基本属性之一，积极、主动则是法律监督属性的主要体现。刑事检察官在履行法律监督职能过程中，对于从个案到类案、

---

① 胡铭：《论数字时代的积极主义法律监督观》，载《中国法学》2023 年第 1 期。
② 参见《深化新时代能动司法检察工作》，载《检察日报》2021 年 8 月 2 日，第 1 版。

治罪到治理的思考应当更为常态化，对于能否运用数字技术手段发现监督线索的探索也应当更为深入，刑事检察官与其他民事检察、行政检察、公益诉讼检察、检察侦查检察官的互动应当更为紧密，运用数字技术深度挖掘刑事案件，主动与其他条线检察官信息共享、线索移送，共同配合协作，以促进刑事检察中依法履职的横向落实。

（二）在监督范围上建立从局部到全域的视野

一方面是在个案办理中，从具体个案出发总结相似行为的类案规律，以类案监督的方式聚焦案件的全过程，打破就案办案的惯性思维，通过数据赋能，延伸至专项治理，通过专项监督集中解决一类问题，促进一个行业或领域突出问题的治理，使得许多问题在源头被发现，促进检察监督由事后监督转变为事中监督，甚至在一定程度上可以事前预防而达到事前监督的效果。另一方面是数字检察与其他传统检察业务工作模式相比，有着鲜明的融合性，集中体现了一体履职、综合履职的要求，对于推动"四大检察"全面协调充分发展具有重要价值。建立数字思维，有助于刑事检察官立足"四大检察"融合发展的一体化监督新要求，办理刑事案件中不仅用刑事视角看待问题，而且运用"四大检察"全域视角看待问题，全面依法履行检察机关的全部法律监督职责。

（三）在监督手段上实现从传统卷宗审查到数据驱动的革命

数字检察不单是手段的革新、工具的升级，更是在整体上推进"数字赋能监督，监督促进治理"的法律监督模式重塑变革。在传统的法律监督模式中，监督手段局限于人工审查，监督方式局限于卷宗审查，多体现为节点控制、事后审查式监督。尤其是对已经发生的事实进行认知"考古"，必然受到时间间隔、记忆能力和判断能力等主客观因素影响，监督线索有限、亲历性缺失成为亟须解决的问题。[1] 数字检察即是检察机关通过对大量数据的采集、处理和集成，可以拓宽违法犯罪线索的发

---

[1] 朱孝清：《司法的亲历性》，载《中外法学》2015年第4期。

现渠道,将监督工作从事后的、节点式的监督,转变为动态的、全流程式的监督。[①]

(四)在监督效果上实现从治标到治本的系统监督

法律监督作为国家治理体系和治理能力的重要依托,实质上也是发现问题、解决问题、预防问题的治理过程,不仅要"治标",更要"治本"。数字检察的出发点和落脚点都是要促进解决法治领域深层次问题,其本质是要通过类案的监督办理,探寻社会问题源头,最终促进社会综合治理。一方面,开展数字检察监督工作,要梳理规律特征,集纳整合应用跨部门的多元数据,创建监督模型,通过关联、碰撞、比对等算法,挖掘批量类案监督线索,会同相关部门办理类案,解决具体问题,这是"治标"。另一方面,在此基础上,检察机关克服传统就案办案模式,探究执法司法的深层次问题和社会管理机制漏洞,通过建章立制等方式,在双赢多赢共赢中促进社会治理,这是"治本"。通过"标本兼治",立足法律监督职能定位,协调各方力量,融监督于治理之中,以"我管"促"都管",携手促进社会共治、国家共建,共同推进国家治理体系和治理能力现代化不断取得进步。

三、运用类型化思维构建大数据法律监督模型

法律监督模型是数字检察的一个重要突破口,是数字检察在检察履职中的重要应用形式、实现形式。构建大数据法律监督模型,是通过关联、碰撞、比对等算法,集纳、整合、应用跨部门的多元数据,挖掘批量类案监督线索,追根溯源执法司法深层次问题,推动解决社会管理漏洞,促进社会治理现代化。法律监督模型从研发到运用,通常要经过这样几道重要工序:一是业务部门对类案监督点和监督规则进行梳理,形成"法律语言";二是技术部门将其转化为"机器语言",建立法律监督模型;三是通

[①] 胡铭、何子涵:《大数据法律监督的实践逻辑与风险控制》,载《人民检察》2022年第11期。

过算法统筹数据和算力，让监督模型具备逻辑思维，从海量数据中发现类案线索，落地成案并与相关部门沟通、协调，协力破解社会治理深层次问题。可见，数字思维的关键是检察业务的内在逻辑数字化，能用大数据碰撞发现行业问题。而将检察业务内在逻辑数字化的部门只能是业务部门自己，而检察官就是模型构建的起点，主导着模型思路的产生与进路。如果一线的检察官没有"创意"，就无法启动整个建模的程序，更不可能制造出高质量的"模型产品"。所以，刑事检察部门的监督模型一定来自一线检察官的"灵感"。

"灵感"的产生并非虚无缥缈，大数据法律监督的核心是类型化的思维方式。它是基于刑事检察官对于案件法律监督点和业务规则的提炼，是我们在个案办理中敏锐发现类案问题，从个案梳理出特征，深度思考后穿透数据、甄别"异常"之"案"，通过建立数字模型汇总筛选案件信息，开展数据比对碰撞，让共性关联的数据"说话"，从而锁定个案背后的系列案件，最终提升法律监督水平和办案质效。当然，数字检察并不是对传统法律监督方式的一种摒弃，而是针对数字时代的新矛盾新需求对检察机关法律监督方式提出的新要求，是检察机关在传统监督方式上的补充，在办案中监督，在监督中办案始终是刑事检察官的基本职责，办案中，刑事检察官建立数字思维，就不会遗漏从个案向类案监督的线索，更好地保护公民的权利以及促进社会治理。

【数字思维的思考维度】

这个案件法律监督点有哪些？

它们有哪些共同的规律？

这些案件问题是偶尔发生还是具有普遍现象？

如果是普遍问题，构建模型需要建立的监督场景有哪些？

每个监督场景中可以通过哪些关键词进行特征标记？研判规则有哪些？

特征标记的内容与哪些数据碰撞后进行分析，可以最终实现监督目标？

这些数据在哪里可以找到，如何进行归集？

数据碰撞分析的路径与逻辑规则如何设置？

【案例：行刑反向衔接行政违法行为模型构建思路】

（一）个案线索发现

N市W区院在办理宋某开设赌场案、曾某贩卖毒品案和张某盗窃案中发现，一是治安类刑事案件中存在治安违法行为未被行政处罚情形；二是不法分子利用快递寄送毒品被刑事处理后，相关经营主体和从业人员未被采取吊销许可或列入从业禁止黑名单等行政监管措施，存在监管盲区。三是盗窃罪等轻微刑事案件作出不起诉决定后，提出检察意见移送行政处罚，但公安机关未及时落实行政处罚，存在怠于履职情形。

（二）归纳要素特征

一是汇集治安类刑事案件信息，聚焦不构成犯罪的治安违法行为是否被行政处罚。二是围绕《市场准入负面清单（2022版）》111项许可准入事项研判分析，将其中与检察办案联系密切的行政许可领域作为监督方向，整合为旅馆业、食品安全、快递、网约车、烟草、教育培训、野生动物保护、医疗器械八类领域，聚焦违反行政许可事项后是否被采取行政监管惩戒措施。三是汇集相对不起诉后制发检察意见的案件信息，聚焦行政处罚落实情况。

（三）构建监督模型

为全面挖掘履职中可能存在的行政违法行为线索，行政违法行为监督模型由三个监督模块组成，分别为治安类刑事案件模块、涉及行政许可事项案件模块、相对不起诉案件模块。模块一针对治安类刑事案件中应处罚未处罚行政违法行为的监督、模块二针对刑事案件中涉及违反行政许可事项的监督、模块三针对相对不起诉案件中行政违法行为的跟进监督。

（四）数据分析步骤

1.涉治安处罚案件模块。一是获取电子卷宗数据。首先依托检察业务系统以"黄赌毒"类案件具体罪名为关键词,全面检索获取相关刑事案件信息;其次借助电子卷宗子系统生成完整的电子卷宗数据,并将电子卷宗载体文件逐案转化,形成统一的图片文件。最后利用 OCR 技术,将电子卷宗图片文件解析形成可检索的文本数据。二是提取目标信息。借助智能语义分析和案件信息抽取技术,自动化抽取"赌博、卖淫、嫖娼、吸毒"等关键词,对电子卷宗文本数据中的询问笔录、讯问笔录、电子证据等进行数据清洗筛查,提取治安违法行为人姓名及身份证号、职业、犯罪或违法数额、犯罪或违法时间、犯罪或违法场所,形成治安违法行为数据列表。三是推送碰撞对比。将上述数据列表推送公安机关行政处罚信息平台对比,推送出公安机关怠于作出行政处罚监督线索。

2. 涉行政许可事项案件模块。一是依据《市场准入负面清单(2022 版)》列明的行政许可事项,聚焦旅馆业、食品安全等八类与检察办案密切联系的行政许可领域,获取检察业务系统中涉及相关行政许可案件;二是根据上述八类许可事项特征设置关键词,对案件数据进行识别、提取,形成结构化数据;三是按照刑事罪名、行政机关类别等要素,对结构化数据分类汇集,形成线索数据列表;四是与"信用江苏"(企业信用信息公示平台)等平台比对后形成监督线索。

3. 涉相对不起诉案件模块。一是通过检察业务系统案卡信息获取相对不起诉案件,将原先应由刑检部门制发检察意见案件数据进行分类;二是依据是否制发检察意见、有无回函以及有无开展跟进监督等类别进行提取;三是将结果与相关行政机关行政处罚数据进行比对后形成监督线索。

(五)开展类案监督

一是属于行政机关怠于或者违法行使职权情形,如治安违法行为未被处罚的,可以制发纠正违法检察建议。二是属于促进完善行政监管机制,如涉及完善市场准入黑名单信用惩戒制度,强化吊销从业资格等监管手段的,可以制发社会治理类检察建议。三是属于信息不对称造成监管盲区的,可以通过召开联席会议、会签协作机制等方式解决信息双向共享问题。

（六）社会治理成效

一是督促公安机关依法全面履职，及时消除社会治安隐患，维护执法司法公信。利用模型对2022年8月以来N市X区检察院办理的"黄赌毒"刑事案件进行分析，从186件"黄赌毒"案件中筛查出"治安违法行为未给予行政处罚"监督线索323条，制发纠正违法检察建议73件，推动治安类刑事案件刑事追究和行政追责并罚。二是推动完善行政许可监管体系，优化法治化营商环境。模型筛查出N市2022年以来涉及八类行政许可领域案件1492件，推送监督线索463件。向市场监管、公安、交通运输、教育、邮政、烟草等部门制发社会治理类检察建议。推动相关部门优化行政许可监管规则，加强事前事中事后全链条监管，落实"谁审批、谁监管"，填补监管真空。三是发挥行政检察职能，助力完善行政执法和刑事司法双向衔接机制。有效统筹行政违法行为监督和"两法衔接"工作，做实"正向衔接"和"反向移送"，做好不起诉"后半篇文章"。依托模型开展不起诉案件行政处罚后续监督，辅助行政检察部门跟踪检察意见落实情况，发现公安机关未落实行政处罚线索32条，制发纠正违法检察建议书督促履职。针对行政执法与刑事司法反向衔接不健全问题，与相关部门联签协作意见，打破行业壁垒，建立信息双向共享机制，保障行刑衔接工作落到实处。

第三章

实践匠行——十项能力的衍与塑

　　刑事检察官实现高质效履职，能力与理念同样必不可缺。随着经济社会深刻变革，检察职能不断丰富，传统的批捕、起诉、诉讼监督职能被赋予新的内涵与更高要求，刑事检察官应与时俱进，以理念变革、思维重塑引领履职能力不断提升，主动适应新发展新变化。

　　英国大法官柯克说："在法律方面成为专家，一名法官需要20年的时间才能勉强达到。法律乃是一门艺术，需要长期的学习和实践，才能获得真知。"检察官何尝不是，一名优秀刑事检察官的炼成，同样是长年累月的学习研究、万千疑难复杂案件"喂出来"的。即使这种技能一时成就，也绝不是附随其身而永不退化的，需要不断努力、持续更新才能维系和增长，长时间不学习、不办案，知识就容易淡忘、技能就容易弱化；长时间不出庭、不论辩，口头表达能力和反应能力就可能不那么敏捷，这是必然规律。[①]

　　本书笔者根据从事刑事检察工作30年的切身体会和感受，结合新时代刑事检察工作的新要求，总结归纳了新时代刑事检察官必备的十大核心能力，包括：证据审查能力，出庭公诉能力，文书制作能力，语言表达能力，诉讼监督能力，调查研究能力，舆情应对能力，沟通协调能力，群众工作能力，心理调适能力。十大核心能力围绕"高质效办好每一个案件"的基本价值追求，分布于刑事诉讼各个环节，环环相扣、相辅相成。

　　前五大能力直接在具体办案环节中予以展现。证据审查能力是案件办理的基础，刑事诉讼活动主要是围绕证据进行的，检察机关承担着诉前证据审查的主要责任，证据审查能力也是刑事检察官最基本的能力。出庭公诉能力主要在庭审环节体现，是集中展示专业能力、释法说理、提升庭审效果的重要环节，一次完美的出庭，意味着办案法理情的统一，也意味着案件办理结果得到诉讼当事人的认可，出庭公诉能力是刑事检察官能力水平的集中体现。文书制作、语言表达能力概括而言是说和写的能力，二者

------

　　① 参见熊红文：《优秀公诉人是怎样练成的——从公诉技巧到公诉理念》，中国检察出版社2011年版，第2页。

贯穿刑事诉讼始终，高质量的文书和流畅清晰的语言表达，能够让案件办理"锦上添花"。诉讼监督能力是与刑事检察官作为法律监督者相匹配的基本素能，可以说是"看家本领"。

后五大能力在推动刑事检察工作中同样重要，是新时代刑事案件办理和法律监督实现政治效果、法律效果、社会效果相统一的必然要求。调查研究能力是"亲历性"办案的延伸，也是基于办案开展案件分析和理论调研，以研究助推案件高质效办理的基本要求。舆情应对能力是应对网络特别是新媒体时代办案舆情风险的能力，贯穿办案全流程，如案前和案中的舆情评估、案后案件发布的舆情引导等，是检察机关提升政治自觉、法治自觉、检察自觉的重要体现。沟通协调能力、群众工作能力是检察机关面向社会各界开展工作、释法说理的能力，对象既有侦查机关、法院等司法行政机关，也有犯罪嫌疑人、律师、辩护人等诉讼参与主体，还有犯罪嫌疑人家属、外界群众等群体。良好的沟通协调能力和群众工作能力如同"润滑剂"，能够提升案件办理的整体效果。心理调适能力聚焦刑事检察官的个体情感和内在发展，是个人能力发展的重要组成部分，面对繁重的办案压力，刑事检察官的心理调适能力是激发检察官内在动能、提升综合素能必不可少的能力之一。

第一节　证据审查能力：
练就一双"火眼金睛"

证据是法治的基石，是实现司法公正的基础。案件质量的"生命线"始于证据，准确认定事实、正确适用法律，也是从证据审查、认定的工作开始起步。所以说，证据审查能力是刑事检察官的基础能力，是最基本的素能。

党的十八届四中全会《关于全面推进依法治国若干重大问题的决定》提出："推进以审判为中心的诉讼制度改革，全面贯彻证据裁判原则，严格依法收集、固定、保存、审查、运用证据，完善证人、鉴定人出庭制度，确保庭审在查明事实、认定证据、保护诉权、公正裁判中发挥决定性作用。"可见，收集、审查、判断证据，贯穿在立案侦查、起诉、审判的整个过程中，它在刑事检察工作全过程中具有重要的地位，贯穿于提前介入、审查逮捕、审查起诉、出庭公诉等各环节。根据《刑事诉讼法》的规定，犯罪事实清楚，证据确实、充分是提起公诉的主要条件。最高法相关司法解释规定：认定案件事实，必须以证据为根据。这些都确立了证据在刑事诉讼中的中心地位，也明确了证据裁判原则在我国刑事审判活动中的基础地位，以审判为中心，即以证据为核心。新时代刑事检察工作要求着力构建以证据为核心的刑事指控体系，全面贯彻证据裁判规则。提升证据审查能力，要求刑事检察官要练就一双"火眼金睛"，既不遗漏任何指控证据，也不放过任何证据疑点。

一、运用辩证思维审查证据

证据的基本特征是客观性和关联性，一切证据都是客观存在的事实，不以人的意志为转移，一切证据又是与案件的发生、发展相关联的事实，如果与案件没有发生联系，就不成为证据，这就要求办案人员在审查证据时坚持实事求是的原则，用辩证的方法，即"去粗取精，去伪存真，由表及里，由此及彼"的方法去识别判断每一个证据是否具有证明效力。要避免片面性，切忌主观臆断。在审查证据中，要注意发现矛盾和解决矛盾。证据的客观性决定它本身具有排他性的特殊性能，一个证据能够证明或否定一种行为的存在时，也能够排除与其相矛盾的其他任何证明材料所证明的事实，它证明的事实和理由是很充分的，是不可能推翻的客观事实。即认定事实需要充分的证据，同时排除某个证据同样需要有充分的理由。司法实践中，最常见的是犯罪嫌疑人的翻供情形。如何正确看待翻供？在实践中检察人员可能有两种表现，一种表现是忽略，阅卷后就已经从内心认定犯罪嫌疑人的犯罪事实，在提审阶段对于翻供情形一律否定，并且用"态度不好，不能适用认罪认罚"作出"终结性定论"。另一种表现是过于"紧张"，对于犯罪嫌疑人提出的所有辩解，统统采纳，认为案件疑点重重，不能认定。这两种表现均是没有运用辩证思维审查的结果。运用辩证对比法，冷静客观地对待翻供、变供，对有罪供述与翻供辩解进行细致的分析比对，科学合理地鉴别口供的真伪，即认定有认定的根据，不认定有不认定的理由。

刑事检察官可以运用以下思路与方法去审查：一是重视归案后初期供述的细节。从被告人供述的心理规律看，在排除刑讯逼供等违法取证的前提下，相比于以后的翻供、变供，犯罪嫌疑人初期的认罪供述更为可信。这类供述往往是在犯罪嫌疑人被抓获后不久，甚至是案发当场第一时间形成的。在这样的场合下，往往由于事发突然，惊魂未定，内心设防未及，在讯问中更容易供述出事实的真相。在收押一段时间之后，犯罪嫌疑人逐渐镇定，抗拒狡辩心理复发，在经过思考或受到同监犯人教唆，完成了自认为比较圆满的辩解后，容易翻供。二是比对不同时间辩解的内容。随着案件的进展，有的犯罪嫌疑人通过各种途径了解到自己犯罪的严重程度及将要面临的严厉处罚后，会不断地"推陈出新"，批捕阶段提出一种辩解，审查起诉阶段又提出另一种辩解，甚至开庭阶段再提出一种辩解。这时公诉人要善于以积极的态度，重视每一次辩解的内容，与在案的证据比对分析，是否具有合理性，如果有一定合理性，需要通过补充侦查方式进一步查明事实、辨别真伪。对于补充侦查工作不能怕麻烦，因为犯罪嫌疑人提出辩解是他的权利，辩解的内容不断变化，有可能是因为之前有顾虑，没有交代彻底，也可能是无理翻供，在通过对在案证据体系梳理或者补充证据之后，进一步夯实证据体系，就不担心庭审过程中出现意料之外的情形无法应对。三是善于运用社会常识、常理辅助证据判断。如果案件口供状况较差，而其他证据又不够充分，适当运用一些社会常理，会在审查案件事实和出庭支持公诉的过程中收到意想不到的效果。因为被告人翻供辩解的内容肯定存在漏洞瑕疵，这些漏洞瑕疵很可能违背一般社会常理。而社会常理由于其广泛存在于社会实际当中，得到普遍的认同，具有不证自明的特点。如在庭审过程中适当地运用，往往会因其客观简单、明确易懂而在庭审过程中产生很强的说服力，从而取得良好的出庭效果。四是重视同步录音录像等视听资料的审查。同步录音录像在案件审查过程中有特殊的意义，它不仅记载了在接受讯问过程中犯罪嫌疑人供述的真实内容，而且对于犯罪嫌疑人讯问过程中的整体表现甚至微表情都客观记录。对于如实供述、认罪悔罪的犯罪嫌疑人，通过同步录音录像的审查，可以进一步增加我们的内心确认；而对于侦查阶段如实供述、审查起诉阶段翻供的犯罪嫌疑人，通过同步录音录像的审查，结合其他在案证据，同样可以增强定案的内心确信；对于侦查阶段开始一直未作有罪供述的犯罪嫌疑人，通过仔细审查、分析犯罪嫌疑人在录音录像时的供述内容、现场表现与表情，同样可以得到有效信息，如犯罪嫌疑人是不断地编造新的谎言进行辩解，还是一直重复并不能自圆其说的辩解，或者其辩解的内容有一定的合理性而需要进一步补充侦查予以排除，通过对不同的情形分析，可以让审查起诉工作更加游刃有余。

【证据审查的思考维度】

在办理一起强奸案件的过程中，经审查证据，发现犯罪嫌疑人供述与被害人陈述存在较大矛盾，为准确认定犯罪事实，承办人可以做以下思考，并展开补充侦查。

犯罪事实有无发生？

过程是什么样的？

本案的证据是什么样的？

当事人出现两种存在较大矛盾的说法，谁的说法更客观？

对于被告人或被害人分别描述的犯罪事实，都有哪些其他证据予以印证？

从不同的角度比对，更能接受哪一种法律真实？

为了内心确信的事实，我要做哪些补证工作？

当我已经开展了补证工作，并确定无法开展更进一步的补证工作后，如何认定本案的法律事实？

从指控犯罪的角度，如何合理利用本案的证据体系，做出最优的指控？

采用辩证法，围绕以上 9 个问题，从犯罪嫌疑人供述与被害人陈述出发，对全案证据进行深入的比对审查，可以抽丝剥茧，找到最优解。

二、建立客观性证据为核心的审查思维

客观性证据，又称"实物证据"，是指物证、书证等证明内容客观性较强、具有较为稳定的表现形式和判断标准的证据材料或事实，主要包括物证、书证、视听资料、电子数据等证据。客观性证据与证人证言等主观性证据相比较，具有较强的可靠性与稳定性，不易受人的主观认识影响，在司法实践中能更客观地证实案件的真实情况，更具有说服力。对物证、书证等客观性证据及时、依法提取并进行检验鉴定或者辨认，能有力证明案件事实并有效检验、鉴别其他证据的真实性、可靠性。特别是案发现场遗

留的凶器、血迹、足迹、指纹等物证及微量物证，是证实被告人出现在现场并实施了具体犯罪行为的有力证据，对被告人的有罪供述可以形成有效印证。

坚持以客观性证据审查为核心应遵循以下规则：一是客观性证据优先运用原则。客观性证据应当作为认定案件相关事实的关键性证据予以审查运用，对查证属实的物证、书证等客观性证据应作为最佳证据在定案中优先采用。要以客观性证据所证明的事实情节为案件事实的中心，结合其他证据来认定相关事实。二是客观性证据全面验证原则。犯罪嫌疑人、被告人的供述，被害人陈述，证人证言等言词证据应当经得起客观性证据的检验，与客观性证据之间能够得到印证。三是客观性证据关联规则。证据的关联性是证据的基本属性，应充分挖掘客观性证据所蕴含的案件事实信息，只有将客观性证据与待证事实建立关联，才能用来证明案情。同时证据的关联性不仅在于能够证明某一案件事实的存在，也有可能否定某一事实的存在。四是客观性证据科学解释原则。要结合经验法则、逻辑法则对客观性证据能够证明的案件事实构成要素进行分析判断，准确把握客观性证据可能蕴含的案件信息，避免解释不足或过度解释，以致错误认定案件事实。

比如在办理死刑案件的司法实践中，如果出现这样的问题：未提取重要物证、痕迹并进行鉴定；应调取的重要书证未调取；对关键证据的收集违反规定；甚至重要物证被人为遗失，重要证据被人为丢失。而承办检察官在案件审查中没有发现或者发现了没有纠正这些问题，将严重影响案件办理的质效。因此，针对死刑案件，客观性证据的审查重点有：一是审查证据是否收集齐全，特别是主要的、重要的证据是否收集在卷。二是审查收集、固定证据的程序是否合法。三是审查证据的证明内容是否合情合理。四是审查证据之间能否相互印证，有无矛盾，有矛盾的能否合理排除。客观性证据特别是关键的客观性证据存在问题、疑点，进而影响案件事实认定，经补充查证仍无法解决问题、排除疑点的，依法不能采信。

随着网络犯罪的不断增多，微信或 QQ 聊天记录、电子邮件等电子数据证据越来越多地出现在我们所办案件中，它直接客观、科学准确，对于认定案件起着至关重要的作用。但有时侦查人员会忽视电子数据证据载体的特殊性，只是将犯罪嫌疑人电脑、手机、U盘等作为犯罪工具予以扣押，但对其中存储的内容并不关注，结果有的案件自立案至移送审查逮捕或者审查起诉已经经过很长一段时间，相关电子证据的提取错过最佳时机甚至无法提取；有的侦查人员收集、提取电子数据证据的程序并不规范，导致电子证据无法使用。基于电子数据证据在案件证据体系构建中独特的地位与作用，我们必须高度关注这类证据，自提前介入引导侦查时，建议侦查人员将可能记录相关案件事实的电子数据证据应收集尽收集，同时对这类证据的收集与提取的规范性专门予以提醒、强调。审查逮捕与审查起诉阶段，应围绕这类证据的合法性、客观性以及关联性着重审查，确保电子数据证据提取过程合法、内容客观真实。

三、亲历性办案往往会有"意外收获"

司法是国家司法机关依据法定职权和程序，运用法律处理案件的专门活动，它所解决的是具体的个案，需要在查明案件事实的基础上适用法律，以达成定分止争。办案的过程与医生为病人治病相类似，医生只有接触病人，详细了解病因，并辅之以技术检查，才能对症下药。司法人员只有深入具体案件之中，亲力亲为，走进现场，询问证人，听取被害人陈述，才能对事实作出正确的判断，进而依法作出正确处理。承办案件，既要习惯于坐堂审案，更要习惯于现场复验等亲历性办案。刑事检察官大多"坐功"好，坐得住，沉得下心，能保证全面阅卷，从卷宗里面找事实、找证据、找疑点。处理疑点的一般情形是通过电话沟通方式，实践中也能解决大部分问题。但对照高质效办案的要求，办案过程中除了充分阅卷，还要增加亲历性内容，与重要证人面对面地核证；走访案发单位，了解具体的诉求；邻里纠纷的案件，去社区了解一下双方的过节。这些看似增加了工作量，但对于更深入理解与采信证据，一定会有益处。而对于可能影响罪与非罪、此罪与彼罪等定性是否准确、证据是否充分的案件，更应通过再次前往案发单位、案发现场，直观感受案发情境，很多案件的疑点会随着对现场环境的直观审查迎刃而解。有时候，走进案发现场查看现场氛围与涉案当事人所描述的内容是否相符，更有利于心证的形成。即所谓案件的一个细节，都有可能对整个案件产生影响。

把握亲历性办案，办案中一定要听取三种人的意见：第一是被害人。案件如何认定处理，直接关系到被害人合法权益的保护，同时被害人又是案件的特殊证人。第二是犯罪嫌疑人委托的人，即为其辩护的律师或亲友。他可以从一个侧面反映意见，提出证据方面存在的问题。第三是被害人委托的诉讼代理人。听取其维护被害人的合法权益方面的意见和要求。认真听取各方面的意见，对于增强审查起诉的透明度，全面核查事实证据，正确认定案件，都具有重要的意义。

用好自行补充侦查权是亲历性办案的重要"利器"。办案中承办人往往重视退回侦查机关补充侦查，对侦查机关的依赖性较强，一旦侦查机关给出否定性反馈，如"无法补证""找不到证人""这份材料调不到"等，就认为证据收集工作结束了。而自行补充侦查与退回补充侦查，均归属于刑事检察审查起诉权的一部分，用好自行补充侦查，往往会在"山重水复疑无路"之时，达至"柳暗花明又一村"。所以，我们既要用好退回侦查机关补充侦查，借力侦查机关努力查清事实，更要善于用好自行补充侦查，通过亲历性办案，有重点地对基本的证据进行复核或补充新的证据，这也是保证办案质量的重要措施。

补充侦查工作应当遵循必要性原则。根据最高人民检察院、公安部印发《关于加强和规范补充侦查工作的指导意见》规定，补充侦查工作应当具备必要性，不得因与案件事实、证据无关的原因退回补充侦查。该条规定了开展补充侦查的基础前提。之所以开展补充侦查，正是基于事实尚未查清，证据尚不充分。所以，无论是退回公安机关补充侦查，还是承办检察人员自行开展补充侦查，都应围绕案件需要查清的事实、需要补充的证据而进行。在实践中，经常存在侦查人员对于补证思路理解不透彻、补充侦查工作开展力度欠缺，或者检察承办人与侦查人员在对证据是否充分方面存在不同认识，侦查人员对检察机关列明的取证方向、取证内容有不同意见，且有较大分歧，侦查人员开展的补充侦查工作针对性不强，或者补证工作缓慢甚至停滞，客观上造成案件经过退回补充侦查仍未达到要求的，这就有必要启动自行补充侦查；从亲历性办案的维度看，承办检察人员亲历侦查是必要的，这来源于亲历所强化的内心确认。因此，即使不是出于收集某项特定证据的目的，基于亲历性也可以查看物证细节，走访犯罪现场，亲自倾听被害人陈述。

最高人民检察院第 44 批指导性案例中孙旭东非法经营案（检例第 177 号）是二退后自行补充侦查的成功案例。该案中，检察机关会同公安机关做了大量工作，但仍然缺少行为人通过 POS 机套现的相关证据。办案机关认为，涉案 POS 机对犯罪事实的认定起重要作用，且根据已查明的事实，孙旭东仍有遗漏犯罪的重大嫌疑，具有自行侦查的必要性。同时，从缺失证据情况看，检察机关也有自行侦查的可行性：第一，孙旭东为多人办理某银行信用卡，此前该院办理的其他信用卡诈骗案中不排除存在孙旭东帮助办理信用卡的情况，从中可能发现 POS 机商户信息的相关证据。第二，可从已经查明的孙旭东相关银行交易记录中，进一步筛查可能包含涉案 POS 机商户信息的线索。经综合研判后，办案机关决定围绕涉案 POS 机的真实商户和使用人以及套现资金去向等关键问题自行侦查。这是基于已经获取的证据、继续开展工作的可能作出的判断，实践证明这一判断是正确的。该指导性案例明确，对于经两次退回补充侦查的案件，除作出存疑不起诉决定外，检察机关也可以进行自行侦查，但更要注重对自行侦查必要性、可行性的审查。必要性，应当根据已查清的事实对犯罪嫌疑人是否有遗漏犯罪重大嫌疑进行判断，如果没有犯罪事实或者无法确定有重大嫌疑的，就没有自行侦查的必要性。可行性，应当结合相关犯罪类型的特点、在案证据、需要补充的证据和可能侦查方向进行分析研判。

【案例：王某受贿、洗钱案】

基本案情

2018 年至 2022 年，曾任 J 省 N 市 L 区街道党工委副书记、政法委员等职务的王某利用职务便利，接受鲁某等人的请托，在承接工程项目上为鲁某等人提供帮助，收受好处费共计人民币 800 万元。其中，通过其父亲王某兴银行账户收受人民币 620 万元，让朱某以代持汽车的方式收受人民币 180 万元。王某为掩饰受贿所得，使用其中的 360 余万元以王某兴的名义购买私募基金、房产、车辆等。

履职情况

2023 年 5 月 26 日，N 市 L 区监察委书面邀请 X 区检察院提前介入王某"零口供"受贿案。检察机关派员实质性提前介入阅卷审查，梳理证据中的矛盾点，向监察机关提出从谋利和收款两方面搭建证据体系的调查工作建议。一是建议调取其他国家工作人员证言、签订的合同、合同履行情况等证据证实王某利用职务便利，帮助行贿人承接工程的事实；二是建议围绕收款银行卡的实际归属人、涉案车辆的实际持有人以及车辆和钱款的实际去向调取了相应证据，锁定收款事实并排除王某关于钱款性质为借款的辩解。在检察机关和监察机关的共同配合下，完善了证据体系，案件稳步推进。

2023 年 8 月 7 日，N 市 L 区监察委员会以王某涉嫌受贿罪向 N 市 X 区人民检察院移送审查起诉。审查起诉阶段，检察机关通过梳理王某兴银行交易流水，确定该账户收受贿赂款 620 万元后，使用 300 余万元购买了房产、车辆、理财产品，有洗钱嫌疑，但现有证据无法确定洗钱行为是由王某还是王某兴实施。检察机关开展自行补充侦查，进一步向银行调取资金流水，进行核对梳理；再次询问王某兴，明确每笔钱款转移过程、转移人员，最终证实王某和王某兴二人配合完成受贿资金的掩饰、隐瞒行为，二人均涉嫌洗钱犯罪。同时，鉴于王某兴在调查阶段辩解钱款系其个人债权，与其他言词证据、客观证据均不相符，有伪证嫌疑。检察机关通过反复询问王某兴借款原因、借款方式、借款来源等细节，固定了王某兴提供银行卡供王某收受贿赂，却坚称系个人债权的证言，同时证实王某兴在刑事诉讼中故意作虚假证言，涉嫌伪证罪。经自行补充侦查，王某涉嫌洗钱罪、王某兴涉嫌洗钱罪、伪证罪已形成证据链闭环，后征求监察机关、公安机关意见，检察机关直接追加王某洗钱罪名，于2023年9月18日以王某涉嫌受贿罪、洗钱罪提起公诉。并向公安机关移送王某兴洗钱、伪证犯罪线索及相关证据，公安机关对该案立案侦查，并于2024年3月将该案移送检察机关审查起诉。

在法庭审判阶段，王某辩护人向法庭递交关键证人朱某的新证言，与朱某在监察机关的证言完全相反，影响案件认定。朱某在监察机关调查阶段称不清楚鲁某将车辆过户给自己的原因，只是帮王某代持。然而，在庭审阶段，朱某称鲁某过户车辆是作为担保人为案外人谢某偿还欠款，并非王某收受贿赂。为应对庭审新变化，检察机关再次开展自行补充侦查，电话询问谢某，得知借款事项确实存在，且该笔借贷纠纷曾通过民事诉讼主张。后检察机关向案件审理法院调取了谢某借贷纠纷的民事诉讼案件材料，材料中记载的提起民事诉讼时间为本案涉案车辆过户后，该新证据直接证实了鲁某过户车辆并非为谢某清偿债务，朱某提供给王某辩护人的证言系伪证。2023年11月8日，X区检察院向公安机关移送朱某伪证犯罪线索，后朱某被判处有期徒刑一年二个月。

2023年12月18日，N市X区人民法院判决被告人王某犯受贿罪、洗钱罪，数罪并罚，决定执行有期徒刑十三年，并处罚金人民币160万元。王某提出上诉，2024年3月20日，J省N市中级人民法院驳回上诉，维持原判。

四、判断事实证据时多一分敏感

曾任美国最高法院大法官本杰明·卡多佐说过，"最经常与争议相连的不是法律而是事实。"① 案件事实认定对司法裁判起着至关重要的作用，司法证明的主要任务就是认定案件事实。证据裁判原则要求"认定案件事实，必须以证据为根据"。可见，证据承载着事实，但证据本身不是事实，事实是整体，证据是片段；事实具有本源性，证据具有表征性。

在对法律事实的认定过程中，面对客观的证据材料，仅依靠条目式的证据规则，无法得出结论。只有综合运用经验、良知、知识、理性等对证据证明力进行比对、取舍和综合处理，才能在大脑中形成内心确信，从而成为认定某一事实的基础内容，也是常说的法律真实。法律真实不同于客观真实，法律事实能否最大限度还原客观事实，很大程度上取决于检察官运用证据的能力。

对于刑事检察官而言，在通过证据判断案件时，如何去伪存真，具有高度的敏感性就显得非常重要。需要从某些诉讼参与人的神态、语言漏洞、事情细节、证据瑕疵上，或者是经验判断上感到某些事实不太符合常理常情，进而对现有事实与证据产生怀疑，再进一步探查、比对，最终查明事实的真伪，而这些起端很可能就是直觉。这样的法直觉不是公诉人的感性决定的，而是基于多年的办案经验与社会阅历，从某种程度上说，是一种内心法的理性，而培养这样一种直觉也是培养案件审查中的敏感度非常重要的方面。在事实与证据审查过程中，多问自己几个"是不是""为什么"。当在内心感到有什么别扭时，一定要认真运用逻辑、经验去验证和判断，只有穷尽所有合理解释，才能"高枕无忧"。

【案例：杨某松、杨某响故意杀人案】

在办理杨某松、杨某响父子二人合谋杀害杨某响智障亲生女儿杨某某一案中，杨某松、杨某响二人到案后，杨某松袒护其子杨某响，向侦查机关供述该案系其本人一人所为，与其子杨某响无关。而杨某响供述自己只

---

① ［美］本杰明·卡多佐:《司法过程的性质》，苏力译，商务印书馆1998年版，第80页。

是旁观其父杀人过程，其他并未参与，自己不构成故意杀人罪。审查起诉期间，承办人经阅卷，发现两名犯罪嫌疑人供述之间存在矛盾。但案发现场只有两名犯罪嫌疑人在场，又无其他证据直接反驳二人辩解，认定杨某响系杀人共犯的证据并不充分。在对全案证据审查过程中，承办人关注到一个细节，即被害儿童一直由奶奶抚养，奶奶证实即使自己身患癌症，也舍不得将孩子送还给父亲照顾。这一事实如果属实，则并不符合常情常理，父亲是孩子的至亲，奶奶不愿意将孩子交由至亲抚养，可能另有隐情。于是承办人开展自行补充侦查，对杨某响手机进行全面勘验，请技术部门协助调取其所有微信聊天记录，进行逐条分析。前往案发当地，向与奶奶平时接触较多的医生、护士、邻居开展询问调查。最终发现重点证据，查找到杨某响向其姐姐抱怨因女儿患病想对其下毒等想法的微信聊天记录，相关证人亦能证实奶奶说过孩子父亲对女儿不好，所以奶奶一直将孩子带在身边的事实。原来奶奶之所以身患重病也不愿意将被害孩子交由父亲抚养，是因为身为孩子至亲的犯罪嫌疑人早已存在加害自己女儿的心思。相关证据可以证实杨某响有加害女儿的犯意并且还实施了具体行为。随后，承办人再次前往看守所，对杨某松加大教育力度，其如实供述了杨某响伙同其共谋实施杀人行为的过程。该案审查中，承办人正是对孩子奶奶不愿意将孩子交由生父抚养的事实细节多了一份怀疑，并且沿着这个线索开展了自行补侦工作，最终查明案件真相。

五、证据体系的完整与"疑罪从无"原则的坚持

运用证据规则进行证据的审查判断，对证据合法性、客观性、关联性的判断是基本原则，需在每一个案件审查过程中综合运用。首先是单个证据能力和证明力的审查。其次是在证据之间进行比对审查判断，既包括同一个人就同一案件事实提供的多次陈述作前后的纵向对比判断，又需要对证明同一案件事实的不同证据或不同人提供的证据，作并列的横向对比判断。最后是对全案证据综合审查判断，对证据进行综合比较分析，证据与

证据之间是否相互印证、相互吻合，从而对整体证据体系进行评价。凡此过程，都需要公诉人运用自己的知识、经验、良知、理性对所有证据进行逐一分析、取舍与综合处理，从而在大脑中形成内心的确信，使案件的证据能够形成充分、完整的证据体系。案件质量的内涵是事实清楚、证据确实充分、定性准确、处理适当、程序合法，必须做到不错不漏。因为如果错了，犯罪嫌疑人、被告人就感受不到公平正义；如果漏了，案件被害人就感受不到公平正义。当然，根据疑罪从无原则，对疑罪作无罪处理可能造成"漏"，但这种依法不得已的"漏"，与指导思想上防止"漏"，二者并不矛盾。① 最高人民法院《关于健全防范刑事冤错案工作机制的意见》规定，严格执行法定证明标准，强化证据审查判断。定罪证据不足的案件，应当坚持疑罪从无原则，依法宣告被告人无罪，不得降格作留有余地的判决。可见，审查起诉证据的标准应符合"质"与"量"两方面的要求。一方面，在质的标准上要求证据"确实"。即每一个据以定案的证据，都必须客观存在并对案件事实具有证明力。证据是否达到确实的要求，就是证据是否符合客观性、关联性、合法性的标准。另一方面，证据在量的标准上要求证据充分。即要求案件主要事实和情节都必须有相应的证据一一予以证明，证据在整体上已经能够形成严密的锁链，各证据之间相互补充、印证，得出的结论也必须是唯一的，具有排他性。强化审查后处理的实质化，对审查后确定证据体系存在的问题、不能定案的，坚决不批捕、不起诉。

【案例：刘某某故意杀人案】

基本案情

犯罪嫌疑人刘某某丈夫（即被害人）长期在外赌博，且有撒谎恶习，家庭经济拮据。某年 1 月 27 日凌晨，被害人外出砍树，1 月 27 日早晨 7 时许被人发现死于路边。经法医鉴定，被害人系毒鼠强中毒而死 。案发后，

---

① 朱孝清：《对坚守防止冤假错案底线的几点认识》，载《人民检察》2013 年第 1 期。

经公安机关侦查，确认刘某某有重大作案嫌疑。将刘某某带至派出所留置盘查，后犯罪嫌疑人刘某某交代因家庭经济拮据，与被害人发生争吵后，下毒致被害人死亡的犯罪事实。后公安机关以刘某某构成故意杀人罪，移送审查起诉。其间，两次将该案退回补充侦查。

检察履职

审查起诉期间，承办人提审犯罪嫌疑人、多次找相关证人核实证言、前往案发现场进行调查以及退回公安机关补充侦查，仍认定该案证据不足，主要是存在以下四个方面的疑点：

（一）被害人死亡的原因：他杀还是自杀

证据一：犯罪嫌疑人供述。刘某某在公安机关分别于1月30日，2月14日、15日作了三次有罪供述，三次均供认自己于1月27日凌晨趁被害人熟睡之机，将毒鼠强放入家中茶杯，致被害人起床后喝下该杯水。审查起诉阶段，刘某某推翻以往全部供述，辩解侦查机关存在违法讯问。

证据二：物证鉴定书，证实被害人系毒鼠强中毒而死，且死亡时间为距末次进餐8小时以上，距尸检（下午1时许）为7小时左右。

证据三：多位证人证实刘某某表现反常，证实刘某某有做贼心虚、掩饰自己的迹象。其中：(1)其子证实深夜与清晨刘某某两次去他房间告诉他其父外出砍树，但刘某某只承认早晨去过一次；(2)死者的弟弟证实案发早晨6点左右喊死者去杀猪，其嫂即犯罪嫌疑人刘某某告知被害人夜里1点多钟出去的，不在家。而后来刘某某否认说过这些话。

证据四：多位证人证实，被害人曾因将贩猪的钱用于赌博后喝药自杀。

经审查分析，上述证据存在以下问题：

1.刘某某的供述：

（1）有罪供述间存在矛盾。刘某某在公安机关的供述一共有13次，其中有罪供述3次。而仅有的3次供述间对于投毒的时间、地点、方式以及毒鼠强的来源、残留物的处置等细节方面均存有矛盾，无法统一。如下毒时间（刘某某两次供认是在凌晨3—4点下的毒，一次供认为早晨5—6点）；

下毒地点（第一次供述是在厨房或堂屋，第二次供述是下楼拿药后上楼下毒，第三次供述是事先放在口袋里带上楼然后下的毒）；老鼠药的来源及存放地点（一次供述是案发当月在横溪街上摊子买的，藏在家中厨房木桶中；二次供述是多年前买的，只剩下一点点了，但就存放地点，一次讲在楼上，一次讲在工具房）。

（2）3份有罪供述的来源：提审时，承办人对于为何作了3次有罪供述的过程进行了详细的讯问，发现：关于第1份有罪供述：自1月27日案发当天下午到第一次供认30日，4天时间，公安一共询问7次，除28日下午外，这段时间均处于连续询问的状态。虽然刘某某辩解刑讯逼供未有确凿的证据证实，但从询问笔录分析，连续大强度的询问是事实。所以，口供内容的真实性值得怀疑。2月14日与15日的两份有罪供述，刘某某的辩解是曾有公安告诉她故意杀人与故意伤害的区别，所以才会有"放了一点点"的供述，对于一个文化程度只有小学三年级的农村妇女显然不可能知道杀人与伤害罪名的区别，其辩解也有合理成分，所以，后两份口供也值得怀疑。

（3）刘某某在作投毒杀人的有罪供述之前，还做过用其他方式将被害人杀死的供述。如1月28日，刘某某供述：夜里和被害人吵架，推他后跌死的。1月29日，刘某某供述：我将我丈夫掐死的，后来将他背到马路上。这与证据一中刘某某的供述相矛盾。

2. 证据二中尸检报告证实死者死亡原因是毒鼠强中毒，死亡时间约清晨3—7点。但尸检报告时间是案发当天，而刘某某的第一次供认是在1月30日，所以这份报告的证明力有所下降。

3. 证据四列举的证人证言证实被害人确有过自杀史，案件系被害人自杀的可能性不能完全排除。被害人多年前自杀时与此次死前家中的经济状况极为相似，案发当天，被害人将杀猪所得25元整理好放在梳妆台上，并将家里其他积蓄50多元也整理后并放好；被害人死前几天食欲不佳，并告诉刘某某今年过年不准备外出洗澡了，与他以往习惯不符，有反常行为。

（二）毒物毒鼠强的来源

证据一：1月30日，刘供述：老鼠药是本月中旬在横溪街上店门前的摊子上买的。2月14日，刘供述：老鼠药是以前买的，用了还剩一点点。

证据二：证人卜某证实五六年前刘某某家用老鼠药来防过鼠害，现在有没有不清楚。另两位证人分别是刘某某的小叔子与儿子，均证实不知道家中是否有老鼠药，并证实家中曾养过猫，用来灭鼠。

经审查，作为对刘某某供述的支撑，公安人员并没有收集到相应的证据予以印证。既没有找到街上卖药的老头，也没有在家中发现任何毒鼠药。同时，几位证人均无法证实刘某某家中现在也在使用毒鼠强。作为补充侦查的重点，没有收集到新的证据，无法证实家中是否有毒鼠强以及来源。

（三）毒物毒鼠强的残留物

证据：1月30日，刘某某供述：被害人喝过水的杯子被我洗过了。2月14日，刘某某供述：我在倒痰盂时，将包老鼠药的纸扔在粪桶里了。

经审查，公安人员对案发现场做过三次勘查，提取了家中所有容器及液体，却未检验到有任何毒鼠强的成分。通过现场复勘以及对所有提取物再次检验，也未有新的发现。

（四）杀人动机

证据一：2月15日，刘某某供述：我一觉睡到一点多钟醒了，我丈夫还在睡，我就在想，我苦了这么多年，丈夫不争气，今年过年就拿了二十块钱，这日子怎么过啊。我越想越气，就起来摆药了。

证据二：证人刘某某儿子证实前一天晚上刘某某还让被害人过几天带自己去买套衣服、洗把澡过年，举止很正常。且证实被害人以前赌钱的行径比现在更恶劣，刘某某都没有做过什么。本村的其他多位证人均证实刘家夫妻没大吵过，关系还行，而且家中最困难的时候是孩子小时候，现在日子比以前好过且儿子成绩又好。

经审查，刘某某杀人动机不明确，与其他证据之间存在矛盾。（1）刘某某本人多次供述间存在矛盾，是夜里临时起意还是事先预谋不明确。（2）多位证人均证实刘家夫妇关系还行，以前的日子更苦，刘某某都未有过激行为，与刘某某供述的杀人动机不能印证。（3）从经验法则分析，刘某某选择在儿子高考前夕下毒不符合常理。儿子学习成绩较好且今年高三毕业，在这个时候杀了孩子的父亲给孩子造成的影响不言而喻，作为一个母亲有此之举明显不符合逻辑。（4）根据邻居的证言，刘某某在家中还是有一定家庭地位的，也不可能因为受压抑太深而忍无可忍痛下杀手。

综上所述，经过两次退查后的补充侦查以及承办人补充侦查，毒鼠强的来源、残留物的处置情况、嫌疑人杀人动机等重要问题均未查实。犯罪嫌疑人虽作过有罪供述，但供述中部分事实真实性值得怀疑。该案现有证据只能证实被害人死亡且为毒鼠强中毒的客观事实，但具体死亡原因不明，刘某某虽有重大作案嫌疑，但也不能完全排除被害人自杀与其他人加害的可能性，认定刘某某故意杀人事实不清、证据不足。

该案经检委会研究，对刘某某作出存疑不起诉的决定。

第二节　出庭公诉能力：
让出庭指控更有"气场"

　　党的十八届四中全会提出推进以审判为中心的诉讼制度改革，要求庭审实质化。庭审是一个"具有法的范式和象征意义的法空间"，在这个空间，有法律程序的展开。出庭支持公诉是检察机关行使刑事追诉权最直接的表现形式，是高质效办好每一个案件的重要环节，是刑事检察官维护公平正义的真正舞台，是集中展现检察机关业务水平和职业形象的重要窗口。公诉人在法庭上指控与证明犯罪，增强出庭指控的"气场"，核心在于以系统思维为纲，充分履行主导责任，不断提升驾驭错综复杂庭审的能力。

一、进入庭审"战斗"状态，以不变应万变

　　听到审判长郑重敲响法槌，厚重、响亮而清脆的声音传遍法庭每一个角落，对于公诉人而言，一次法律思辨之旅即将启程。所有庭前讯问、阅卷、文书起草等过程带来的持续思考，所有的法律关系和控辩争议在此时展开，而公诉人作为庭审程序的参与人、庭审程序推进的主导者之一，在示证、质证、发表公诉意见过程中，传递给公众理性、规则、秩序、公平与正义。

　　诚然，随着认罪认罚从宽制度深入适用，速裁与简易程序渐渐成为一审审判程序的"主角"，占据了审判程序的绝大部分，但是"对抗"依然是普通程序的标志性特征，"对抗"也始终是庭审存在的依据与价值。即使是速裁与简易程序的庭审过程中，对抗也不是完全消失，因为即使被告人认罪认罚案件，律师仍然可以就法律适用等问题行使辩护权。庭审的对抗不仅仅是形式层面，"你来我往"式的争辩体现了控辩双方的不同认识与观点，这种充满论证与反驳、说理与证明的对抗正是庭审实质化的显著标志。

我们说，刑事诉讼制度以审判为中心，实质是以庭审为中心，要求事实证据调查在法庭、定罪量刑辩论在法庭，以及裁判结果形成于法庭。这些对于我们公诉人职业素养、公诉能力都是全方位的检验。

庭审永远在变与不变之间。庭审程序是静态的一面，规范的程序要求，永远不能缺少法庭调查、法庭辩论与最后陈述，普通程序中举证、质证、认证等环节，不但不能缺少，而且前后顺序也不能改变，否则就是程序违法。而庭审内容是庭审程序中动态的一面，讯问的内容、质证的观念、答辩的重点，甚至还会出现突发情况，如被告人当庭翻供、出庭证人改变庭前陈述、辩护人临时提出无罪辩护等，多样的可能性让每一次庭审增加了无限的不确定性。而应对变与不变的永恒法则是做好充分的庭前准备，以不变应万变！这也是庭审驾驭能力的基础方程式。

人们常说，法庭是无声的战场，所以说每一场庭审就是一场"战斗"，而这场"战斗"的号角就是书记员宣布"公诉人入庭"，公诉人依法律授权，开启公平正义之诉。从我们脚步迈入法庭开始，就应当心怀敬畏、精神饱满、步履稳健、眼神坚定。落座后，端坐桌前，迅速将卷宗与材料整理好，并整齐放置在左上角，两手自然放在桌面，进入"战斗"状态。

二、庭审程序是一个整体，不可忽略看似与己无关的环节

法庭审判程序大体可分为宣布开庭、法庭调查、法庭辩论、被告人最后陈述、评议宣判五个阶段，每个阶段任务不同，但均服务于查明事实、正确适用法律。公诉人参与程度最深的是法庭调查与法庭辩论两个阶段，其中法庭调查是庭审的核心，讯问、示证、质证、询问等环节是公诉人在法庭调查阶段最重要的任务。法庭辩论是庭审的关键，发表公诉意见、围绕辩护意见进行答辩是公诉人在此阶段应履行的公诉责任。从完成指控任务的角度看，公诉质量的优劣、庭审质量的高低，与这两个阶段密不可分。所有具体环节都服务于一个目标，那就是指控成功、庭审效果最优。这些具体环节都是服务最终目标不可分割、不可缺少的一部分，上述程序不是

各自独立、各自为战的，更不是完成一项"舍弃"一项，而相互呼应、相互补充，不断强化、层层递进，形成庭审证据链的铜墙铁壁，达到最佳的指控效果。同时，宣布开庭、被告人最后陈述与法庭宣判这几个阶段，是由审判长主导，"主角"是被告人，更多的互动是发生在审判长与被告人之间，看似与公诉人无关，很多出庭公诉人不关心、不关注，既不认真听，也不辨识思考，有的甚至做其他事情，其实这些看似无关的程序，背后隐藏着公诉人不能忽视的细节。

宣布开庭阶段，审判长传被告人到庭后，需查明被告人的情况，宣布案件的来源、起诉的案由、附带民事诉讼原告人和被告人的姓名以及是否公开审理，审判长还会宣布合议庭组成人员、公诉人、辩护人、鉴定人和翻译人员的名单。如审判长查明被告人情况，当庭核实被告人身份与强制措施，这些内容在起诉书中均有记载，被告人当庭回答与起诉书记载是否一致，这些都直接影响到公诉案件的质量，被告人自然情况与强制措施情况是庭前审查起诉工作的重要内容，事关案件事实、主体认定与法律适用的各个方面。所以，审判长在核实被告人自然情况与强制措施过程中，公诉人应将被告人当庭供述内容与起诉书记载内容进行核对，如果出现不一致的情况，应立即对卷宗中的书证再查证，是被告人记忆出现问题还是之前审查不够细致，在庭审后续讯问与示证环节应当予以回应，可以当场说明的，应当当场作出说明解释；如果被告人当庭供述卷宗材料记载有出入，应当当庭作出说明，公诉人将在庭后予以核实。此外，审判长在宣布合议庭组成人员、公诉人、辩护人、鉴定人、翻译人员以及相关出庭证人的名单时，公诉人应当认真记录，同时仔细观察旁听席，按照法律规定不能旁听的人员是否出现在旁听席上，如果有，应当当庭向审判长提出，建议相关人员不能旁听，履行法律监督职责。

被告人最后陈述阶段，很多公诉人认为是被告人向法庭表达从宽处理的心愿，与自己公诉的内容无关，所以，不太愿意听被告人"啰唆"。其实被告人最后陈述的内容是多方面的，既有认罪悔罪态度是否彻底，也有对公诉指控内容的个人辩解，还有检举立功线索的陈述。这些内容公诉人均应关注，它可能涉及认罪认罚适用的从宽幅度是否精准，起诉书指控犯罪事实是否准确，对被告人陈述的检举立功线索是否掌握等。这些内容都会影响公诉人当庭与庭后履行公诉与法庭监督职责，是否需要与承办法官沟通，就案件事实与法律适用做出进一步解释；是否需要在庭后启动补充侦查，查明被告人做出的无罪或者罪轻辩解是否合理；被告人检举立功线索是否存在庭后补充侦查的必要性等。庭审结束与案件办结不能画等号，全面完整的公诉不仅体现在庭前与庭中，庭后"扫尾"工作也很重要，可能直接影响到承办法官对案件证据体系的内心确信甚至最终判决。

法庭宣判是凸显犯罪指控最直观的阶段，当承办法官以判决的形式对检察机关指控进行阶段终局回应时，标志着公诉职能更为充分地行使。另外，法庭宣判阶段也是人民检察院对审判活动行使监督权的重要阶段，公诉人仍然需要对可能存在违反法律规定的诉讼程序履行监督职责，对于人民法院作出的判决、裁定，公诉人经审查认为，人民法院的审判活动严重违反法律规定的诉讼程序，可能影响公正裁判的，应当向检察长报告，由人民检察院向人民法院提出抗诉。

所以，无论是宣布开庭、被告人最后陈述还是法庭宣判，这些看似与公诉人无关的阶段，其实都与公诉人出庭履行职责息息相关。公诉人应建立系统思维，全面充分履行庭审每一个阶段职责，实现出庭效果的高质量。

三、宣读起诉书：良好的开始是成功的一半

起诉书的宣读，开启了法庭对刑事案件正式审理的序幕。这是公诉人出席第一审法庭的第一项支持公诉的诉讼活动，是公诉人代表国家向人民法院宣明，公诉机关指控了谁，指控了什么犯罪事实，案件具有的法定情节是什么，指控的法律依据是什么。随着起诉书宣读，案件事实发展的过程犹如电影播放一样，一帧一帧展示出来，将在场的审判人员、旁听群众都带入了特定的场景。随着公诉指控主张的提出，是非、善恶、正义等情

感也已在人们心目中得到初步勾勒，为法庭审查效果打下扎实的基础。公诉人的这一活动具有申明与亮相的性质，宜使用普通话并站立宣读。

起诉书的宣读应当秉持以下基本要求。

（一）语气庄重

法庭是神圣与庄严的地方，公诉人出席法庭，代表国家行使公诉权，具有权威性和严肃性。为了营造庄严肃穆的气氛，当庭宣读要求姿态端庄、声音洪亮、表情严肃、音质有力，不能运用文学作品的朗读方式。

（二）吐字清晰

公诉人在宣读起诉书时，口齿一定要清楚，发音一定要标准。公诉人宣读起诉书，是代表国家和法律的意志来宣读司法文书的，除法律明文规定使用少数民族语言之外，均应当使用普通话进行宣读，以便与国家司法活动的社会影响相匹配。另外，公诉人应做到发音清晰、标准，前鼻音、后鼻音、翘舌音等应尽量读准。

（三）语速适中

语速，是说话者的语音速度。语速的快慢，能反映说话者想传递的思想情感。庭审活动中的公诉人是代表国家出庭并履行法定职责，宣读起诉书时不应带有个人的喜怒哀乐，更不能有强烈的情绪起伏与变化，即使案件造成的后果会让人产生十分愤慨或者悲痛的情绪，但起诉书的内容也仅是对案情进行客观的陈述，公诉人只能平静表达，语速不快不慢，比较适中，才能较好地匹配法庭庄重肃穆的审理氛围。

（四）语调平直

语调，是表达每句话时音高音低变化的形态，音高音低变化的起伏，一般是为说话者表达对所陈述内容态度与情感的需要。根据音调高低升降的变化不同，语调可分为升调、降调、平直调、曲折调四种。公诉人宣读起诉书时，一般采用平直调，这样的调性可以彰显公诉态度，并且精神饱满，让人更容易感受到司法威严与正义，否则有多种调性的变化转换，会有损法庭威严与庄重氛围，同时也会显得公诉人不够严谨、客观，缺少专业度。

（五）停顿适当

停顿，是在语句与语句、词语与词语之间的停歇。停顿使用得好，可以使表达者的语意呈现更有层次，节奏更加分明，表达中也让听众有了可以转换体悟的空间，有助于听众更好理解表达者的意图。起诉书宣读的过程中，公诉人除了要将标点符号通过停顿反映出来，同时还要根据语意，将词语与词语之间，在没有标点符号标注的部分，同样通过停顿的使用，让听众准确理解到每个句子、每个词语的意思，帮助听众在法庭现场能够第一时间获知句意核心。

四、法庭讯问有方法可循

法庭讯问阶段是指公诉人在庭审过程中对被告人进行讯问，这是法庭调查的必经阶段。通过法庭讯问，合议庭可以初步了解案件事实，对于公诉人当庭指控被告人犯罪事实的客观性、准确性，具有重要意义。公诉人庭审讯问的效果，直接影响法庭质证、辩论的有效性。公诉人应充分行使好这份法律赋予的优先讯问权，夯实法庭调查的基础。

（一）做好庭前功夫

凡事预则立，制作一份好的讯问提纲，是法庭讯问的基础。一般案件起诉至法院，到法院通知庭审，已经经过一段时间。开庭之前，公诉人应再次认真查阅审查报告与卷宗，对被告人以往供述进行认真地梳理，尤其是辩解部分，对于已经在审查起诉阶段排非的辩解，仍应列进讯问提纲，并且综合运用全案证据，进行所讯问问题的设计。需要重点关注的是，任何一次庭审都会存在不确定因素，即使是认罪认罚案件，也可能存在当庭翻供的情形。只要存在 1% 的可能，我们就应该做 100% 的准备。讯问提纲可以制作成类似思维导图的模式，认罪与不认罪是两条逻辑线，顺着这两条逻辑线可以设计不同的问题。有了充分的准备，当庭就可以做出万全应对，从容而笃定。

（二）精准"投石问路"

根据刑事诉讼法的规定，公诉人在法庭上宣读起诉书后，被告人可以就起诉书指控的内容进行陈述，公诉人可以讯问被告人。所以，公诉人讯问是在被告人就起诉书所指控的犯罪事实进行陈述之后进行的。这时被告人的陈述可能出现的情形有：全部承认、全部否认、部分承认或者不正面陈述。针对不同的陈述，法庭审理会出现不同的走向。但不论是哪一种走向，公诉人讯问时，首先需要明确被告人陈述的具体情形，如果是部分承认的，不承认的部分是什么内容？如果是全部否认，则辩解的内容又有哪些？特别是被告人在回答审判长问题时，对于辩解的内容没有准确表达的，需要重点问明，不能担心越问越不利于指控而放弃讯问。相反，因为在庭前已经制作了讯问提纲且对于被告人辩解内容已经了熟于胸，则更需要让被告人当庭明确辩解内容以及辩解内容是否合理，为接下来结合其他证据展开讯问，并为示证阶段打下良好基础。

【法庭讯问示例】

审判长：被告人张某，你现在可以就起诉书指控犯罪事实进行陈述。你是否需要陈述？

被告人：我是死者的丈夫。我不想杀死她，我不是故意的。公诉人刚才宣读的起诉书我有异议。

审判长：公诉人现在可以讯问被告人。

公诉人：被告人张某，你刚刚在回答审判长问题时，提到对于起诉书指控的事实有异议，是全部有异议，还是部分有异议？

被告人：部分有异议。

公诉人：哪些部分有异议？你具体说说？

被告人：主要是说我故意杀人的部分。

公诉人：起诉书中指控你杀害你妻子，存在杀人行为，这部分事实你有异议吗？

被告人：没有……

此示例中，公诉人通过"投石问路"，已经清楚得知被告人是对起诉书指控其主观故意的部分存在异议。一方面，帮助公诉人确定了法庭调查的重点，接下来，公诉人可以及时调整讯问策略，就这部分内容重点展开讯问。另一方面，也帮助公诉人了解与掌握了被告人的心理状态，在接下来庭审过程中时刻关注，通过查明的事实与证据去论证，而不是直接反驳，认定其认罪态度不好，激化被告人在庭审中的负面情绪，不利于庭审顺利进行。

（三）重点突出、兼顾全面

讯问的过程就像是展开一幅动态的画卷，其中有全貌，也有细节。对于被告人实施犯罪的时间、地点、经过、手段、情节、目的、动机、后果等与定罪量刑有关的事实，一般情形下应让被告人总体概括供述，再补充将重点部分具体讯问细节，以完整展现。即使是被告人全部承认其犯罪事实，这个步骤也不能省略。因为法庭讯问是法庭调查的一部分，合议庭通过被告人当庭供述了解案件事实，也是主要方式之一。被告人作案方式的细节，如果公诉人不问清楚，审判长也同样会补充讯问。审判长补充讯问的程度，也能从另一个侧面反映公诉人的讯问能力。

【法庭讯问示例】

公诉人：被告人李某，你是在哪里被巡逻民警抓获的？

被告人：在城南区马台街附近被抓获的。

公诉人：你在那里干什么？

被告人：我抢了一个女人身上的金项链。

公诉人：你是怎么抢的？

被告人：当时她从菜场出来，我跟着她，我看到她颈子上戴着一个黄灿灿的项链，四周又没人，于是我上前从她颈子上将项链扯下来就跑。

公诉人：被害人是什么反应？

被告人：她大叫起来，抓坏人，我头也没敢回，赶紧就往前跑。

公诉人：当时是什么时间？

被告人：傍晚6点多钟，天还没黑。

公诉人：你为什么抢别人的项链呢？

被告人：我赌博输钱了……

随着公诉人讯问的展开，抢夺案件发生的过程非常清晰地展现在法庭之上。公诉人采用倒序法，围绕被告人实施犯罪的具体时间、地点、行为、后果、动机进行发问，既简洁扼要，又重点突出。

（四）揭露矛盾

当庭否认犯罪事实的被告人，会不断抛出各种理由加以掩饰。但对于不符合案件事实、案情发展逻辑的辩解，必然存在虚假性。公诉人要善于发现被告人当庭辩解与常识、常理、常情不符之处，将讯问逐渐引向常识常理，陷被告人于当庭自相矛盾之处境，则其谎言就会被不攻自破。

【法庭讯问示例】

在一起强奸案件中，被告人当庭辩解与被害人是热恋中的情侣关系，被害人是自愿与其发生性关系的，他的行为不是犯罪，是合法的。公诉人根据其所掌握和查明的犯罪事实，对犯罪时间、地点、方式等全过程进行一一比对，迅速察觉到被告人的行为与常理存在相悖之处，当即对被告人进行讯问：

公诉人：当天你是什么时间去的她家？

被告人：大约晚上12点。

公诉人：你是怎么进去的？

被告人：我从窗户爬进去的。

公诉人：你为什么不走大门？

被告人：我没有钥匙。

公诉人：公诉人提醒法庭注意：热恋中的情侣，没有家中钥匙；也不敢喊醒对方，反而还要翻窗而入。被告人的行为明显不符合常理。

在本案中，公诉人捕捉到被告人深夜翻窗进入室内的细节不符合常理，并有效利用常理，充分揭露被告人辩解不具有合理性。此外，在庭前，公诉人准备预案过程中，还可以对被告人与被害人关系、熟悉程度、被害人生活作风、两人平时交往情况以及现场有关情况，进行深入的了解，也能当庭充分揭露被告人辩解的无理性和诡辩性。

【法庭讯问示例】

被告人戴某涉嫌受贿犯罪的庭审现场，其当庭辩解"以往的有罪供述是诱供出来的，悔过书也是被强迫写的"。公诉人在征得审判长同意后，进行当庭讯问。

公诉人：被告人戴某，你曾经从事过公安预审工作是不是？

被告人：是的。

公诉人：你从事侦查预审工作，对于工作规范与要求，应该很清楚是不是？

被告人：我是老预审了，办了很多大案。

公诉人：对于诱供产生的有罪供述，犯罪嫌疑人的权利有哪些？

被告人：可以不签名。

公诉人：你的有罪供述上都签了字，"与我所说一致"。而且不止一次，是多次，这符合常理吗？

被告人：我签字时没考虑那么多，反正是诱供的。

公诉人：你的悔过书是谁逼你写的？同有罪供述一样，你也写过多份，有几份上还有多处修改的痕迹，你又如何解释？

被告人沉默不语……

公诉人：提醒法庭注意，悔过书不是犯罪嫌疑人认罪的必备程序，也不是必备的认罪证据，悔过书书写完全是出于犯罪嫌疑人自愿为之，被告人书写的悔过书语气诚恳，细节真实，特别是对于受贿后惧怕被发现的内心活动的描述，非本人经历无法书写，这些逼是逼不出来的……

这是一次经典的"自相矛盾"的揭穿。一方面被告人书写悔过书时，字里行间透露真情实感；另一方面却否认出于自愿，是被别人强迫而为。但公诉人当庭通过层层递进、深入讯问，将其基于职业明知与犯罪后悔罪表现相矛盾之处进行剖析，被告人当场无法自圆其说，只能沉默不语。

（五）增强法庭讯问效果的几个方法

脱稿提问：讯问提问是事先准备好的，整个问题的逻辑线也是事前经过精心准备的，所以，在讯问环节，可以尝试将低头念稿改为看完提纲提示后脱稿提问，对被告人更有现场震慑力。同时，被告人的现场回答一旦出现预测之外的变化，还可以及时进行临场调整。

适时展示证据：将讯问环节与示证环节相结合，可以使讯问的内容具象化，更加形象与直观，讯问的力度、可信度立即予以呈现。展示的物品可以是物证、书证，也可以自行制作的相关示意图等。如在讯问被告人使用何种犯罪工具时，在被告人做出具体描述之后，手持物证并让被告人当场确认，可以增加审判人员对此节犯罪事实的内心确信。

重要的问题放在最后提问：从心理学上讲，大多数人容易对最初或者最后接触的事物形成更为深刻的印象，对被告人讯问的过程可以循序渐进、合理布局，最重要的问题留到最后发问，使得审判人员更容易、更深刻记住最重要的事实与情节。

重要信息反复强调：制作讯问提纲时，应当将重要内容标注，特别是被告人庭前予以否认的事实，需要在庭审中予以明确的事实，应当准备三个以上的问题，形成庭审中讯问重点。庭审中被告人回答过程中确认的重要内容，可以在其回答之后进行复述归纳，复述时还可以加强语气。必要时还可以要求被告人重复回答，要求其将细节展开陈述。

合理调整讯问顺序：共同犯罪案件中，各被告人认罪态度不一，这对公诉人当庭讯问增加了不少难度。有时碰到不认罪且表达能力较强的被告人，讯问阶段不仅耗时，而且会让合议庭产生听觉疲劳，不利于庭审的顺利进行与整体效果。这时，公诉人可调整讯问被告人的顺序，优先讯问认罪态度好的被告人，优先讯问对起诉书指控证明力强的被告人，通过被告人当庭如实供述，为合议庭了解案件整体犯罪事实打下坚实基础，从而证实当庭拒不供述或者存在虚假供述的各被告人供述内容的虚假性，进而掌握庭审主动权，增强庭审效果。

【案例：乐某故意杀人案讯问策略】

被告人乐某故意杀人一案，庭前准备了两套讯问预案，一套是被告人认罪的，另一套是被告人翻供的。但不论哪套预案，讯问的总体应对策略是"一二三"策略：一个指导思想、两个规则、三个方法。

（一）一个指导思想——充分揭示犯罪构成与罪名内涵

本案是不作为的故意杀人案件，有别于其他案件的特点，决定了在讯问开始之时必须先声夺人，通过被告人的当庭供述完整反映犯罪过程，这也为其后的法庭示证与法庭辩论打下良好基础。所以，在这个过程中，要把握两条主线，这也是我们在起诉书制作时经常要用到的明线与暗线。明线是犯罪事实的发展过程，暗线是从构成要件切入，从客观行为到主观故意，在讯问的过程中要予以体现。所以，讯问提纲的问题应不断往返于犯罪过程与构成要件之间，将构成要件融于犯罪事实之中，而犯罪事实的内容应体现犯罪构成要件。另外，故意杀人事实本身并不复杂，但不作为、间接故意等元素的加入，使得在讯问过程中必须不能遗漏，需要揭示不作为犯罪的特点与主观上间接故意的特征。此外，在发问过程中应严格遵循客观事物的因果联系，把握"有因必有果，有果必有因"的逻辑规律，应从被告人的行为特征来揭示被告人的行为符合犯罪构成要件。

（二）两条规则——关联性优先规则与证据优先规则

1.关联性优先规则

讯问的关联性是指讯问的内容与案件事实是否有客观联系，是否能够对案件的待证事实有揭示作用。关联性规则要求讯问应当有针对性，讯问内容必须与指控有关。关联性要求公诉人讯问被告人应当在起诉书指控的范围内进行。以本案为例，在讯问层次上采取了从客观到主观的顺序，一方面是因为这样更符合我们认定犯罪的标准与过程，另一方面是因为主观故意的问题很难组织，很多内容是我们的推定与被告人内心的自然想法，在这样的前提下，必须由外至内，由表及里，层层推进。

与主观心态有关的问题，每个问题的设计包括顺序在内进行了反复推敲，证明逻辑为被告人因贪念吸食毒品与玩乐，在将两个幼女单独留在家中而自己离家的日子里，对于家中幼女需要照顾的事实是有明确认知的，但有时间、有条件、有能力回家都没有回家，基于此存在放任其孩子处于不利后果的状态下，主观心态符合间接故意的特征。对于讯问的问题，共设计了五个层次的问题。开庭过程即使有变化，但讯问中心仍然围绕主观的认识因素到意志因素的论证过程，相关的问题有：

（1）离家很近，但没有回过家？

（2）为何没有回家？有没有想过回家？

（3）与其他人接触过程中，他人多次提醒都没想到过？

（4）知道有孩子要照顾，知道孩子长时间缺少照顾可能会有意外？

（5）能认识到应当履行母亲的职责却没有履行？原因是什么？

（6）在以往的供述中谈到，在最后一次离家后将钥匙丢在了朋友家，是不是这样？此后你有没有取回过钥匙？为什么不去取回钥匙？当时距你离家有多长时间了？（既然你只给孩子预留了四五天的饮食，而此时你已经外出超过四五天了，为什么还不回家？）

（7）你最后一次离家后有没有去过男朋友的外婆家？她有没有问你孩子的事情？你是怎么回答的？有没有找过民警拿钱？他有没有问你孩子的事情？你又是怎么回答的？你为什么隐瞒孩子的真实情况？

（8）你最后一次离家后，董某某有没有向你问起过孩子的事情？你是怎么回答的？送你去浦口的黑车司机有没有向你问起过孩子的事情？在你以往的供述中，多次提到你曾在"味之恋"汉堡店里不小心夹到一个小姑娘手指的事情，你说联想起自己的孩子？董某某、黑车司机以及汉堡店老板，他们是你的朋友或者与你素不相识的人，都和你提及过孩子，表明在你离家之后还是有很多机会能够想到孩子的，是不是这样？

（9）既然你能想到孩子，你是否知道两个年幼的孩子并没有自理能力，还需要你来照顾？如果因为你长期不回家，孩子缺水少食，房门又被你关死，在封闭的环境里会出现什么样的后果？你是怎么得出孩子会死亡的结论的？既然你能认识到孩子会死亡，为什么还长期不回家？

（10）（如被告人辩称因吸毒想不起来孩子在家需要照顾的事情，则补充发问以下问题）按你前面的回答，你在李某某被抓后就开始经常在外吸毒，为何当时能够想到每隔几天就回家照顾孩子，而最后一次离家后一个多月的时间内都想不起来回家照顾孩子的事情了？

2.证据优先规则

由于公诉人对被告人的讯问是"明知故问"，在于向法庭揭示指控的脉络，证据优先规则要求，公诉人对被告人的讯问，应当有一定数量的证据支撑，否则，一旦被告人回答出人意料，便会陷入被动。反之，即使被告人翻供，也可以宣读被告人原来的供述，结合有关证据，采取有效对策，以使庭审顺利进行。所以，只要是已经采信了被告人供述并且准备当庭使用的，讯问的第一个问题可以以"以前供述是否属实"进行切入，以便从讯问开始就将被告人以往的有罪供述当庭予以固定，并且也可以直接反映被告人当庭态度，以便进行随机应变。由于证实本案客观方面的证据较充分，从一开始就考虑从不作为犯罪的义务来源着手，从孩子由谁照顾，从其同居男友李某某服刑后社区、民警以及邻居、亲戚对这个家庭的照顾与接济开始，而这些都是乐某不能回避也不忍心回避的事实。另外，关于乐某离家后的情况，因相关证据能够证明的情况有限，特别是有没有回过家，最核心的证据是乐某稳定的供述，所以，讯问阶段，必须要将关键事实予以固定。

如证实乐某具有抚养义务及抚养能力方面的问题有：

（1）你和两名被害人是什么关系？你们住在什么地方？

（2）你的两个女儿平时由谁抚养？同居男友服刑后两个女儿由谁抚养？有没有其他人和你共同抚养、照顾孩子？

（3）男朋友服刑后，社区、民警有没有给你发过钱？发过几次？每次多少钱？以你的认识判断，社区、民警为什么会给你钱，是给你个人使用的还是要你用于抚养照顾孩子的？亲戚、朋友有没有给过你钱，给过几次，每次多少？至你被抓时，你总共收到过多少钱？这些钱怎么使用的？

（4）亲戚、朋友平时有没有给你和孩子送过食物？

（三）三个方法——掌握讯问与其他环节衔接的技巧

1.边"问"边"证"，以"证"促"问"

将发问与举证结合起来，使二者相辅相成，相得益彰，所产生的合力要比单独的发问力量大得多。出庭公诉时，这一技巧通常适用于被告人翻供、伪供或狡辩的情况。如遇上述情况时，可将其之前的供述或相关证据予以宣读，然后再运用前面介绍过的利用矛盾讯问法，要求其确认何种说法真实，并作出合理解释。如乐某在同居男友服刑后至案发各类收入一共有5000多元，但在回答钱是如何使用时，当庭她一直试图告诉大家用在了孩子在身上，并且直接做出与以往供述不一致的回答，她说3000元用于孩子，2000元用于吸毒。对于这一回答，显然与我们所要论证的逻辑框架不一致，需要采用当庭举证其以往供述的方式，其实她3000元用于吸毒，1000多元用于买衣服，剩余1000元不到用于自己与孩子的生活。当公诉人提示这段供述后，乐某没有明确回答，只是回答记不得了，当审判长制止并示意继续讯问时，公诉人改变了一种方式，但问题是同一性质的，问她公诉人当庭说的是不是事实？她说是，这一节讯问成功。这种边"问"边"证"的技巧，使得供证高度结合，交相辉映，其力量无疑要比单独的发问或举证要大得多。对于此种方法的运用，需要关注的是：不宜全面宣读，先做教育工作，再进行提示性的宣读。

2."问""论"结合，以"论"证"问"

法庭辩论中，每一个发问都有其特殊的意图，但如何能使发问更具目的性和针对性，使论证更有依据，更有分量，这就要将"问"与"论"有机地结合起来。当被告人的回答满足了公诉人的意图时，应及时地就发问和回答的内容证明了什么、反驳了什么，向法庭作出声明或进行论证，以加深法官的印象。精彩的发问小结往往能使扑朔迷离的案情变得清晰明朗，给人拨云见日之感，从而使你的发问目的更加明确，发问的过程也更加精彩，引人入胜。布条缠绕窗户的用途是乐某一直存在的辩解点，她一直强调目的是保护孩子安全，而我们认为正是因为房屋封闭，孩子出不来，失去了自救机会，一个是她的行为出发点或者是动机，一个是客观事实造成的后果，这两个不同的角度，在讯问的过程中必须讲清楚。所以，公诉人先让乐某回答为何缠绕，这是她一直想急于向公众表达的，我们必须给她这个机会，同时也必须进一步论证她这样做的后果，一方面是客观上造成了让事态发展得更为严重，另一方面是她主观上的认知，这符合间接故意的认识因素，所以第二个问题就是这样做客观上门被封闭，孩子出不来，你知不知道？孩子失去自救机会，是不是这样？乐某同样回答对，公诉人的证明目的也就达到了。

3."问""叙"结合，以"叙"强"问"

这里所说的"叙"，既包括正面的固定，也包括反面的拴定。无论对方承认与否，都应该及时地做好固定工作。如在出庭公诉时，当公诉人就某一事实或某一情节对被告人有针对性地进行讯问，被告人作答之后，如果公诉人认为回答的内容对案件的事实和情节认定有决定性或重大的影响，应暂停讯问，用简短的语言对此进行评析和固定，对指控有利的固定下来作为证据使用，并要请合议庭注意或记录在案；对指控不利的，也要予以拴定，或举证推翻，或简要概括其虚假荒谬之处，并进一步申明指控观点。在整个讯问的过程中，对于乐某的认知以及对于孩子所实施行为的认知，比如乐某知道吸毒对孩子不好，将孩子独自放在家中对孩子可能产生危险，这些细节，在被告人回答之后，公诉人都会加以反复地重复、固定其供述。另外还应学会帮助被告人总结供述并论证为指控所用，公诉人问乐某第一次孩子自己出来发生意外的情况后，为什么还要出门。乐某回答是很久没有出门，自己也带了一段时间孩子，后来是赵某某打电话给她才出的门。这里她试图传递两个信息：一是她是带孩子的，二是别人找她的，这些虽然是公诉人想要的内容，但并不是最佳答案，最佳答案是她干脆地回答为了吸毒。公证人于是简单归纳了她的回答，结合当庭的其他供述，对相关供述进行了提炼，反问道："你是不是想告诉我们又是毒品的诱惑？"之所以这样做一方面是固定证据，另一方面用了她接受的语言，她一定不会反感或者反对。果然乐某很赞同公诉人的总结，点头并说"是的"。

五、法庭示证：成败在此一举

举证是指在出庭支持公诉过程中，公诉人向法庭出示、宣读、播放有关证据材料并予以说明，对出庭作证人员进行询问，以证明公诉人主张成立的诉讼活动。举证是出庭公诉的核心。举证过程是公诉人向合议庭全面展示案件证据的关键环节，是通过证据确实、充分性向法庭进一步回应起诉书指控的犯罪事实清楚的最重要阶段，举证"成功"了，庭审良好效果的基础就会更为扎实。

（一）条理与逻辑是举证的"灵魂"

证据本身虽然没有逻辑性，但证据与证据之间经过排列与组合，会在时间上、空间上或内容上具有逻辑性，而逻辑性较强的证据会直接影响到证明力。先出示哪份证据，后出示哪份证据，都有一定的讲究，根据案件的不同特点，或偏重时间上的联系，或侧重于空间上的联系，或者兼而有之。通过精心设计，使举证有序、合理，符合案件事实的客观发展过程，增强示证的体系性。

找准证据出示的逻辑线，是证据更具条理性的关键。这根逻辑线可以同一被告人的犯罪行为为主线，也可以不同的被告人为主线，还可以将不同被告人实施同一犯罪行为的逻辑为主线。而逻辑线设置的标准应运用"听众"思维，即如何能够让法庭、旁听群众可以清晰地听懂并且理解为前提，哪条主线能够更有利于听得懂，就沿着这条主线去设计。

对证据的出示可以以犯罪行为为最基本的单元。举证的顺序上，有以下几种方法：一是顺时举证法。根据犯罪发生的时间顺序来组织证据。如一般可先出示犯罪预备、犯意产生的证据，之后出示犯罪过程、犯罪行为的证据，再出示证实犯罪后果的证据，最后出示与量刑情节相关的相关证据。二是逆时举证法。与顺时举证的顺序相反，先出示犯罪后果发生的证据，之后出示被告人实施犯罪行为的证据，最后再出示影响量刑的相关证据。与顺时示证相比，这样的示证方式从一开始就有"代入感"，给旁听观众的冲击力较强，适用于犯罪后果较为严重或者犯罪动机、原因复杂的案件。三是交叉举证法。在犯罪事实涉及多笔的情形下，可以灵活运用不同的举证方式，总顺序上按顺时举证安排，而具体每一组的证据组织上，可以视具体情形穿插运用逆时举证。

多个被告人的示证，需要结合被告人的人数与犯罪事实的笔数，进行综合考量。多个被告人共同犯一罪实施一行为，可根据各被告人的地位、作用的相关证据，如主犯、从犯等组织证据、确定各被告人的举证顺序。多名被告人共同犯一罪实施多个犯罪行为的，犯罪行为分别由不固定的多名被告人共同实施的，可按每一次犯罪行为作为一个举证单元，行为与行为之间可按时间、空间等顺序排列。多个被告人犯多罪的，如果有构成共同犯罪的，可分别以每一次犯罪行为作为一个举证单元，如除了共同犯罪还各自单独实施犯罪行为的，可先举证共同犯罪，再举证单独犯罪。

（二）灵活组合证据把控举证节奏与层次

庭审节奏的主动权在于公诉人，举证过程详略得当，就能通过举证节奏把握整个庭审节奏。如果公诉人对所有出示的证据在组织过程中平均分配，逐项详细出具每份证据，则庭审一定会显得冗长，而宣读证据的过程无疑会让合议庭成员产生疲劳感。举证的层次与节奏主要通过证据组合和突出举证重点来体现。在庭前准备示证提纲时，就应根据被告人辩解与被告人辩护律师提出争议的焦点之处，对证据组进行再细化，对于控辩双方无争议的内容可以将相关证据进行概括性出示，对于有争议的内容则可以详细出示。如涉及案发经过，被告人对此节犯罪事实认可，示证内容则可以简化，将相关证据名称、卷宗位置以及证据的内容进行概括，包括相关证人证言，同样可以先列举相关证人姓名、身份，再对这一组证人可证实的内容进行归纳出示。但如果被告人或者辩护人明确提出证实某个犯罪事实的证据不够充分，或者对起诉书指控的犯罪事实中某个细节不认可，这时就需要详细列举，部分内容还需要原文展示。此外，在当庭讯问环节，可以让被告人当庭就相关犯罪事实进行陈述，对于陈述内容存在辩解或者翻供的事实部分，则需要在示证环节重点出示，甚至对于被告人曾经做出的多份供述，仍需要在总体概括的基础上详细宣读有罪供述，以增强证明力。

证据的组合有多种方法，根据证据种类组合证据，是最常用的方法。如证人证言集中出示，书证集中出示。但是，不同犯罪行为之间，不同罪名之间的同种类证据不宜集中一起出示。同一份证据可以拆分进行证据间组合，形成综合证据组。如被告人供述，可进行不同内容的拆分。在证实主观故意时，可以将其供述犯罪故意的部分，与其他证据一起组合成证据组，进行出示。同样，被告人供述犯罪行为的部分，可与其他证据一起组合成另一个证据组，进行出示。而且，同一份证据可以根据示证逻辑线的需要，进行多次拆分，也可以放进多个证据组进行示证。

根据被告人认罪态度确定举证顺序也是示证常用的方法。为了向法庭全面展示犯罪全貌，并防止庭审开局阶段过度"纠缠"发生"意外"而影响庭审的正常进度，选择对被告人认罪态度好的罪先进行举证，对被告人有异议的最后举证，可以集中精神重点证明有争议的事实与情节，同时还可以利用已证明的事实和情节，结合其他证据进行举证、论证。对于部分被告人认罪的共同犯罪案件，特别是主犯不认罪的案件，运用迂回策略，由易至难，首先对从犯或者其他认罪的被告人讯问举证，扫清外围，待犯罪事实向法庭展示之后，再集中全力攻克主犯或者其他不认罪的被告人。对于全案均不认罪或者翻供的被告人，要选择对查清全案犯罪事实最有价值的薄弱环节作为突破口，从讯问开始，结合以往在侦查阶段的供述进行讯问；而在示证环节，更要结合当庭供述与以往供述以及其他证据的矛盾之处，逐个向法庭进行说明，并确认其在侦查阶段有罪供述的真实性。

（三）综合运用举证方法、说明分析以达到最佳展示效果

当庭举证方法有很多，出示物证，可以当庭出示物证本身，也可以出示相关照片；出示证人证言，可以宣读未到庭证人证言，可以提请证人出庭作证；还可以借助多媒体示证方式，将多份、多组证据进行编辑后按顺序出示。而举证方式的选择，是以突出庭审焦点、提升举证效果为目标，以全面、立体、直观为前提，综合运用各种方式进行全方法、多角度集中展示。

举证说明、分析是指在举证前后，公诉人对即将或者已经出示的证据做简要说明。证据说明就像串起珍珠项链的丝线，将好比一粒粒珍珠的证据串连起来，有利于向法庭说明公诉人举证顺序的逻辑与层次，更有利于体现举证目的。

在以下这些环节需要进行证据说明：一是在举证之前进行开场白。将案件总体举证思路向法庭作一总的介绍，使法庭对公诉人的举证有总体印象。如"审判长、审判员，下面公诉人将围绕被告人的杀人后果、杀人过程以及量刑情节三个方面向法庭举证。"二是在所举各组证据之间，对举证

目的进行概括介绍。如"审判长，刚才公诉人向法庭出示了证实被告人杀人后果的证据，下面公诉人向法庭继续出示证实杀人过程的相关证据。第一份证据是一组证人证言……"三是出示具体证据时，对每份证据的来源、特点、作用等情况进行简要介绍。如"审判长，下面公诉人出示证人张某某的证言，证人张某某身份……其证言在证据卷……"四是出示证据之后，对举证情况进行概括、提请法庭进行质证以及辩护人对证据质证情况进行说明。如"审判长，刚才公诉人出示的以上证据证实被告人犯罪过程，提请法庭质证"。又如"审判长，公诉人在出示下一组证据之前，就刚才辩护人发表的质证意见做以下说明与补充"。

发表质证意见进行证据分析是示证阶段最具有随机性的环节，非常考验公诉人的临场随机应变。但发表质证意见的核心是"证据"，庭前对各份证据认真研究，做好庭前准备，发表质证意见就能从容不迫。围绕证据的合法性、客观性与关联性，针对辩护人所质疑的某个焦点事实，对证据与被告人行为、案件事实之间的内在联系进行综合性论证，对证据间的矛盾合理排除的理由与根据进行阐述，通过综合论证突出证据的价值与意义，以进一步指控犯罪，与起诉书指控的犯罪事实进行呼应。证据分析既包括对单个证据的分析，也包括对整个证据体系的综合分析。虽然法庭调查阶段的示证阶段是一组一组出示证据的，但对于当庭第一次接触案件证据的合议庭成员而言，这些证据组、证据群仍然是陌生的，而公诉人正是通过证据说明、证据分析让合议庭成员建立从陌生到熟悉的过程，将分散的、不凝聚的状态，对调查过程中所采信的证据进行归纳总结，不失时机地分析论证证据之间的关联性，通过集中、连贯、完整运用证据体系论证犯罪过程，加深合议庭对公诉人所出示证据的理解，推动合议庭对证据采信与内心确信，为法庭全面、准确认定起诉书所指控的犯罪事实提供可靠的依据。

【案例：乐某故意杀人案示证提纲】

乐某故意杀人一案，案发时引发社会强烈反响。被告人乐某虽如实供述了基本犯罪事实，但对于自己犯故意杀人罪是不认可的，辩护人亦作无罪辩护，认为认定乐某构成故意杀人罪证据不足，乐某无杀人的主观故意。庭前，制作示证提纲时，公诉人紧紧围绕犯罪构成要件与被告人及其辩护人的辩解意见，对相关证据进行拆分、充分运用证据分析、证据小结等方式，向合议庭充分完整展示犯罪体系。

示证提纲

审判长，公诉人在出示本案的证据前，需要向法庭说明三点内容：（1）公诉人所出示、宣读的各类证据均由侦查机关依法取得，公诉人在庭前已依法审查，确认合法有效，在示证过程中将不再对每份证据的取证过程进行详细说明；（2）庭前辩护人已充分阅卷，庭前会议中明确了控辩双方的争议焦点，被告人对主要犯罪事实不持异议，因此公诉人在示证时将以概括出示为主，仅就被告人及其辩护人提出异议的部分做详细出示；（3）公诉人将按客观行为、主观心态、危害后果、主体身份的顺序分组向合议庭出示证据，并在每组证据出示完毕后提请法庭质证。请法庭准许。

一、客观行为：证实被告人乐某负有抚养义务，但怠于履行抚养义务，案发当年 4 月下旬离家后一直未再履行抚养义务

（公诉人将分五组向法庭出示该部分证据）

（一）被告人乐某具有抚养被害人的义务

1.相关书证、被告人供述与相关证人证言

主要证实：被告人乐某系两名被害人的生母，具有法定抚养义务。

2.李某某、王某某等人证言与被告人乐某供述

主要证实：乐某与其男友李某某共同居住在本市，共同抚养两个女儿。之后由乐某独自抚养两个女儿，仍居住在××村×幢××室。

审判长，该组证据出示完毕，主要证实被告人乐某作为被害人李某甲、李某乙的生母，具有法定抚养义务，且自 2 月 27 日起因男友李某某服刑而

独自履行抚养义务。请法庭质证。

（二）证实被告人乐某具有抚养能力的证据

1.被告人乐某的供述和辩解

主要证实：男友服刑后乐某的经济收入支出情况及接受亲友邻居帮扶的情况。

2.社区干部鲍某某、高某某的证言及南京市农村现金统一支付凭证

主要证实：乐某男友服刑后，社区每月给乐某家800元的生活补助费，20××年4月一次性给乐某家4000元困难补助费，由民警王某某负责分批发放。

3.民警王某某的发放钱款记录、邻居谢某某的证言

主要证实：民警王某某自3月起代社区为乐某家发放救助金，4月17日领取4000元后分批发放，累计发放2880元。其中自5月1日至6月8日（端午节前）共发放6次共1150元，6月19日通过范某某给了乐某20元。另在4月17日，民警王某某给乐某家送过一台洗衣机。

4.亲戚刘某、王某、丁某，邻居孙某、施某、杨某和足疗店老板曹某某等人的证言

主要证实：亲戚刘某、王某证实曾不定期地给过乐某经济补助，亲戚丁某，邻居孙某、施某、杨某则证实曾为乐某的孩子送过吃的。足疗店老板曹某某证实乐某男友被抓后，乐某曾到足疗店打过工。

审判长，该组证据出示完毕，主要证实在乐某男友服刑后，被告人乐某虽没有固定工作，但每月均从社区民警处领取困难家庭补助费，且有亲戚的资助、邻居朋友的帮扶，具有履行抚养义务的能力。请法庭质证。

（三）证实被告人乐某在男友服刑后怠于履行抚养义务的证据

1.被告人乐某的供述和辩解

主要证实:(1)乐某会做饭但在家很少做饭，外出的时候会给孩子留面包、牛奶等饮食（2）男友服刑后乐某经常至董某某的店里吸食冰毒，一般是将两个孩子喂饱并预留一些食物后离家，隔个两三天时间再回家照顾孩子。

（3）5月1日前几天，因其长期未回家，小孩独自从家中跑出并被民警送去医院。

2.邻居张某、王某、蔡某、鲍某、孙某的证言

主要证实：居住在503室的乐某经常不在家，对孩子关爱不够。

3.邻居谢某、施某、民警王某某的证言，接处警登记表

主要证实：4月17日，两名被害人因乐某不在家而发生自行下楼受伤的情况。

4.执法记录仪所拍摄的视频

主要证实：二被害人的情况及乐某家里脏乱状况。

审判长，该组证据出示完毕，主要证实在乐某男友服刑后至20××年4月下旬期间，被告人乐某给孩子喂养的食物简单，经济收入只有少部分用于抚养孩子方面；因沉迷于毒品，经常外出不在家，将孩子独自置于家中；家中脏乱，两个孩子曾被邻居、社区干部送至医院，据此能反映出被告人乐某平时怠于履行抚养义务。请法庭质证。

（四）证实被告人乐某最后一次离家的情况

1.有关离家时间

主要包括：被告人乐某的供述和辩解，亲属丁某、锁匠杨某、民警李某的证言，行政处罚决定书及执行回执，现场勘验检查笔录及乐某与孟某、董某某的通话记录。

主要证实：乐某最后一次离家的时间应为4月下旬的一天下午，4月22日的出警记录等证据反映出当日乐某还在家中。结合乐某5月3日将三把家门钥匙丢在孟某家的事实以及手机基站位置，能够印证乐某最后一次离家的时间应系4月下旬。

2.有关被告人乐某最后一次离家时房间及两个孩子的情况

（1）被告人乐某的供述和辩解

（结合其当庭供述情况宣读以下证据）最后一次离家时给孩子在房间内预留了一斤多鸡蛋糕、两盒旺仔牛奶，十个左右的小面包，半水壶凉开水。

离家时，把主卧室窗户的锁扣用一条布缠了起来。

（2）民警王某某的证言、执法记录仪所拍摄的视频、现场勘验检查笔录及情况说明等

主要证实：6月21日王某某进入乐某家时所看到的情况。

审判长，该组证据出示完毕，主要证实被告人乐某于4月下旬的一天下午最后一次离家时为孩子预留了少量的饮水和食物，按照乐某的供述也仅够两个孩子吃四五天的。同时，乐某为防止孩子独自跑出家门，使用布条将卧室内窗户锁定，使用尿不湿将卧室房门夹紧，客观上使得孩子处于封闭的空间内无法外出。请法庭质证。

（五）证实被告人乐某最后一次离家后未履行抚养义务的证据

1.被告人乐某最后一次离家后没有钥匙回家，也未撬过房门或找锁匠开锁

主要包括：物证钥匙、门锁、侦查实验笔录及同步录音录像；被告人乐某的供述和辩解，朋友孟某、锁匠缪某等人的证言及现场勘验检查笔录及刑事摄影照片。

主要证实：乐某于20××年3月找锁匠缪某更换过门锁，当时共有6把家门钥匙，后丢了3把。5月3日乐某将随身携带的最后3把家门钥匙遗忘在了孟某家，此后一直未取回。案发后，公安机关从孟某处调取了此3把钥匙，并由乐某进行辨认。通过侦查实验确定该3把钥匙均能打开乐某家的门锁。与乐某接触过的亲友、邻居、民警、社区干部均证实未曾持有、保管乐某家的钥匙，仅施某某在4月曾拿过乐某的1把钥匙帮忙照顾孩子饮食，后还给乐某。同时，现场勘验检查情况反映门锁及门完好无撬痕，虽在门框边发现有一缺口，但并未与锁舌、锁洞处相连，能够排除撬锁进入的情况。与乐某接触过的锁匠在5月后未曾再去过乐某家。乐某对以上事实也均予以认可。

2.被告人乐某最后一次离家后未再至常去的小卖部购买过食物

主要包括：被告人乐某的供述和辩解、证人钱某某的证言及辨认笔录。

主要证实：乐某经常至泉水新村内的两家小卖部及大队部附近的小卖部购买面包、蛋糕、旺仔牛奶、零食、香烟等物品，三家小卖部的店主均证实在2013年5月1日就未再见到过乐某了。

3.最后一次离家后的主要活动情况

（1）被告人乐某的供述和辩解及辨认笔录

（2）证人董某某、魏某的证言及辨认笔录、物证检验报告书及手机通话记录、情况说明

（3）证人陈某某、王某某的证言及辨认笔录，二人分别系星河网吧收银员、网管，证人贺某某、慈某某的证言及辨认笔录

（4）用电记录清单、现场检测电表情况通知单

主要证实：上一年12月15日至4月15日，4个月间用电量均在700千瓦时以上，但自4月15日至6月15日，用电量仅为150千瓦时。证实4月以来，乐某家的用电量较之前明显下降。

审判长，该组证据出示完毕，主要证实被告人乐某在4月下旬离家后，将家门钥匙遗忘在朋友孟某家，一直未取回。直至6月21日案发时，被告人乐某一直没有回家，除去过几次浦口区，其余时间的主要活动地点均在江宁区麒麟街道，主要在外吸毒、上网、玩游戏。请法庭质证。

二、主观心态：证实被告人乐某明知其行为将产生危害后果，但放任危害后果的发生

1.证人王某某、孟某、董某某、魏某的证言及辨认笔录

2.地图两份

主要证实：乐某家至其常去地点的直线距离，距态和足疗店3.4千米，距星河网吧、秦虹旅社、味之恋汉堡店4.3千米，距开创宾馆4.1千米。能够说明乐某最后一次离家后常去的场所距其家并非很远，其有条件回家履行抚养义务。

3.被告人乐某的供述和辩解

审判长，该组证据出示完毕，主要证实被告人乐某在4月下旬离家后

能够认识到两个孩子在家需要其抚养，也能够认识到其长期不回家喂养孩子会导致孩子因缺少饮食而死亡，从其活动地点及领取补助金的情况来看，被告人乐某虽然有时间、有条件回家履行抚养义务，但因沉溺于吸食毒品、玩乐而未履行抚养义务，放任两个孩子死亡后果的发生。请法庭质证。

三、危害后果：证实案发情况及被害人死亡原因

（一）案发及被告人到案情况

主要包括：发破案经过、到案经过，社区民警王某某、建南警务室保安、锁匠杨某的证言，执法记录仪所拍摄的视频、现场勘验检查笔录及刑事摄影照片。

（二）被害人死亡原因

主要包括：专家意见与鉴定意见。

审判长，该部分证据出示完毕，主要证实被告人乐某于 6 月 21 日被抓获归案，二被害人系因缺少食物饮水而饥渴致死。请法庭质证。

四、主体身份：证实被告人乐某自然情况、前科及刑事责任能力

主要包括：相关书证、判决书。

审判长，该部分证据出示完毕，主要证实被告人乐某的主体身份、曾受行政处罚的情况以及其作案时具有完全刑事责任能力。请法庭质证。

六、询问出庭证人的有效方法

在刑事案件中，当庭进行证人询问是一项重要的程序。公诉人应遵循程序正义原则，遵守个别询问、明确询问目的等发问规则，以确保法庭能够获取准确和可靠的证人证言。公诉人可采取以下策略来提高法庭上的当庭询问效果。

（一）直接询问与交叉询问的不同策略

直接询问又称为主询问，起源于英美法系国家的庭审实践，直接询问之所谓"直接"，是相对于交叉询问的"交叉"而言，是提供证人的一方向

该证人进行询问，在态势上与辩护人提供的证人不发生关系。对于公诉人向法庭提出申请出庭的控方证人，通过直接询问可以从证人处获得有利于指控的证言，最大限度地获得审判人员的理解，以支持诉讼主张。交叉询问也称反询问，是在审判过程中由律师对证人进行的询问，目标是瓦解对方证人的作证资格、降低对方证人的可信度并从对方证言中获得有利于本方的信息。一般情形下，直接询问通常采用开放式的问题进行提问，如使用"谁""哪里""何时""如何""为何"之类的特殊疑问词提问，充分发挥证人的主观能动性。而交叉询问主要关注证人回答问题的确切性、具体性而不是内容的全面性，则可通过封闭式的问题进行提问。

证人询问禁止诱导性问题，即将预设的答案放在问题中进行提问。如"证人××你当时听到的声音是汽车急刹车产生的声音，对不对？"这样的问题将询问者希望证人回答的答案已经预设在问题中，具有强烈的心理暗示意义，影响证人正常的思维与记忆，为法庭所禁止。

【案例：林肯询问福尔逊作证案】

林肯年轻时，作为被告人辩护律师，有一段经典的交叉询问案例。林肯曾经担任一桩"谋财害命"案中被告人小阿姆斯特朗的辩护律师，出庭为其辩护。他在查阅全部卷宗材料后，发现小阿姆斯特朗之所以被控告为被告人，关键在于控诉方一个叫福尔逊的证人证词。福尔逊作证时称，他在 10 月 18 日晚间亲眼看见小阿姆斯特朗用枪杀死了被害人。林肯对 10 月 18 日晚案发现场的环境进行分析后发现，证人不可能在如此环境中亲眼看清被告人的脸并将其准确辨认出来，证人一定在说谎。鉴于此，根据法律规定的程序和权限，林肯在交叉询问时，着重从当晚环境入手对证人福尔逊进行发问：

林肯：你认清是小阿姆斯特朗吗？

福尔逊：是的，我发誓。

林肯：你在草堆后面，小阿姆斯特朗在大树下，相距有二三十米，你能看清楚吗？

福尔逊：看得很清楚，因为当时月光很明亮。

林肯：你肯定不是从衣着等方面认清的吗？

福尔逊：不是从衣着等方面看清楚的，我肯定是看清了他的脸蛋，因为月光正照在他脸上。

林肯：具体时间也能肯定吗？

福尔逊：完全可以肯定，因为我回到屋里时，看了时钟，那是 11 点 1 刻。

林肯：这个证人是一个彻头彻尾的骗子，他一口咬定 10 月 18 日晚上 11 点左右他在月光下认清了被告人的脸。（林肯向法庭提交美国当地的年历），请大家想想，10 月 18 日那天是上弦月，到了晚上 11 点，月亮早下山了，哪里还有月光？退一步说，也许他时间记得不十分精确，时间稍有提前，月亮还没有下山。但那时月光应是从西边往东边照射，草堆在东，大树在西，如果被告脸朝大树，月光可以照到脸上，可是证人就根本看不到被告的脸。如果被告脸朝草堆，那么月光只能照在被告的后脑勺上，证人怎么能看到月光照在被告的脸上，又怎么能从距离二三十米的地方看清被告的脸呢？

法庭内发出一片哄笑声，证人福尔逊只好供认自己是被人收买来诬陷被告的，阿姆斯特朗被当庭宣告无罪释放。

在这个经典案件中，林肯熟练掌握交叉询问规则，运用了天文知识及巧妙的发问，当庭揭穿伪证，使案情翻转。

（二）证人询问环节的准备

询问证人虽具有一定即时性，但仍有必要在总体上提前制订尽量周全的提问方案。方案中列明总共需要提出多少个问题，关键问题有几个、细节问题有哪些，对某个重要案件事实的询问需要提出哪些问题；各个问题之间如何衔接与过渡。提问题的方式既可以顺时式，也可以回溯式，还可以插入式。如回溯式提问，是通过案件发生的结果开始，对后发生的事实片段提问，再回忆到先发生的案件事实。如一起故意伤害案，公诉人先从被害人的伤情开始，再问是如何造成这样的伤情，进一步探究被告人的犯罪行为。

直接询问中，出庭证人是法庭关注的焦点，那么询问过程中要始终突出证人的主体地位，不随意打断证人，让其能够完整全面回忆讲述亲身经历与感受，只要与案件有关，就让其流畅地表达，以免随意打断之后，可能扰乱证人思维或引起法庭的反感。在提问过程中要保持与证人的目光互动，通过目光表达对证人的尊重与关注，在目光互动中让证人感受到称许与关怀，同时配合证人回答适时变换提问的语气，或确信，或怀疑，或支持，进一步稳定证人的情绪，使其更自然稳定地表达，以化解法庭严肃的氛围给其带来的紧张与不安。

1. 证人回避事实问题应对法。证人回避公诉人询问的问题是常见现象。一般情形下证人与案件有利害关系，有的证人与案件犯罪嫌疑人还存在利害关系，受趋利避害等传统文化的影响，证人不愿出庭，或者是出庭后不愿多讲也属正常。公诉人一方面在庭前必须将有关思想工作做好，使得证人放下思想包袱，轻松上庭配合询问。另一方面在庭上设置问题时体现循循善诱，语气缓和，以缓解庭审过程中证人的紧张情绪，对于可能回避的事实可以采用当庭询问以往证言真实性的方式加以确认。

【法庭询问示例】

公诉人：你以往在侦查阶段的证言，是不是属实？

证人：是的。

公诉人：在审查起诉阶段，公诉人找你复核证据时，你说的是不是实话？

证人：是的。

公诉人：关于本案被告人与被害人之间的关系，你庭前做过多份证言，这些内容是不是事实?

　　证人:是的。

　　公诉人:被告人与被害人之间的这种关系,你是怎么知道的?

　　证人:被告人曾经告诉过我。

这是一起因婚外情引发的故意杀人案件,被告人在婚姻存续期间与被害人之间长期保持不正当两性关系,是本案的起因。证人张某是双方的好朋友,对于出庭作证一直心存顾虑,公诉人在庭前对证人进行心理辅导,打消其顾虑,庭上采用迂回询问方式,要求其确认其以往证言真实性,并采用循循善诱式发问,向法庭呈现这一重要事实。

2.重要事实跟踪追问法。每一起案件都存在重要与关键事实,之所以选择证人出庭,一定是与辩护人就重要事实的认定存在分歧。对于需要在庭审过程中通过当庭证人陈述确认的重要事实与关键事实,必须在对证人当庭询问过程中反复追问、加以强调。庭前询问提纲的制作必须围绕重点事实加以展开,庭上询问过程也必须围绕重要事实进行,对于证人当庭回答的重要事实部分,可以通过展开细节描写的方法,将案件"故事"中"人、事、物"真实生动地再现在法庭与旁听人员面前,使合议庭成员产生深刻印象,并加深内心确认。

【法庭询问示例】

公诉人对一起交通肇事案目击证人进行询问。

　　公诉人:证人李某,你亲眼看见了肇事车辆发案的全部经过,是吗?

　　证人:是的,当时我在现场。

　　公诉人:案发时间你还记得吗?

　　证人:是今年6月10日中午11点45分左右。

　　公诉人:这个时间你是怎么确认的?

　　证人:我家住在附近。我每天中午下班都会经过,从单位到案发地点大概15分钟,我一般中午11点半左右下班,我会步行回家吃饭,所以11

点 45 分左右，会经过案发地点。

公诉人：你下班回家路上，怎么会注意到肇事过程的呢？

证人：那天经过时，正好过马路时遇到红灯，我在等候红灯时，听到争吵的声音。我循着声音看过去，两个人围着两辆小汽车在大声吵架，我再仔细一看，好像是追尾了。

公诉人：你看清楚这两个人的长相了吗？

证人：那天天气很好，我离他们位置不远，而且当时周围没有太多的行人与车辆，我看清楚了。

公诉人：法庭上是否有你当时看到的人？

证人：有的，（指向被告人）就是这个年轻人，他开车碰到了和他吵架的中年人。

公诉人：他当时怎么会碰到人的？

证人：一开始是两人在争吵，年轻人拉扯着中年人，说要报警，中年人说"行啊"，又说自己有事，留下电话号码，并且想上车，年轻人拦着不让走，中年人就往前走，年轻人有点儿着急，说不能走。中年人不理会他，于是年轻人返回车中，径直朝中年人方向开过去了。

公诉人：年轻人开车后，你离他有多远，能看清楚吗？

证人：他开了不远，我离他们大概 20 多米，我没有看到具体是如何碰到的，但听到咣当一声，知道一定是又出事故了。

此案中，公诉人运用了"细节追踪"的询问方式，向法庭全面再现了案发当时的主要情景，而且也向法庭间接说明了证人证言的真实性、客观性，与视频资料等证据相互印证，构建完整证据链。

3. 矛盾揭露法。证人出席法庭，特别是辩方证人，受各种因素影响，有可能陈述不实事实，也有可能证言存在片面性，公诉人应努力寻找对方证人证言与客观事实之间的矛盾、与常理和常识相悖以及自身陈述前后之间存在的矛盾。通过矛盾的揭示，让证据自己"说话"，和直接说理方式相比，其客观性更强、更具有说服力，庭审效果也更为显著。

【法庭询问示例】

公诉人：你和被告人张某是什么关系？

证人：他是我的男朋友。

公诉人：你是从事什么工作的？

证人：我没有工作。

公诉人：张某是从事什么工作的？

证人：他也没有工作。

公诉人：那你和张某同居期间，他给你的生活费是从哪里来的？

证人：好像是帮别人跑运输挣的，具体我不是太了解。

公诉人：公安机关在你和张某同居的出租屋内，搜查出大量的假烟与"减肥药"，是怎么回事？

证人：是张某的，他偶尔自己也卖卖东西。

公诉人：张某有经营烟草制品的资质吗？

证人：应该有吧，他自己开店。

公诉人：你刚刚说他没有工作，现在又说他自己开店？他开的什么店？卖的又是什么货？

证人：他没有店，是自己偷偷卖的。

这是一起涉及非法经营的犯罪案件。被告人涉嫌违反国家烟草专卖法律法规，销售烟草专卖品，到案后辩解与其同居的女友是店主，具有烟草专卖资质。庭审中，公诉人对证人展开询问，通过揭露询问过程中回答的矛盾点，直接否定了被告人的辩解。

4. 对比询问法。由于受记忆、情绪等主客观因素的影响，有的证人出庭的当庭陈述与以往在侦查、审查起诉阶段不一致；对于这类情形，公诉人要将证人当庭陈述与以往侦查、审查起诉阶段的证言进行比对，并就不一致的部分重点询问，并要求证人当庭进行解释，对于事实细节前后不一致且不影响案件整体认定，可以向法庭做出说明。对于可能影响案件事实认定的当庭陈述，可进一步要求证人说明证言发生变化的原因，并向法庭做出说明，视情况建议法庭采信或不采信。

【法庭询问示例】

公诉人：你和被告人李某是什么关系？

证人：他是我的客户。

公诉人：你和他是否有不正当的经济往来？

证人：有的，我给他送过钱。

公诉人：你为什么给他送钱？

证人：他管材料采购，我希望他能多进我们公司的产品。

公诉人：你送给他多少钱？

证人：记不清了，反正不少。

公诉人：你再仔细想想？

证人：确实记不清，好像有5万元左右。

公诉人：关于行贿的金额，你在侦查阶段做到5次陈述，当时你说的是不是事实？

证人：都是事实。

公诉人：公诉人找你核证时，你说的是否属实？

证人：都是实话。

公诉人：那现在为什么记不清了？

证人：你们找我距离现在过去了大半年。三个月前，我出了个车祸，伤了脑子，有点失忆了。我说的都是实话，我送李某钱是事实，就是具体金额真有点记不清了。我看病的病历可以提供给你们。

公诉人：审判长，证人已经当庭陈述了他向李某行贿的事实以及以往供述的真实性，同时也客观陈述了对于具体行贿金额忘记的原因。公诉人认为，证人陈述完整客观，原因真实可信，记不清行贿金额的这一情节不影响以往证言的证明力，希望法庭采信其当庭陈述以及以往证言。

这是一起涉及行受贿的犯罪案件，被告人否认自己收受他人财物。公诉人当庭对证人进行询问，面对证人记不清行贿款的突发情形，公诉人及时问明证人忘记部分事实的原因，并通过比对询问，确认了其以往证言的真实性与证明力，之后在询问小结时，向法庭说明自己的质证理由，达到有力指控犯罪的目的。

七、找准法庭辩论与法庭调查的不同定位

法庭辩论是指在审判长主持之下，公诉人和被告人、辩护人就案件的事实、证据和法律适用各自提出意见并互相反驳、论辩，使法庭对被告人公正定罪量刑的诉讼活动。法庭辩论是出庭公诉的关键，公诉人在法庭辩论中的表现，将直接影响到出庭效果的好坏。法庭辩论是法庭审理中一个独立的重要阶段，其功能与作用是其他阶段都无法代替的。但公诉辩论的基础在法庭调查，公诉辩论需要立足于法庭调查阶段的示证质证的证据基础。法庭调查是通过讯问被告人、法庭举证质证调查核实被告人的犯罪事实，对于指控被告人犯罪的事实是否清楚、证据是否确实、充分，又需要通过公诉辩论环节来论证。

法庭辩论与质证环节不同。质证环节一般针对的是单个证据或者是证据组，而辩论环节针对的是整个案件的事实、证据、定性与量刑。质证环节要解决的问题是证据的合法性、客观性与关联性，法庭能否将这些证据采信，作为定案的根据；而辩论环节要解决的问题是公诉人出庭指控被告人的行为是否构成犯罪、构成何罪以及应受何种刑罚处罚，法庭能否支持起诉书的指控。所以，在质证环节，公诉人多从证据"三性"即证据属性的角度进行阐述；而辩论环节，公诉人则需要运用逻辑与思维方法对公诉理由进行论证。公诉人在法庭辩论中可以采取以下策略：

（一）先立后破，以立为主

公诉辩论与辩护辩论的思路不同，辩护辩论的思路是点状、发散的，从某一点或某几点出发，通过否定公诉主张中的某一点，达到否定公诉指控的全部或部分犯罪事实的目的。辩护辩论不需要对整个案件的所有方面进行辩论，辩护角度是多方面的、不确定的，具有攻击性。公诉辩论则要从案件整体出发，立足于案件证据体系之上进行辩论，对于被告人构成犯罪的每一个方面、每一个环节、每一个细节都必须有证据证明，公诉辩论要求具有内聚性，整个论证过程应该思维严密、逻辑严谨，所有论证的目的都是围绕公诉指控而进行，观点指向明确且唯一。

公诉辩论具有立体性、系统性，辩论思路上应该以立为主，先立后破，破也是为了立。不能只破不立，否则即使将辩护观点驳斥得体无完肤，公诉指控观点也仍然不明晰。公诉人不能认为只要将辩护主张驳斥了，就自然建立起公诉指控的地位。其实，辩护观点未得到法庭采纳，并不必然导致法庭采信公诉主张。只有通过法庭辩论，边立边破，在向法庭论述公诉主张的体系性与完整性的同时，对辩护观点进行反驳，才能达到维护公诉指控的目的。

向法庭充分阐述公诉主张，必须说清楚五个方面：一是证据是否确实、充分。对法庭调查阶段的被告人的当庭讯问、向法庭出示的证据进行体系分析，证据体系内各种证据间的关系、证据链之间的关系，进行全面的阐述。二是犯罪事实、情节是否清楚。起诉书指控的犯罪事实，经过法庭调查阶段，所有的犯罪事实是不是都向法庭说明清楚了，被告人当庭提出的辩解，对认定本案的犯罪事实有无影响。三是法律适用上罪与非罪、此罪与彼罪，对被告人行为定性。结合刑法与相关司法解释的规定，从构成要件的角度深入地分析，向法庭表明起诉书对被告人的指控是准确的。四是刑罚适用。量刑建议书上对被告人建议量刑的依据，对被告人从重、加重或者从轻、减轻的情节向法庭逐一进行说明。五是反驳辩护人不合理的辩护意见。对于辩护人向法庭提出的辩护意见可以逐条进行说明。

（二）聚焦重点、焦点进行答辩

经过法庭调查以及庭前听取律师意见，在开始法庭辩论之前，公诉人应当明确法庭关注的案件重点，而就这些重点形成的争议焦点，应当形成答辩提纲。即使不能 100% 预测庭审中辩护人的辩护观点，但万变不离其宗，辩护观点中绝大部分应该与庭前预测的一致。而且庭前准备得越充分，庭上与辩护观点的契合度就越高。辩论的重点是那些影响公诉主张成立与否的关键事实与情节，它可能涉及某节犯罪事实能否认定，可能涉及某份证据能否采信，还可能涉及某个量刑情节是否成立，以及指控的罪名是否适当。

对公诉人而言，法庭辩论的对象虽然是辩护人，但公诉辩论的最终目的是说服法庭而不是辩护人。也就是说，有可能即使公诉人在法庭上言辞犀利、占据上风，但观点得不到合议庭的认可；相反，也有可能辩护人不同意公诉人意见，但法庭认为公诉人观点有理，可以采信，根据控方的观点和理由对案件作出判决。所以，在法庭辩论环节，公诉人既要重视争议焦点，更要重视案件重点，并努力将争议焦点与案件重点的内容相互统一，相互转化，使法庭能够通过法庭辩论环节聚焦案件重点，并能够系统、全面了解案件的事实与证据，公诉人在法庭辩论过程中要做到既争议明确又重点突出，将法庭庭审的节奏牢牢地把控在自己手中，而不能被辩护方辩护观点带走。

进行法庭辩论过程中，公诉人阐述案件重点时应关注答辩层次的逻辑性。如对证据体系进行分析，应重点答辩向法庭出示了哪些证据，这些证据证明了被告人什么行为，证据之间体系的形成，证据为何达到确实、充分的程度。如对案件犯罪事实进行分析，应重点答辩以证据为基础，形成的案件事实全貌；各被告人的犯罪行为、造成的后果，在案件中的地位、作用，犯罪行为与犯罪后果之间的因果关系。如对案件法律适用进行论证，应根据法律规定与犯罪构成要件重点答辩，结合全案事实，全面分析被告人客观行为与主观故意，结合法理、事实、证据与法律规定层面，证明被告人的行为构成犯罪、分析论证被告人行为应适用的法律条款及其理由，以及应承担的法律责任。如对被告人量刑分析，应重点答辩影响量刑轻重的法定情节和酌定情节，对被告人犯罪的动机、原因、有无前科、犯罪后的表现等问题作出具体分析，客观公正提出被告人具有的应当或者可以加重、从重、减轻、从轻、免除处罚的事实理由与法律依据。

（三）二轮答辩中的"答"与"不答"

法庭辩论阶段控辩双方立场与观点不同，决定了控辩双方的语言风格具有对抗性。在司法实践中，在二轮答辩中，公诉人会有两种倾向，一种是"沉默是金"，无论辩护律师如何"挑衅"，我自"岿然不动"不予应答，只说"公诉意见已经全面表达，没有补充"，认为只要不回应就不会出错。另一种是"全盘否定"，不分重点，不讲策略，最终该答辩的没答辩，反而让辩护人抓住逻辑漏洞，进而再次反驳。其实从法庭辩论发言顺序看，法律规定由公诉人先发表公诉意见，已经确立了公诉人在法庭答辩环节"以我为主"的主导地位，二轮答辩是一轮公诉意见的补充，在公诉意见对事实证据、法律适用充分论证的基础上，应该更为聚焦，做到有所答有所不答。其中必须回应答辩的情形有：歪曲与否定案件事实的、对证据采信评价错误的、对罪名提出异议的、对适用法律具体条款有分歧的、对法律法规和刑事政策进行错误解释的、对量刑情节适用存在分歧的。同时，对以下情形则可以不予答辩：与本案认定的事实无关的、与本案有关但与定罪量刑无关的、始终纠缠无法查清的事实且与定罪量刑无关的、提出不合理假设的辩护意见、对不影响定罪量刑的细枝末节提出的辩护意见、符合事实与法律法规的正确辩护意见。当然，对于不予答辩的相关内容，公诉人需要在二轮答辩过程中简要说明不予详细阐述的理由，以避免法庭合议庭产生公诉人不敢应对的误解。

（四）答辩中的情法并蓄

公诉人在法庭辩论环节为定罪提出根据，应善于从法学角度解释与运用法律、法规，但绝不是说在辩论中不要感情，不必运用感情。因为法的本质是统治阶段意志的体现，从认识论角度看，这种意志的体现是从感性认识上升到理性高度的。私情会使人漠视法律，但正义之情能引导人们建立法治理念，从而遵法、守法。有的公诉人在法庭辩论阶段给听众产生刻板与缺乏说服力的印象，就是因为公诉人答辩的语言侧重于法律术语，忽视对人情感的激发，不能有效引发旁听者的内心共鸣，甚至引起逆反心理，辩论效果适得其反。出庭本身就是体现公诉激情的工作，应当将感性思维融入理性思维之中，既体现"侠骨"又体现"柔情"。

情法并蓄，其中的法是指证据的使用与法律的释明，其中的情是指对事实的评价应体现的正义之情。尤其是对辩护人的抒情，公诉人要用高尚的大众之情来帮助旁听群众作出比较，从中获得符合社会价值理念的收益。我们可以因案而宜，从案件的具体危害与细节描述上来刻画出生动的反驳内容。对于辩护人过分和狭隘的煽情，公诉人应从大众情绪上挖掘社会价值层面的内容，选择高于辩护人价值的层面，用得体的理念与情感反衬出辩护人"小家之情"不可取。而对于辩护人具有鼓动性的片面观点，公诉人则要注意观察旁听群众的临场反映情况，必要时采取提醒的方式，及时将法庭的注意力集中到答辩上来。

（五）法庭答辩说服力的产生

公诉人答辩是反驳辩护人，是向合议庭陈词，更是与旁听者甚至社会大众的对话，因此答辩的说服力至关重要。答辩要具有说服力，首先公诉人在庭前就应当做到对案件材料了如指掌，不能忽视任何细节。有时一个细微的细节，往往会成为在法庭上取胜的关键。公诉人应正确评价与案件相关的全部事实，反复推敲可能会引起争议的、与定罪量刑有关的所有材料，准确取舍，才能做到胸有成竹。其次，说服力来自公诉人在答辩时真诚的态度。真诚的态度能吸引合议庭与旁听者的注意，赢得他们的尊重与好感，让我们所表达的内容更具有持续的可信性。法庭与听众，对于该驳不驳、驳不得体的公诉人，都不会产生好感。而公诉人只有持着对法律的敬畏、对法庭真诚的态度，才能答辩得当。最后，说服力还来自最有效的表达形式，可信的论据只有通过最有效的表达方式才能产生对法庭最有效的说服力。公诉人在答辩时注意遣词造句与逻辑修辞，多使用一些比较性的表达方式，更容易将道理说清讲明。

八、自然运用身体语言，为"气场"加分

张熙怀在《公诉精神》一文中说道，公诉人"惟有挺直你的腰杆，双眼炯炯有神直视，口语清晰有力，才能充分展现出你的自信，被害人相信你的能力，被告凛于你的威严，辩护人钦佩你的风范，检察官的精神油然而生。"可见，公诉人庭上从容不迫、指控有力、张弛有度，气场充足，不仅需要良好的语言表达，也需要身体语言的合理运用。开庭过程中，公诉人适当运用眼神与身体语言，与审判人员形成有效互动，同样可以增强审判人员在庭审过程中自然而然形成的内心确信，达到良好的庭审效果。

（一）眼神的运用

庭审中应该始终保持目不斜视，无论面向谁发言，身体的胸肩部位尽量正对着他，显得自信沉稳。发问过程中，要格外重视眼神运用在整个法庭氛围中的作用，以强化语言表达所无法传达的细微情感。讯问被告人，眼神要正视直视，当被告人闭而不语或者试图反驳狡辩时，在转换问题角度追加讯问的同时，我们的眼神也应勇于和被告人正面交锋，表现得更为犀利坚定，一般当直视三至五秒钟时，被告人都会主动避开，或者转移侧方或者低下头去，此时大多数被告人也会将供述的内容回归到客观逻辑中来。公诉人与辩护人交流或对抗的时候，眼睛也要正面注视着对方，这既是一种尊重，也是庭审的礼仪。对于重要观点的表达，

公诉人还可以将目光投向观众席与审判席，与审判人员、人民陪审员、旁听群众形成眼神交流。如果是一对多的眼神交流，目光可按一定方向，自左向右或者自右向左，依次投向每一个审判人员。在与审判席、旁听席进行目光交流的过程中，有时可以捕捉到他们的细微反馈，从而更加坚定我们的指控主张。

（二）面部表情的运用

庭审中最大的禁忌是"笑场"，无论被告人回答或者出现其他状况显得多么滑稽可笑，我们都得始终保持肃穆庄重的表情。面对被害人、证人以及鉴定人，我们则应尽可能采用友善的表情。在整个庭审过程中，还应尽量掩饰自己的心理活动，特别是出现辩护人表达不妥当的不利状况的时候，一定要保持淡定，喜怒不形于色。

（三）身体语言的运用

发言中配合一定手势，可以达到辅助情绪表达的作用。在讯问、询问以及发表公诉意见环节，公诉人根据现场语言表达的情绪流露，自然举手或者转身侧向观众席或者审判席，可以通过身体语言与审判人员进行互动，同时也提升审判人员对公诉人现场表达内容的关注度，产生更好的庭审效果。当需要举手向法庭示意时，也应遵循一定的礼仪：手掌平直，举起超过眼眉部位，在面部正前方停留，必要时可以轻微晃动以提示审判长注意。

（四）抬头发言

开庭前，公诉人已经准备好"三纲二书"。根据出庭规范，公诉人应当宣读起诉书，讯问被告人，向被害人、证人发问，出示物证，宣读证言笔录、鉴定意见等证据材料，发表质证意见，对证据和案件情况发表意见并且可以和辩护人相互辩论。其中，起诉书是以检察院名义制发并加盖公章后送达法院，公诉人只能原文宣读，无权擅自更改；而质证意见、公诉意见、答辩意见无此要求，更多的是公诉人对于事实和法律适用的论证和说理，有非常明显的个性化特征，所以低头读并不合适，抬头说则更为适宜，将证据事实、法律适用条分缕析地即席表达，庭审应对才会取得更好效果。抬头发言，不仅能体现对证据、事实的自信，加之眼神的交流，更能传递语言的感染力。当然，抬头发言不等于全程脱稿。公诉人在庭审中是说话最多的人，甚至多到可能会占据庭审人员发言总和的 80% 以上，全程脱稿这样的"记忆极限挑战"，不可能做到，更加没必要。即使是宣读起诉书与证据，在段与段之间停顿前的最后一句，抬头发言同样不影响表达的流畅性，反而通过适当的停顿，给合议庭与旁听群众一定反应思考的时间，更有利于指控主张的传递。

第三节　文书制作能力：
做好高质效办案的优秀"答卷"

现代法律的核心价值是公平正义。在刑事诉讼活动中，公平正义的精神之核依赖于法律语言来呈现与传递，而当事人和社会大众也正是透过法律文书的字里行间，感受与感知到公平正义的精髓。在推进全面依法治国的进程中，看似承载着静态公平、正义的法律文书，因始终贯穿于监督办案之中，实则动态诠释着司法理念、价值与立场。新时代检察工作的发展，对法律文书制作能力提出了新的更高要求。一份格式规范、逻辑严密、说理透彻、论证有力的刑事检察文书，不但体现文书制作者的文字底蕴，而且可以充分展现刑事检察官的人格魅力。刑事法律文书要体现严谨性，一丝不苟、滴水不漏，即使用最苛刻的眼睛也难挑得出细小的疏漏；刑事法律文书要体现形象性，刻板僵硬的法条在这里变得生动活泼，让人民群众真正感受到公平正义是用"看得见的方式"实现的。起诉书、公诉意见书、检察建议书这三种对外的刑事法律文书，既是刑事检察官履职过程中最常见的三种传统经典文书，又是需要不断与时俱进、丰富时代内涵、体现高质效办案的三份基础答卷。

一、起诉书：刑事检察"第一"文书

起诉书对于刑事检察人员而言，具有特殊的含义。起诉书是检察机关提起公诉的正式法律文书，是检察机关提起公诉的标志，也是检察机关代表国家指控犯罪并将被告人交付审判的标志，是根据事实说明、追究被告人刑事责任的理由和根据的一种结论性请求书，是审查起诉工作的终极产品。刑事检察工作中的起诉书制作质量的高低，直接影响到公诉指控的质量，是体现高质效办案的重要标准。

类比犯罪构成要件的主观要件与客观要件，起诉书的制作也可以讲求"主观要件"与"客观要件"。"主观要件"就是指承办检察官的自我要求立足是将起诉书按部就班地完成，还是制作出高质量的起诉书。"主观要件"有两方面内涵，一是责任心，二是完美心。责任心是作为公诉人最基本的要求，也是职业要求使然。能否准确地认定事实是一份责任，能否正确地适用法律是一份责任，能否制作一份规范的起诉书同样是一份责任。起诉书承载的特殊属性决定了起诉书的制作责任重大。而在责任心与完美心的"主观支配"之下，也存在与之对应的几种"客观要件"，即为制作这类特定的文书，在制作过程中所必须遵守的要求。从客观要件看，与责任心所对应的是规范与准确，与完美心所对应的是逻辑、修辞、句式与布局。

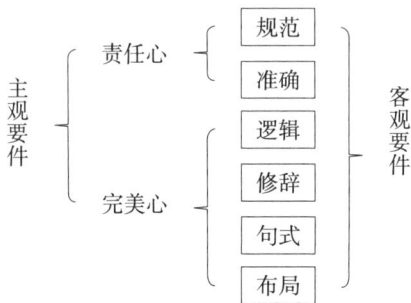

（一）规范

规范是对检察工作最基本的要求，是检察机关一切执法行为的准则，起诉书的规范程度和制作质量不仅直接体现公诉工作水平和公诉人素质，更直接关乎检察机关整体形象和刑事诉讼活动的威严性。起诉书的规范包括格式规范和语言规范。格式规范是结构与形式要求，语言规范是对裁判文书的文字、语法要求，体现文书的严肃性。起诉书的语言特点就是要体现法律的庄重性与公正性。用词准确简练、文风庄重质朴，有着浓厚的法言法语。

明代刻本《肖曹遗笔》中就提出书写诉状的十个要领，即"作状十段锦"。它包括"案由、由来、时间、犯罪发端、发展和构成、得失、证据、论断、要求、目的"十个内容，且认为写状子关系到诉讼胜负，一定要写得合乎款式。文书表达不可过于口语化，否则会显得语气拖沓、结构松散，影响文书的庄重、简练与严肃。起诉书的公文性质决定了叙述事实应当使用书面语言，语言规范、得体，表述"恰如其分"。如一份涉嫌抢劫罪的起诉书，表述被告人犯罪行为时，若用"被告人拿出刀子吓唬被害人"的表述，这样的表述就不够得体规范。如"吓唬"这个词语一般是口语化表达，在起诉书中描述案件当时的情境也不一定最为准确，但若使用与犯罪构成要件更为一致的书面语言则更为合适，如"恐吓""威胁"等词语则更为合适。此外，还可适当地运用一些文言词语，如系、均、告知、图谋、在逃等，让表达简洁流畅。

（二）准确

准确是起诉书应具有的另一基本要求。起诉书应尽量使用叙述性词语，避免使用评价性语言。一方面，避免使用带有褒贬色彩、道德评价的词语，如"密谋""气急败坏"等，另一方面，应避免使用修饰性语言，如"天气阴沉""心怀不轨"等。现代汉语中的大量近义词之间词义相近，有时只有一字之差，但所显示的法律语义却大不相同，使用时应当仔细斟酌相近词语，避免歧义。对案件犯罪事实叙述的任何一点含混，都可能因产生理解上的分歧而给审查起诉工作造成被动。如表达"骗"的意思，就有"欺骗""哄骗""诱骗""诈骗"等词语，虽然都是用来表达犯罪分子虚构事实、以假乱真的手段，但必须根据案情实际选择最恰当的词语。又如"指使""授意""唆使""煽动""怂恿"等词语，都有表达犯罪分子唆使他人进行犯罪活动的意思，但唆使的状态与程度是存在差异的，因而在词语选择时应根据犯罪嫌疑人对教唆者的客观行为、地位作用进行判断。

语言艺术家的技巧就在于寻找唯一需要的词和唯一需要的位置。公诉人在制作起诉书时，也应该像语言艺术家一样，处处注意锤炼词语，努力寻找"唯一需要的词"，并将其安放在"唯一需要的位置"上，力求做到下语如铸，一字不易。汉语中往往存在多个词语意义相近的情形，同时许多词语本身又具有丰富的内涵，如何在众多的词语中选择最精当的词语用于表述，需要反复地甄别、推敲。

（三）逻辑

起诉书的文字表达是公诉思维的产物，起诉书要求公诉人将清晰的法律思维与完备的法律知识相结合，呈现给当事人和社会一篇具有说服力的文字。文字是表达"意"的，学会掌握正确的文书表达方式，使文足以载道，足以表意是公诉人文书制作技能的核心问题。由事而理，依理而断，"事"与"理"就是起诉书撰写中的重点，掌握好"起、承、转、合"。案件案由、犯罪嫌疑人基本情况、诉讼过程的介绍，谓之"起"；接着，叙述案件事实，称为"承"；承接案情事实，转入证据罗列及阐述理由，称为"转"；最后，得出结论性意见，称为"合"。各部分之间逻辑分明、一脉相承。在逻辑体系建立的框架之下，"承"的部分是起诉书的核心，因为指控犯罪的主导责任的体现正是基于此。

犯罪事实部分的撰写有章可循，这个"章法"正是基于公诉思维。一是锁定犯罪事实应以犯罪构成要件为基础。为了在起诉事实与指控犯罪之间建立直接而准确的映射关系，必须在犯罪构成要件指导下叙述案件事实。起诉书的叙写有两根线，一根是明线，即"七何"要素，包括何人、何时、何地、何故、何行为、何对象与何结果。另一根则是暗线，即犯罪构成要件，必须围绕构成要件是主客观要件、因果关系等重要内容展开叙述，以便可以清晰地表达是何种犯罪，并可区分此罪与彼罪。如在放火案件中，对被告人犯罪动机、目的、主观认识、具体行为、犯罪后表现等应描述清楚完整，以区别被告人的行为是放火罪而不是失火罪。二是全面叙述案件事实应坚持客观公正立场。根据"明线"与"暗线"要素，基本可以将影响定罪量刑的事实和情节予以表述。但同时还需进一步分析案件社会背景，对于影响案件犯罪行为发生的背景因素仍需表述清晰。如案发前邻里之间的长期矛盾、婚姻家庭内部的矛盾冲突、当事人之间的情感纠葛、债务纠纷等，这些案件的前因表达清晰，有利于更完整地反映案件全貌。比起在起诉书中仅表述"因故"二字，这样的表述更加能得到当事人以及社会大众对案件处理过程及结果的信服。此外，对于被告人犯罪之后的表现，如自动到案的过程、检举揭发、退赃退赔、取得被害人谅解等有利于被告人从宽处罚的情节，同样应当在起诉书予以表述，以体现客观公正的处遇原则。

（四）修辞

起诉书不仅需要准确传达法律信息，还需要具有一定的文学美感。适当的修辞运用，可以使文书在表达上更加丰富多彩，增加文书的可读性，提高文书的整体表达效果。准确使用修辞，重点不是华丽的辞藻，而是注重篇章结构的条理与逻辑。重视四字结构，增强起诉书的表现力。四字结构，是由四个字构成的，它是汉语广泛使用的一种特殊结构，在公文尤其是司法文书中经常使用。四字结构具有特殊的修辞效果，简明扼要，含义丰富，音节平衡，容易上口，因此在司法文书中广泛应用。例如，起诉书中常用的有"翻墙入院，掏洞撬锁，乘人不备"等。还可以通过增减文言虚词等方式，将二音节词或三音节词组转化为四音节词组，如将"摔倒"改为"摔倒在地"；将"持砖头"改为"手持砖头"；将"行人"改为"过往行人"；将"不计息"改为"不计利息"；也可以将五字音节词组改为四字词组，例如将"应予以维持"改为"应予维持"。

通过使用四字结构，使起诉书读起来音调铿锵，婉转相承，典雅庄重，既增加文韵美，也增添可读性。一份兼具形式美和音调美的起诉书，无疑更具权威性和说服力。

（五）句式

选择合适句式，体现法律文书特点。法律文书因为普遍使用并列结构和复杂的同位成分，复杂的附加、修饰成分，句子一般都较长。通常情况下，起诉书事实表述部分多使用长句，因为长句可以把丰富的内容在一个单句或复句中表达出来，语气连贯，条理清楚。但运用长句时，要注意句子结构完整以及表意是否清楚。一起掩饰、隐瞒犯罪所得罪起诉书事实部分只有一个长句："2019年下半年，被告人李某明知是犯罪所得的赃物，仍将合计六部助动车、摩托车先后低价销售给同厂职工，共计价值人民币13000余元。"此句偷换了主语，主语由被告人转换为车辆，同时还存在表意不明的问题，造成无法明确认知这13000元是销赃价格还是赃物本身的价值。可以修改为，2019年下半年，被告人李某明知是犯罪所得的赃物，仍将六部共计价值人民币13000余元的助动车、摩托车先后低价销售给同厂职工。所以，有时并不是句子越长越好，长句的缺点在于结构复杂、层次复杂，汉语词序、语法关系不容易处理好。长句必须符合一般人的朗读习惯，不宜过长，因为起诉书不仅是用来看，在庭审法庭阶段还要宣读起诉书，而一句过长的句式在朗读过程中一定会气息不畅，从而直接影响整体表现力，所以长句以符合朗读习惯为前提。

此外，起诉书事实表述贵在客观、全面、准确叙述，不苛求语言的艺术化，因此宜多用散句。散句之间结构不同、长短不一，散句与整句结合可以使得节奏鲜明、气势贯通。

（六）布局

合理布局谋篇，脉络井然。层次是指起诉书中叙述有关犯罪的事实内容的先后次序，要通过层次安排，一层一层地将案件事实有步骤地表达出来。根据不同的案件情况将起诉书叙述的事实分成不同的段落，不同的段落叙述不同的内容。犯罪事实过程简单的，可用一个段落叙述；犯罪事实过程较复杂的，应当根据内容需要分段落叙述。犯数罪的，为使层次清楚，每一犯罪事实应分段叙述。起诉书作为一个整体，各部分有各部分的作用，既相互独立，又相互关联，彼此呼应。

　　起诉书犯罪事实部分的布局尤为重要。对于犯罪事实简单的案件，在犯罪事实部分只要将相关要素写明即可。对于复杂的案件应当考虑相应布局。首先是写好事实的开头部分，复杂的犯罪事实写作的开头方式有两种：一是概括式的开头，又称总揽全局式开头。起诉书犯罪事实部分的开头使用纵览全文的方式揭示案件的概貌，可以使人们获得案件的总体印象。二是介绍式开头。在起诉书犯罪事实部分的开头交代人物关系、事物背景，为以后的犯罪事实的展开叙述打下基础。在具体层次上，叙述犯罪事实多以时间顺序安排层次。对于复杂的犯罪事实如被告人犯数个罪、实施数个犯罪行为等也可采取以下两种方式：一是并列式层次，主要在被告人实施多种犯罪时以不同段落分别列述不同的犯罪事实、罪名，一个段落叙述一个事实或者一个罪名，它们之间互不冲突、互不关联。二是总分式层次，先对被告人犯罪的情况进行总体概括，然后分别叙述被告人的每次犯罪、每种犯罪的具体情形，最后加以总结概括。

　　确定好起诉书的布局要妥善安排组织相关的内容，除将案件发生、发展的过程叙述清楚之外，还要注意为起诉书的起诉理由提供准确、充分的论据，使起诉书的案件事实内容来源有所依据，使其所指有所归宿，做到前有交代、后有着落，即做好各个部分之间的照应。起诉书的前后照应包括四种情形：一是被告人基本情况与案件事实的照应。被告人具有特殊主体身份，其职务便利就是犯罪事实的重要内容。如果被告人主体身份没有在被告人基本情况部分写明，特别是被告人实施犯罪行为的身份与侦查阶段、审查起诉阶段的身份不相同，尤其需要在案件事实部分交代以做好前后照应。二是被告人基本情况与起诉理由的照应。被告人有关基本情况可以表明被告人具有相应的量刑情节，对此在起诉理由中应当予以写明。如被告人基本情况中表明被告人系未成年人或者具有累犯等情节，在论述起诉理由时对此应当引用法律规定予以阐明。三是案件事实与起诉理由的照应。起诉书指控犯罪的内容应当为起诉的理由提供依据。如指控犯罪事实中各种情节在起诉理由中应当充分表述，在案件事实叙述时写明被告人具有投案自首、揭发他人违法犯罪的立功表现，这些内容就为在论述起诉理由时认定自首、立功提供了依据。相反，如果在案件事实中未写明上述情节，在论述起诉理由时突然引用法律规定认定上述情节，则会使人感到突兀，有时也会因此出现疏漏和破绽。四是起诉书的论点与引述的法律规定相互照应。起诉书指控具体犯罪的主张应当与构成何罪的结论保持一致，如果起诉书叙述的犯罪事实是绑架，引用法律却得出抢劫的结论，二者互不照应，这样就会造成论非所结。

【减少起诉书差错需要注意的细节】

一是格式。起诉书的格式有严格的规定，被告人基本情况、案由与案件来源、案件事实以及起诉根据与理由，几个部分之间以及每个部分的具体内容都有规定，不能自创与随意修改。

二是文字。起诉书是刑事审判程序正式启动的标志，更是公诉人出庭支持公诉的根据和中心，起诉书应杜绝任何文字上的差漏。重点审查文字表述是否规范、准确，是否有错漏，数字、字母的书写是否正确。

三是强制措施情况。重点审查刑事拘留与刑事逮捕时间记载有无错漏，实际执行时间要与卷宗中执行通知书中被告人签字的时间进行核对。

四是事实表述。重点审查所表述内容，如时间、地点、人物、起因、过程、结果等要素是否齐全，表述内容是否有充分证据予以证实，前后事实逻辑是否存在矛盾。

五是法条引用。起诉的根据和理由，是起诉书中重要部分。引用被告人触犯的法律条文要具体，如果条文之下有款应当引用到款，被告人量刑情节的论述，也应当具体说明法律根据的条或款。所有引用的法条内容，都应经过反复的确认与核对。

六是论理理由。这部分包括被告人触犯的刑法条款，犯罪的性质，法定从轻、减轻或者从重处罚的条件，如果是共同犯罪，还包括各被告人应负的罪责等，需要重点审查论理理由是否准确、充分。

七是证据罗列。重点审查事实与证据罗列的顺序与方式。如果只有一笔犯罪事实，可以直接列举所有证据；对于有多笔犯罪事实的，可以将证据按属性进行分组，按照组别列举在相应犯罪事实之后，每组证据按法定证据的顺序进行排列。

八是前后逻辑。起诉书虽然各部分内容分明，但各部分之间是存在内在逻辑的，从事实到证据到法律适用，法律适用的基础是事实与证据，事实与证据之间、事实与法律适用之间，应关注条理是否清楚、前后表述是否矛盾、逻辑是否合理。

二、公诉意见书：公平正义的"宣誓"书

公诉意见书是在法庭辩论环节，就案件事实、证据、法律适用等问题集中发表意见时所使用的文书。公诉意见书具有"双面"性，一面是对起诉书内容的深化，起诉书无论是在事实、证据以及法律适用层面，都注重精练，所以在事实细节的表述、证据所证明内容的阐述以及法律适用理由的论述方面，都不可能深入，而这些内容，均可以根据案件本身以及法庭审理中重点、争议焦点，在公诉意见书中得到进一步的补充。公诉意见的另一面是法治宣传的重要形式，一份好的公诉意见书，就是一部经典的法律实践教科书，是一篇可以融法、理、情来宣示公平正义的演讲稿。通过对被告人犯罪行为危害的剖析、犯罪成因的分析等，对旁听群众进行法治宣传教育。

公诉意见书制作的重点在于说好"三理"。说理，是运用概念、判断、推理等方法进行综合分析、议事论理。公诉意见的"三理"是指公诉意见要体现事理、法理、情理。其中，事理揭示的是事实真相，法理显示的是法律依据，情理蕴含的是人之常情。对于三者之间的关系，如果说事理是"筋骨"，法理就是"灵魂"，而情理则是"血肉"，三者缺一不可。三者兼具，才能让公诉意见生动、鲜活与深刻。

（一）事理

对任何案件的处理，有赖于案件性质的认定，而案件性质认定的基础是犯罪事实的确认。说清事实确认的过程就是事理。事理是事情的来龙去脉，前因后果。根据证据认定的事理，就是法律真实。事理是所有道理的基础，事理说不清，案件办理就失去了根据。"以事实为依据、以法律为准绳"，其中"以事实为依据"就是"以法律为准绳"的前提，只有前提清楚，才能适用准确。而我们经常说"事实不清、证据不足"，就是指事理没有清楚。起诉书中记载的事实不会阐述详细的细节，而法庭争议的焦点很多情况下都是对案件证据是否足以认定某个事实产生不同的认识，在发表公诉意见时，需要围绕这些不同认识说清事理。所以，公诉意见中陈述的案件事实是法庭调查阶段的查明的事实，未经法庭质证的事实不得用于说理。这些事实要经过提炼，与定罪量刑相关的才是"有用"的，其他与犯罪构成要件、与量刑情节无关的事实不需要引用。

说清事理，公诉人应建立以证据为核心的说理方式。证据是认定事实的基础，案件事实是依据证据来说明的，查明事实，也是通过证据审查最终认定事实的过程。在庭前，应讯问犯罪嫌疑人与听取辩护人意见，如果与辩护人就案件事实认定未达成一致意见，则公诉人制作公诉意见时，要着重就认定不一致的指控犯罪事实展开论述，而论述的基础就是案件审查时在案的证据，特别是争议的焦点，都有哪些证据证实，为什么这些证据可以证实，这些证据与事实之间是什么关系，证据与证据之间又是什么关系，证据是否充分等，而通过将这些问题论证清楚了，才能固定指控的犯罪事实。千万不可简单地认为，因为案卷都记载了，所以不需要深入论证，而只笼统地表述为"上述事实，有书证、物证、证人证言等证据证实"，或者"上述事实，在案证据足以认定"，不进行事理的论证，这样的公诉意见就会显得"苍白"。当然，公诉人阐述事理，也应当客观全面，不论是定罪部分的事实，还是量刑部分的事实，公诉人在制作公诉意见时应当充分引用。

（二）法理

法者，天下之理。法理，包括法律原理、法律原则、法治精神、法治原则以及法律规定。公诉意见需要我们条分缕析地讲清法理。既包括直接引用和论述案件相关的法律规范的准确含义和意义、法律适用的理由根据，也包括揭示法律条文内在的或者背后的法理，或公平正义，或公序良俗，或权利保障等法治核心价值。

定罪量刑是复杂的判断过程，公诉人需要将定罪量刑的法律依据结合案件事实在犯罪构成上详尽说明，也就是在犯罪构成事实化基础上，引用法律依据对照解释。如果仅仅进行犯罪事实的罗列，而不进行法律适用的论证，结论不仅不会自我呈现，更会产生断裂感，公诉意见缺乏逻辑，也无法以理服人。法律适用需要解释，立法者是依据蕴含着法律需要的社会生活现象进行分析归纳后进行立法，司法者则是需要将法律规定还原至社会生活的应用场景中运用，而面对被告人或者社会大众，他们都是非法律人，当无法运用法律思维读懂法律规定时，这时公诉人的责任就是运用专业能力理解法律后，在法律规定与案件事实之间建立联系，将这种"联系"阐述清楚的过程，就是说清"法理"的过程。所以说，公诉人办案既要通过法律指引评述案件事实、判断是非曲直，又要将抽象的法律条文具体化。

讲明"法理"应当兼顾立论与驳论的综合运用。立论是运用证据证明论点的方法，是直接了当阐述自己观点的方式。起诉书是立论式的文书，公诉意见作为指控犯罪的补充文书，当然也需要沿着起诉书的立论方式，对法律适用的理由进行正面直接的具体分析。首先需要结合犯罪构成要件，分析案件行为主体所实施的行为，这是立论后说理的基础，其次将被告人的行为与犯罪构成要件之间的对应关系深入阐明，为什么与该法律规定建立联系，通过说理对案件事实进行法律的分析判断，这是说理的核心。此外，在论理过程中，要结合辩护人意见与被告人辩解，进行驳论式说理。只立不驳，公诉意见只说清了自己的观点为什么正确，但没有说清辩护人的观点以及被告人的辩解不对。其实，说清了被告人的辩解不合理、辩护人的意见不正确，可以从反面进一步强化公诉指控的正确性。有的公诉人习惯将驳论多运用在法庭辩论的第二轮答辩阶段，否则怕到了二轮答辩环节时无话可说。但从法庭庭审各阶段的任务针对性以及各环节之间的连贯性而言，针对辩护人在庭前已经提出的法律适用不同意见以及法庭调查阶段的质证意见，公诉人在制作公诉意见时应将辩护人的不同意见综合考量，作为公诉意见论理的一个部分。但当庭可以根据实际情况，选择在公诉意见发表阶段发表还是在第二轮答辩时发表。写好驳论部分，需要在庭前深入研究辩护人意见与被告人辩解。如果对于辩护人提出的意见不采信，那么作出这个结论的依据是什么？辩护人认定的犯罪事实不完整，是什么原因造成的？本案的证据有哪些？辩护人没有关注到哪些证据？而这些证据对于认定本案事实所起的作用是什么？抑或是同一份证据，辩护人看待的角度有什么不同？辩护人在哪里"断章取义"而造成事实认定不够客观？辩护人所适用法律与公诉指控的法律依据有什么不同？对同一个司法解释的适用，辩护人是因为什么得出了偏颇的结论？驳论的论证是一个综合运用概念、论据进行判断推理的过程，任何的不严谨都可能出现漏洞而导致反驳无力。所以反驳时一定要有的放矢，切不可泛泛而谈，无论是法律适用的实体还是程序方面，聚焦精准后才能达到预期目的。同时，在反驳中要充分结合立论观点，既说清辩护人未正确适用法律，也说清公诉指控的正确性。

说清"法理"的方法有多种，包括分析法、列举法，以及引证法等。制作公诉意见时，可以根据需要综合运用。如运用分析法，对基本事实进行剖析，对罪名概念进行评析，对法律适用相关问题进行逐层分析，深刻地讲明法理。又如运用列举法，在论证说理过程中将犯罪事实与证据列举，结合法律规定进行分析，事实与证据本身就是论证的论据，要想指控的论点站得住脚，论据不可缺少，而经过理由部分的论证后，可以更牢固地树立公诉指控。引证法则是引用法学理论、科学公理以及社会普遍遵守的常理、规范，对法律规定进行深入的解释，以论证指控的正确性使用引证法，所引用的内容一方面要真实可信，另一方面要得到普遍的认同，不能是一家之言。制作公诉意见时，一般是综合几种方法，使论证的过程论据充分、逻辑有力。

（三）情理

法律并不是冷冰冰的条文，背后有情有义。要坚持以法为据、以理服人、以情感人，既要义正词严讲清"法理"，又要循循善诱讲明"事理"，感同身受讲透"情理"，让当事人胜败皆明、心服口服。事理、法理、情理，共同组成公诉意见书强大的生命力。公诉人首先是"人"，是人就会有情感，对于所办案件就会产生除法律理性评价之外的道德感性评价，情理所体现的是公诉人充满感性的一面。这种感性是公诉人根据案情以及被告人的犯罪行为，在法律规定、法学原理之上，进行社会道德规范分析评价，得出符合社会公序良俗的结论。这是公诉人对法律解释的结果，也是公诉人自我内心良知的折射。"情理"不是法律规范，但与法律规范高度一致，公诉人需要从法律条文的内在逻辑上感受它的存在，去寻找它的精髓与气度。法律规定制定有特定的文化、思想以及传统等背景，包括社会公平、人情世故以及正义期待，这就需要公诉人结合社情民情，将"情理"说得符合法意，又顺遂民情，彰显朴素正义，既增强公诉意见书的公信力，又增强公诉意见书的亲和力。

讲好"情理"要以情感为依托，讲世间常理和社会公理。结合个案的具体事实，既可以从被告人犯罪动机分析，也可以从犯罪行为的社会危害性入手，还可以从对被害人、被害家庭造成的严重后果剖析。每一件案件都是一个现实的"故事"，这些故事或让人痛心，或让人悲愤，或让人惋惜，而这些内容与每一个当事人、每一个当事人家庭、每一个旁听群众息息相关，情理说透了，才能真正做到引人入胜，打动人心，体现法律之内的温度，从而得到审判人员的理解与社会的广泛认同。当然，情感的流露应当是水到渠成、顺其自然，是有感而发，不能刻意而为之。同时，抒发情感也应建立在事实与法律基础之上，不能罔顾事实、故弄玄虚。

三、检察建议书：让每一步都向社会治理现代化迈进

法治建设既要抓末端、治已病，更要抓前端、治未病。社会治理类检察建议是检察机关履行法律监督职责的方式之一，是检察机关推动国家治理体系和治理能力现代化的重要手段。从个案办理到类案监督，再到社会治理，要把这个链条拉得更长、做得更实，这既是办案境界的升华，也是监督层次的提升。有学者将检察建议的发展脉络分为三代，第一代是"法律守护人"角色，第二代是"法律守护人""公益维护人"双角色，第三代是"法律守护人""公益维护人""治理参与人"三重角色。社会治理检察建议的出现，为检察工作从传统的合法性监督向协商共治的合理性监督、从治罪向治理的转变，提供了一条可行路径。① 刑事检察官针对司法办案中发现的社会治理深层次问题，向负有责任的单位提出检察建议并督促整改，以此推进源头治理，实现治罪与治理、治标与治本并重，提升社会治理法治化水平。所以，社会治理类检察建议书是新时代刑事检察官必修的法律文书。

（一）调查核实，找出真问题

根据《人民检察院检察建议工作规定》的要求，在办理案件中可以向有关单位与部门制发改进工作、完善治理的检察建议的主要情形有：（1）涉案单位在预防违法犯罪方面制度不健全、不落实，管理不完善，存在违法犯罪隐患，需要及时消除的；（2）一定时期某类违法犯罪案件多发、频发，或者已发生的案件暴露出明显的管理监督漏洞，需要督促行业主管部门加强和改进管理监督工作的；（3）涉及一定群体的民间纠纷问题突出，可能导

---

① 参见张薰尹:《检察建议的谱系脉络及分类发展构想》，载《政治与法律》2024年第3期。

致发生群体性事件或者恶性案件，需要督促相关部门完善风险预警防范措施，加强调解疏导工作的；（4）相关单位或者部门不依法及时履行职责，致使个人或者组织合法权益受到损害或者存在损害危险，需要及时整改消除的。可见，检察建议针对的问题必须触及案件的本源，紧扣被建议单位的职能和社会治理发展实际，是有关单位或者部门在社会治理中的堵点，正因为出现漏洞，才引发了违法犯罪。如果不整治，仍存在较大隐患，有可能再次发生违法犯罪，使个人或者单位合法权益继续受到损害。

调查核实是检察官制发检察建议的基础性工作之一，只有亲历调查、找准问题以及引发的原因，才能制作出高质量的检察建议。我们应树立主动调查、全流程调查的意识，在提前介入过程中，如果发现相关的问题线索，就应带着这些问题线索，边办案边思考，有必要时及时固定补充证据。检察建议应有可操作性，如涉及被建议单位专业领域的问题，还应咨询专业人员、相关部门或者行业协会等对专门问题的意见，适情开展委托鉴定、评估、审计。制发建议前还应专门走访，向当事人、有关知情人员或者其他相关人员了解情况，听取被建议单位对于建议内容的意见，确定这些问题的是否具有针对性以及整改可能性，最大限度争取被建议单位的认同与支持。

检察建议应当向适格对象制发，建议的内容不能超出制发对象的职责范围。由于行政治理、社会治理体系的庞杂性，有的还存在职能交叉，如果不进行充分的调查、沟通，检察机关对于相关部门的专业属性、职责范围很难准确区分职能边界，检察建议的制发对象也有可能"张冠李戴"。比如针对未成年人涉酒吧治理问题，酒吧不属于《娱乐场所管理条例》明确列举的"娱乐场所"，不能直接适用该条例的未成年人禁入条款，文化和旅游局的监管权限于酒吧内的歌舞等演艺内容，而市场监督管理局的监管权限于酒吧提供的餐饮服务等。对于类似多头管理的情况，如果检察机关只针对一个部门、单位笼统地制发一份检察建议，很难得到被建议单位的认可，落实起来也不具有可操作性。对于上述问题，在推动酒吧治理工作中，在制发检察建议之前，可通过召开联席会的方式，明确执法依据、统一思想认识和执法标准，确保检察建议制发的精准性。还有的针对企业制发检察建议的情况，对于企业的经营范围、内部管理、存续现状等情况，更要现场走访、调查，不能仅凭调取的工商登记资料主观判断企业的经营情况，防止出现建议失实、向灭失主体制发检察建议的情况。

（二）严谨规范，写出好建议

检察建议书作为法律文书的一种，应充分体现法律文书的专有属性：严谨规范、逻辑严密、内容完整、说理充分、格式规范。这份文书主要包括的内容有：案件或者问题的来源；依法认定的案件事实或者经调查核实的事实及其证据；存在的违法情形或者应当消除的隐患；建议的具体内容及所依据的法律、法规和有关文件的规定等。其中，对于违法情形部分，应写明在办理案件过程中发现的犯罪隐患、执法不规范，需要加强改进或者建章立制的地方。这里的问题表述要讲究客观，既要切中要害，又要言辞中肯。有的检察建议将复杂的社会问题全部归责于被建议单位，文书用语片面武断，缺少因果关系分析过程，这样的问题表述就让被建议单位难以接受。对于建议的具体内容及依据方面，应归纳成反映问题实质的事实要件，然后加以叙述。引用依据可来源于两个方面，一种是检察机关提出建议的行为所依据的有关规定；另一种是该单位存在的问题不符合哪项法律规定和有关规章制度的规定，可以是行业规范，也可以是部门规章。文字表述上讲求具体明确，切实可行，应当体现一定的专业度，让被建议单位能整改，且有依据改。检察建议几个部分之间相对独立，但又相互联系，应当反映出清晰的因果关系和逻辑层次，做到事实清楚，于法有据，逻辑自洽，论证充分。

写好检察建议、提升检察建议质量，应当准确界定不同性质检察建议的区别，特别是社会治理类检察建议容易与行政公益诉讼检察建议相混淆。现行法律未对二者的区分进行明确规定，相反，二者适用范围有重合之处，如上文所引用的《人民检察院检察建议工作规定》第 11 条规定的六种社会治理类检察建议适用情形中，第二种"案件暴露出明显的管理监督漏洞，需要督促行业主管部门加强和改进管理监督工作"和第四种督促相关单位或者部门依法及时履职，消除对个人或组织合法权益的损害危险。从二者的功能来看，检察建议是行政公益诉讼的法定前置程序，旨在督促行政机关依法履职，纠正违法行政行为；社会治理检察建议是检察办案职能的延伸，旨在协助相关行政部门和单位完善管理与制度漏洞。二者在制发对象、条件、程序、内容等方面均有所不同。[1] 不同性质检察建议的混用，不仅会带来工作上的失序，也会减损检察建议的权威性和专业性，影响检察建议的法律效果、社会效果的实现。社会治理类检察建议的"刚性"来自被建议单位和社会公众的认可和支持，建议的内容要专业、有时效，建议的措施要具体、可操作。

（三）持续跟进，确保有实效

检察机关不仅是法律监督机关，而且是党和政府实施社会综合治理的机关，有法律监督与社会治理的双重职能。[2] 检察建议是检察机关参与社会治理的重要手段，检察建议能够有效发挥促进社会治理的作用，依赖于检察建议的有效落实、建议问题的有效整改。检察建议要做到有刚性、出实效，要明确整改和反馈期限，在时限内加强与被建议单位的沟通，及时了解整改进展及整改过程中存在的问题，推动检察建议从"办理"向"办复"转变。社会治理类检察建议涉及安全、卫生医疗、环境、教育等民生问题，需要党委政府的参与和支持，检察机关制发检察建议的过程中，可以主动向当地党委、政府报告，争取将检察建议回复落实情况纳入地方党

---

[1] 参见吴凯杰、赵仙凤：《行政公益诉讼检察建议与社会治理检察建议之界分——基于生态环境保护典型检察建议的分析》，载《南京工业大学学报（社会科学版）》2023 年第 4 期。

[2] 参见任学强：《检察建议的理论与实践——以检察机关社会综合治理职能为视角》，载《社会科学论坛》2014 年第 10 期。

政考核体系，助推检察建议工作的具体落实。在制发检察建议工作中，检察机关和被建议单位不仅是监督和被监督的关系，还是协作配合、多赢共赢的关系。检察机关针对办案中发现的社会治理漏洞提出建议，目的是推动社会治理的完善，与行政机关行政执法、综合治理的功能殊途同归。检察建议的内容，要善于从帮助被建议单位解决问题的角度，尊重行政机关正常的行政管理秩序，不越位、不替代，支持、配合被建议单位做好相关整改落实工作。此外，为了保证检察建议的刚性效果，我们还应在送达程序上规范，加强对检察建议的跟踪督促，积极帮助和支持被建议单位落实检察建议，有必要还可以抄送上级主管部门、行政主管部门以及行业自律组织、纪检监察机关。

四、提升文书制作能力的方法

刑事检察文书制作水平体现的是承办检察官文字驾驭、逻辑思维、人文情怀等方面的综合能力。所以，文书制作水平的精进，绝不是一朝一夕之功，它需要日积月累。

（一）尝试阅读与模仿

文书制作的第一步是阅读，第二步是模仿。读书百遍、其义自见。多读他人类似案件的文书，结合自己的案件特点加以模仿，在这个过程中不断地体悟最准确最适当的表述与用语，最终形成规范流畅的文书文本。

阅读模仿的步骤有：一是收集不同类型、不同罪名的案件文书，并分类设置不同的文件夹，收藏学习。一般值得收藏学习的文书有审查报告、起诉书、公诉意见书、抗诉书、出庭预案等。收集的对象包括其他同事优秀的文书、复杂案件的文书，还包括案件承办法官的裁判文书等。二是学习的方式上可采用比较法与自我练习法，比较法即指将审查起诉环节的文书，如起诉书、审查报告等，与审判环节的文书，如判决书进行对比，判决书与起诉书描述不一致的地方，就是需要进行思考总结之处，法官改写部分的事实是不是更为接近法律真实。自我练习法是指阅读他人的阅卷笔录与审查报告的证据部分，通过自我阅卷后，自行撰写起诉书事实认定部分，再将这部分内容与他人制作的起诉书以及审查报告的事实认定部分进行比对，差距一目了然。三是将自己所办理案件材料反复阅读，详细摘录，做好阅卷笔录，从审查报告制作开始，每一阶段需制作的文书自己先打好初稿。从写作格式、体例开始，再到论证过程、段落、词句运用，每一部分都要仔细琢磨。四是阅读其他同事、法官制作的文书范本，对比类似事实不同的表述方式，再查阅公开的其他裁判文书、《刑事审判参考》等书籍上的类似罪名的文书表达，使自己眼界进一步开阔。五是制作完成后，邀请其他同事帮助阅读，查找表述不够准确之处。阅读与模仿是一个不断完善的过程，检察官在做助理阶段就应当注意培养自己未来成为检察官的能力，撰写各类法律文书的初稿无疑是文书制作能力提升的重要方式。

（二）加强准确掌握和运用法律概念的练习

从法律逻辑看，作为一种思维形式，法律概念是构成进一步法律判断、分析等思维方式的最基本的要素。因此，文书制作过程中，掌握好各种法律概念是培养自己写作能力的基本要求。要掌握常用法律概念的内涵，不同法律概念之间的区别与关系，避免概念使用之中的逻辑错误，还要加强对新的法律概念的学习，以求"苟日新、又日新、日日新"。

（三）不断更新法学知识

撰写优秀的法律文书，需要检察官不断进行知识更新，掌握好法学理论。可以通过以下几种方式学习提高：一是结合办案中遇到的一个知识点，拓展进行学习，进行一类罪名的学习；二是阅读法律类的报纸与期刊，从中了解法学的最新动态；三是每一部新的法律法规、司法解释出台时，学习其内容，并与旧的规定对照分析；四是收集优秀的法律文书，时常结合自己所承办案件与同事展开讨论；五是旁听疑难复杂案件的庭审；六是选择贴近实务的讲座论坛，收听收看进行学习。

（四）优秀文书需要反复修改

文书制作能力是在认真写好每一份文书的基础上逐步提高的，而优秀的法律文书常是经过反复修改而成的。学会修改，学会在运用文字语言表达的过程中不断比较、琢磨与调整，都是提升文书质量的重要环节。常用的修改方法有：

1. 宣读法：起诉书、公诉意见、示证提纲等法律文书需要在法庭上通过宣读予以呈现，如表达逻辑是否准确，是需要通过视觉与听觉多个感官予以确认的。所以，发现问题最直接的方式就是宣读。通过宣读，可以很快发现语序不通顺之处、逻辑不严密之处以及文字上的错漏，当即进行修改调整，修改后再前后贯通进行宣读，反复几次，文书质量会有明显提升。

2. 讨论法：不同的承办检察官有不同的思考方法，相互讨论借鉴是提高自己文书质量的好办法。请其他同事阅看自己的法律文书，或者将自己的观点与他人进行讨论，并通过他人的视角发现自己的问题，听取别人的宝贵意见，可以让自己走出自我封闭的"小圈子"，进而开拓自己的思路。

3. 复盘法：起诉书与判决书相比，既有类似之处，也有不同之处，很多法官在撰写判决书时，更加注重犯罪事实细节的表述，也更加注重裁判理由的论述，这些方面都值得检察官学习。在拿到判决书之后，再次对所办理案件进行复盘，分析起诉书的表述如何可以更为精准，也是一种提高。

4. 放置法：将自己制作的法律文书放置一段时间，每隔一段时间进行整理，再次阅读修改。尽量跳出自己当时撰写时的思路与思维，更为理性地从旁观者的角度去评判自己的文书，客观地发现问题、改正问题，提高质量。

【乐某故意杀人案公诉意见书】

公诉意见

审判长、审判员：

根据《中华人民共和国刑事诉讼法》第一百八十四条、第一百九十三条、第一百九十八条和第二百零三条的规定，我们受南京市人民检察院的指派，代表本院，以国家公诉人的身份，出席法庭支持公诉，并依法对刑事诉讼实行法律监督。通过法庭调查，公诉人针对起诉书指控的犯罪事实，依法讯问了被告人乐某，听取了其当庭供述和辩解，宣读了证人证言，出示了相关的视频资料、鉴定结论、现场勘验检查笔录及书证，并接受法庭质证。以上证据相互关联、相互印证，证据收集程序合法，能够证实起诉书所指控的犯罪事实。为进一步弘扬法制，揭露犯罪，公诉人现发表如下意见，请法庭注意。

一、被告人乐某负有法定抚养义务且有履行能力，明知不履行抚养义务会导致二被害人死亡，仍然采取放任的态度，致使危害后果发生，其行为已构成故意杀人罪

我国《刑法》第 232 条明确规定，故意杀人罪是指故意非法剥夺他人生命的行为，既包括行为人以积极的身体活动非法剥夺他人生命的行为，也包括行为人以消极的身体动作，在能够履行自己应尽义务的情况下不履行该义务以致他人死亡的行为。本案中，被告人乐某作为二被害人的生母，负有法定抚养义务，明知自己的不作为将导致危害后果的发生，在具有履行能力的情况下未履行义务，放任危害后果的发生，最终致使二被害人死亡，属于以不作为的形式实施的故意杀人行为。理由如下：

1.从客观行为分析，被告人乐某负有法定抚养义务且有履行能力，但自 20×× 年 4 月下旬起未再履行抚养义务，其行为与二被害人死亡后果的发生具有直接的因果关系。

首先，被告人乐某作为二被害人的母亲，在男友李某某服刑后，作为

二被害人的唯一监护人，独自承担抚养义务。乐某虽然没有固定工作，但具有劳动能力，且定期从社区领取补助金，也有亲戚朋友给予经济上救助和生活上的帮扶，具有履行抚养义务的能力。然而乐某却因沉迷于吸食毒品、玩乐，自20××年4月下旬离家后直至6月21日案发时一直未再回家履行抚养义务，此事实不仅乐某全部予以供认，也能从其家门钥匙一直摆放在孟某某家、案发现场门窗关闭情况等方面的事实证据予以印证。

其次，从尸体检验意见书及现场勘验检查情况来看，二被害人的尸体无机械性损伤和常见毒物致死的依据，从案发现场××幢××室房门门锁门框未有破坏痕迹、卧室内窗户锁扣已被布条反复缠裹固定以及被害人尸体的原始位置应为头部紧邻关闭的房门内侧等情况来看，能够排除他人通过钥匙开门、工具撬门、翻窗入室等方式进入案发现场并对二被害人实施暴力等行为致其死亡的可能性。同时，结合被害人尸体类似干尸样改变以及乐某离家前为二被害人仅预留了最多不超过2100毫升的饮水及少量食物的情况，能够判断出被害人系因缺少饮食饥渴致死，并非外力作用致死。而此后果的发生，正是由于被告人乐某长期不回家履行抚养义务并将门窗关闭使得二被害人客观上无法向外求救。因此，被告人乐某的行为与二被害人死亡后果的发生具有直接的因果关系。

2.从主观故意分析，被告人乐某能够认识到其行为会导致被害人死亡，但放任危害后果的发生。

被告人乐某作为一个成年人、一个已抚养女儿两年多的母亲，主观上能够认识到其如果长期不回家，两个女儿处于封闭空间内必然会因为缺少饮食而饥渴致死，且其在最后一次离家后也能够认识到自己需要回家履行抚养义务。这一事实不仅有其供述证实，从其多次领取救助金的事实，以及在与王某某、董某某等人谈话中提及过孩子的事实来看，也能反映出被告人乐某主观上对危害后果发生有着明确的认识。但被告人乐某虽能认识到其不履行抚养义务将导致被害人因饥渴死亡，在具备抚养能力，有时间、有条件取回钥匙回家抚养孩子的情况下，因沉迷于吸食毒品、玩乐，而在长达一个多月的时间内一直未回家履行抚养义务，其虽未积极追求危害后果的发生，但却放任危害后果的发生，最终致使二被害人死亡。

综上，被告人乐某作为具有完全刑事责任能力的成年人，其所实施的行为符合故意杀人罪的构成要件，应当以故意杀人罪追究其刑事责任。

二、本案的社会危害性及引发的思考

面对两具已经风干的尸体，我们已无法从她们的面容上读出任何的表情，但仍会在脑海深处感触到她们在人生最后一段旅程中所触碰到的痛苦、恐惧和绝望。密闭的空间、污秽的环境，两个年幼的孩子依靠那仅有的一点食物和饮水艰难求生。一个又一个夜幕的降临逐渐带走了房间里母亲留下的温暖气息，随着食物和饮水的消耗殆尽，两个孩子体内的能量在不断消解，幼小的生命也被一丝丝地抽离。早已习惯独自在家的孩子们再也没有想到这次母亲离开后会不再回来，如果主卧室的房门没有被夹紧，孩子们或许还能吃到客厅里的那袋香蕉；如果主卧室的房门没有被夹紧，孩子们或许还能像往常一样打开房门向外求助。最终，李某甲累了，静静地睡在棉胎上，放弃了挣扎；李某乙也累了，抱着没有一滴水的水壶，放弃了求生的努力。直至两双大眼睛完全失去光泽，终是没再见到母亲熟悉的身影。逝去的生命已无法挽回，却给刚刚出狱的父亲、年迈体弱的太婆留下了无尽的痛苦和怀念，给曾经伸出过援助之手的社工和民警留下了深深的遗憾和酸楚，每一位朴素善良的人无不在内心深处被这场悲剧的发生所震撼着、冲击着，曾经坚韧顽强的生命此刻为何如此脆弱，原应崇高伟大的母爱此刻何以沦丧殆尽，人性何在，良知何在？

痛定思痛，目光回转，在这场悲剧中，我们再次看到了毒品的危害。因为毒品，孩子的父亲入狱服刑、失去自由，使两个孩子本就困顿的生存环境更加险恶；因为毒品，孩子的母亲离家不归、放弃责任，最终断送了两个幼小的生命。毒品不仅严重侵害着吸食者的身体健康，更会夺去吸食者的良知与人性，引诱着吸食者逐步走向犯罪的深渊。被告人乐某的前车之鉴还历历在目，两名女童的悲惨结局仍痛彻人心，为了自己的安康、为了家人的幸福、为了社会的稳定与和谐，请珍爱生命、远离毒品。

在审查本案时，我们也注意到了被告人乐某的特殊成长环境，其自幼因得不到父母的关爱而误入歧途，自我放纵、贪图享乐、淡漠亲情、无视责任，在毒品的侵蚀下逐渐失去理性。胡适曾说过："我实在不要儿子，儿子自己来了，……但是你既来了，我不能不养你教你，那是我对人道的义务。"父母对子女的责任不仅在于生育更在于养育，或许我们中的有些人无法为孩子提供优越的物质保障和教育资源，但我们有责任尽己所能将其抚养成人，引导孩子，不要重蹈被告人乐某的覆辙。

未成年人保护工作是一项复杂的社会系统工程，不仅需要监护人切实履行起自己的职责，更需要建立起社会化的未成年人教育和监护体系，当家庭监护出现问题时，需要政府部门、社会组织等其他力量及时介入，以弥补未成年人保护的缺位。我们也建议通过立法，构建起家庭、学校、政府、社会和司法保护的联动衔接机制，逐步形成完备的未成年人社会保护政策法规和标准体系，以更为人性化的关怀为未成年人的健康成长撑起一片湛蓝的天空。

三、量刑意见

被告人乐某的行为已触犯《中华人民共和国刑法》第232条的规定，构成故意杀人罪，应当对其判处死刑、无期徒刑或十年以上有期徒刑。其虽在归案后能够如实供述自己的罪行，系坦白，可以从轻处罚，但其行为致使被害人遭受较为严重的精神、肉体折磨，社会影响恶劣，不应从轻处罚。但因其在刑事拘留期间已怀孕，依法不适用死刑，建议对其判处无期徒刑或十年以上有期徒刑。

综上，起诉书认定本案被告人乐某故意杀人的犯罪事实清楚，证据确实、充分，依法应当认定被告人有罪。具体定罪量刑，请合议庭综合全案情节，本着"以事实为根据，以法律为准绳"的原则，对被告人作出应有的公正的判决。

【左某盗窃案检察建议书】

检察建议书

宁 × 检建〔2023〕× × 号

× × 市市民卡有限公司：

党的二十大报告指出，"打造宜居、韧性、智慧城市"。这是以习近平同志为核心的党中央深刻把握城市发展规律，对新时代新阶段城市工作作出的重大战略部署。建设新型智慧城市，是人民群众对美好城市生活的向往，也是城市高质量发展的必然追求，对以中国式现代化全面推进中华民族伟大复兴，具有重要而深远的意义。

× × 市市民卡有限公司承担着公共交通支付结算、游园年卡运营、医疗就诊卡发卡结算等与民生密切相关的保供职责，服务着近千万市民。多年来你公司立足民生，以人为本，以互联网和信息技术为手段，打造城市信息化平台、清结算平台、生活支付平台和区域互联互通平台，先后获评"全国巾帼文明岗""江苏省文明单位""江苏省工人先锋号"等荣誉称号，是本市智慧城市建设的重要力量和创新主体。

近期，本院在办理犯罪嫌疑人左某涉嫌盗窃罪一案中发现，2022年1月至3月，你公司原淮安分公司经理左某，利用其在职期间违规下载的市民卡客户信息，离职后窃取用户名下的紫金卡账户资金，致使大量用户财产损失。左某的行为不仅造成公司与市民卡用户资产受损，而且给企业及相关行业造成不良影响。左某作案持续时间长、犯罪数额巨大、犯罪手段隐蔽，反映你公司在人员管理、信息数据、技术管理、法治教育等方面存在隐患疏漏，需要进一步完善相关制度，促进企业长远发展。

一、对涉密人员的管理不严

《中华人民共和国保守国家秘密法》第三十五条、第三十八条、第三十九条规定，涉密人员实行分类管理。机关、单位应当建立健全涉密人员管理制度，明确涉密人员的权利、岗位责任和要求，对涉密人员履行职责情况开展经常性的监督检查。涉密人员离岗离职实行脱密期管理。你公司多名员工共用辅助业务信息管理系统的账户、密码，未对涉密人员进行分类管理。左某作为涉密人员，虽然签署了《保密协议》，但在职期间屡次超出权限访问涉密信息，你公司既未履行常规监督检查，在其离职时又未严格把关，未对其所使用的计算机及各类存储介质及时进行技术处理，取消对其授权、注销用户账号、更换门锁和设备口令等，也未对其使用和保管的涉密软件、存储介质和安全保密设备等物品进行清查登记等，致使其在离职后仍能利用公司电脑访问客户数据。

二、对客户信息的保管不善

《中华人民共和国个人信息保护法》第五十一条规定，对个人信息实行分类管理，采取相应的加密、去标识化等安全技术措施，合理确定个人信息处理的操作权限。你公司在南京市民卡 App 运营中，收集了包括客户姓名、单位名称、身份证号、账户号、余额等内容的大量个人信息，并将收集的个人信息存储在公司辅助业务信息管理系统中。但你公司未结合自身业务特性、行业要求等对个人信息进行分类管理，没有区分一般个人信息和敏感个人信息，未突出对敏感个人信息采取严格保护措施，且未对员工涉及的必须个人信息范围进行明确。左某为谋取个人利益，多次访问并下载业务需求以外的所有客户个人信息，造成客户个人信息泄露、财产受损。

三、对网络安全的防护不足

《中华人民共和国网络安全法》第二十一条规定，国家实行网络安全等级保护制度。网络运营者应当按照网络安全等级保护制度的要求，履行安全保护义务，保障网络免受干扰、破坏或者未经授权的访问，防止网络数据泄露或者被窃取、篡改。你公司未严格按照国家法律法规要求落实网络安全等级保护制度，对处理、传输和存储信息的系统进行分级安全保护，缺少加密、访问控制等必要的技术保护措施，致使犯罪分子有机可乘。左某自 2015 年入职以后，多次随意超越权限访问管理系统，你公司对非授权或越权访问行为未能及时进行阻断。同时，你公司计算机信息系统虽按规定留存了相关日志信息，但存在日志信息留存不全、记录信息杂乱等问题，导致难以及时发现恶意人员利用安全漏洞窃取数据、攻击系统等行为。

四、对在职员工法治教育不够

《江苏省法制宣传教育条例》第五条规定，开展法制宣传教育是全社会的共同责任。一切国家机关、社会团体、企业事业单位和其他组织，应当依照本条例规定，做好法制宣传教育工作。分公司经理作为公司承上启下的重要岗位，其法治意识对企业经营至关重要。左某盗窃一案，反映出你公司对员工的法治教育不够，个别员工法治意识淡薄，对法律缺乏敬畏，对于自己的行为抱有侥幸心理，认为窃取个人信息不会被发现，最终导致违法犯罪案件的发生。

党的二十大报告指出，"完善中国特色现代企业制度，加快建设世界一流企业"，为我国企业改革发展指明了方向和目标。完善中国特色现代企业治理与内控制度，是推动国企做强做优做大、提高国企核心竞争力、实现国企高质量发展的重要途径。"千里之堤，毁于蚁穴"。你公司作为江苏省规模最大、全国领先的城市通卡和市民卡服务商，是本市新兴互联网企业的代表，应及时采取有效措施，堵漏建制，从源头上遏制犯罪发生，避免产生不必要的经济损失。根据《中华人民共和国刑事诉讼法》第八条、《中华人民共和国人民检察院组织法》第二十一条和《人民检察院检察建议工作规定》第十一条的规定，向你公司提出如下检察建议：

一、健全内部机制，强化涉密人员保密管理

保密工作是党和国家的一项特殊重要工作，直接关系到国家安全、经济发展、社会稳定。你公司应严格落实《中华人民共和国保守国家秘密法》强化对涉密人员的管理。一是分类管理。按照保密工作的基本原则，区分一般岗位、重要岗位、核心岗位，设定不同的保密工作要求和具体行为规范，涉密等级越高，保密责任越重。二是归口管理。合理确定各项涉密业务归口管理部门。相关管理部门要负责涉密人员的进入、审核、培训、脱密等关键环节，将涉密人员的日常管理和工作绩效纳入本单位的考核中，确保涉密业务部署到哪里，保密要求就延伸到哪里，切实解决好保密工作与业务工作"两张皮"现象。三是离岗管理。涉密人员离岗离职要从严审批、严格核查，督促涉密人员清退持有的所有涉密载体、清理有关权限、签订离岗离职保密承诺书、进行保密提醒谈话等，进一步规范监督和管理。离岗离职后实行脱密期管理，督促脱密期内的涉密人员严格遵守相关规定。

二、落实法律法规，构筑个人信息安全防范机制

在信息化时代，个人信息保护已成为广大人民群众最关心最直接最现实的利益问题之一。作为国有企业，你公司需切实担负起信息安全"守门人"的主体责任。一是加强信息分级分类管理。在对个人信息分类的基础上，依据具体个人信息的敏感程度、易受侵害性等因素进行分等级保护。按照有关技术标准对个人信息进行加密和去标识化，并依照最小、必要原则，设置内部管理和访问操作权限。二是建立数据安全事件应急管理制度。结合实际情况，制定应急预案并演练，规范监控数据的安全风险。一旦用户信息泄露、篡改或丢失，应及时采取补救措施，根据内部流程体系及时通知用户，并向管理机构和外部主管部门报告。三是开展个人信息保护合规审计。定期自行主动进行内部审计或委托专业机构开展外部审计，及时对公司的控制措施、政策和程序进行必要的修改和补充，促使公司个人信息处理处于长期安全状态。

三、严格履行义务，落实网络安全等级保护制度

"没有网络安全就没有国家安全"，网络安全对国家安全牵一发而动全身。你公司应树立正确的网络安全观，筑牢网络安全防线。一是加强网络安全防控体系建设，严格按照网络安全等级保护各项要求，从物理安全设计、网络安全设计、主机安全设计、应用安全设计及数据安全设计等五个方面进行信息系统安全技术体系建设，内容要涵盖对机房的建设运维、办公环境、设备和介质、通信网络、区网边界、服务器、工作站、应用系统、

应用平台、数据备份与恢复等方面的要求和根据企业实际情况需要规划设计的其他方面要求。二是根据自身存在的信息安全风险点，制定符合自身实际情况、可操作性强的网络安全风险防控预案。定期开展安全风险评估和漏洞检测扫描，发现系统漏洞及时进行安全加固。三是完善系统日志留痕和审计功能，探索将业务申请和业务办理数量、内容等一致性情况动态匹配，实现自动监控预警，防止违规操作和信息泄露。

四、加强法治教育，提高员工法律意识

企业要做大做强，离不开公司全体人员较强的法治意识和较高的法律素养。建议你公司进一步强化法治宣传和规章制度培训。一是开展警示教育，将系列案件发生原因、危害后果等进行剖析讲解，以案释法，强化员工对法律的敬畏感。二是加强对员工的日常普法教育，在新员工岗前培训及员工年度培训计划中，应将法治宣传纳入其中。对于重点部门、关键岗位人员应定期进行法治教育，使员工真正意识到"守法红利高，违法代价大"，从内心深处扼杀违法犯罪苗头。三是营造尊法学法守法用法的企业文化，促使员工将外在企业标准内化为自身行为要求，在日常的生活当中主动学习、了解法律，不断提升法律意识，自觉履行法律责任和义务，更深层次地理解法律对个人和企业的重要意义。

以上意见，请你单位结合实际情况及时研究，采取有效措施推进整改。对检察建议书有异议的，可在收到检察建议书后十日内向本院提出异议；如无异议，请于收到检察建议书后二个月内将相关工作情况书面回复本院。本院将积极协助贵单位做好相关工作，共同推动我市新型智慧城市建设，真正让城市更智慧，让生活更美好！

江苏省 × 市 × 区人民检察院

× 年 × 月 × 日

第四节　语言表达能力：学会出口成章

"语言"是法律区别于道德和习俗最重要的特征。美国法学教授皮特·M.蒂尔斯玛（Peter M Tiersma）认为，"道德和习俗也许是包含在人类的行为中的，但法律却是通过语言而产生的"。[①] 这意味着，法律工作者践行法律的实施，需要也必须通过"语言"。语言是法律人的利器。刑事检察官办案的过程，始终都需要法律语言的输出。不论是法律文本运用的过程，还是向当事人表达法律文本内在的逻辑关系，都需要我们通过表达予以实现。完美运用语言，不仅是一种深内涵、高层次的学问，更是一门真正意义上的艺术。加强语言表达艺术的修炼是刑事检察官最重要的任务之一，直接关系到人民群众对公平正义的感受度和对检察工作的满意度，是实现"高质效办好每一个案件"的必然要求。检察官良好的语言表达有助于在提升法治文化、法治意识、法治形象中促进构建法治社会，只有具备良好的表达能力，才能将个案正义浸透于社会，"推波助澜"似地扩散普遍正义至社会，才能有效地构建连接法律与法律实践之桥梁与纽带。[②]

一、语言表达的要素与原则

语言表达能力是口头语言表达的才能，是根据特定的对象、时间、环境，善于运用语言准确、生动地表达理论、思想与情感的一种能力。著名教育家叶圣陶先生曾说过，"在语言文字的训练听、说、读、写四个字中，'说'字最基本，说的功夫差不多，其他三项就容易办了。"叶老的话也充分说明语言学习的基本规律和口语表达能力的重要性。与普通人的语言表达能力不同，刑事检察人员的语言表达具有法言法语的典型特征，并且在

---

① 廖美珍：《法庭语言技巧（第 3 版）》，法律出版社 2009 年版，第 7 页。
② 杜国胜：《司法口才理论与实务》，中国政法大学出版社 2015 年版，第 3 页。

对外输出自己的观点主张的同时，更需要训练一种让对方"欣然接受"的能力。丹宁也说过："要想在与法律有关的职业中取得成功，必须尽力培养自己掌握语言的能力。"① 当我们开口说话，对方就会产生一种期待，不论是犯罪嫌疑人、被害人或案件证人，他们不仅期待听到的是思路清晰、表达准确，更是期待"话语中听"。讯问犯罪嫌疑人，不能是通过"指供、诱供"等非法方式获得口供，而是通过话语触及其内心深处，促使其如实供述。在公开庭审过程中，人们期待听到的是讯问的合法性、逻辑性、公正性，能够感受到公平正义。刑事检察人员的语言表达是社会大众注视、聆听和感受到司法公平正义的重要窗口。

语言表达能力的基本要素有：一是逻辑思维能力。这是与语言表达有关的思维的条理性、敏锐性和灵活性的能力。言为心声，语言是思维的物质外壳，没有思维能力，语言表达就无从谈起，口头表达更"随想随说"，这个想的过程，就是思维的过程。口才体现在将内部语言转化为外部语言的过程。"汝果欲学诗，工夫在诗外"，公诉语言也是如此，如果一个公诉人思维不敏锐、逻辑能力不强、空有华丽的语言永远解决不了实际问题，而这种语言能力的前提一定是精湛的业务水平。二是语言组织能力。这是要求能够准确、迅速组织语言，使其文从字顺、形成篇章的能力。语言的组织能力是公诉语言的又一要素，及时将自己的思想用流利顺畅的语言表达出来，称得上语言能力过关。话讲得好，在于思维的准确，口语交际特别要求说话者思维敏捷，反应迅速，判断力及应变能力强，并借助语言作准确快速的表达。三是语言运用能力。这是要求表达时语音标准、清晰，运用文字合乎语法、精练准确。这是公诉语言运用的基本前提。声音与文字作为语言的载体，必须符合相关规范、达到相关标准，才能达到语言表达的标准，发挥语言应有的作用。

什么才是刑事检察官应当具备的良好表达呢？在运用语言表达的过程

---

① ［英］丹宁：《法律的训诫》，杨百揆等译，法律出版社 1980 年版，第 5 页。

中，我们可以把握以下原则：一是客观表达。刑事表达是为案件事实、证据服务的。与作家、诗人不同，刑事检察人员在表述案件事实时，不能将自己主观评价与判断代入其中，而应将案件事实真实呈现在世人面前。"以事实为依据"要求以客观真实为基础，表达的基础事实必须尊重案件发生的客观情形。二是准确表达。用词准确是法律语言最本质的特点，准确性是法律语言的生命线，准确用词是指在某一特定语言环境中，为了表达特定的内容，对词语进行最恰当的选择，避免可能产生的歧义。法律语言不求特别形象生动，但求准确明白地叙述和说明，对于法律概念的描述必须精准贴切，符合法律内容的科学性、思维的逻辑性和客观的真实性。三是简明表达。简明是法律语言的语体要求，是指言语表达中选词造句应做到言简意赅、通俗明了。其中"简"是形式上的、量的要求，表达同样的意思，用的语言尽可能少，不用可有可无的字眼，不重复啰唆；"明"是内容上的、质的要求，要让人一听就懂，不产生误解。所谓"用尽可能少的语言传递尽可能多的信息"就是简，"达到尽可能高的准确性"就是明，"收到尽可能好的表达效果"就是达到预期的目的。四是严谨表达。法律语言重在阐明事实、论述事理法理，逻辑严谨性自然成为法律语言自身所应具备的特点之一。它要求选词择句表达严密，概念具体明晰，防止矛盾与疏漏。五是庄重表达。法律语言的庄重，是指口语表达应该呈现庄重文雅，严肃规范的格调，避免过于艺术化的句式、土语与方言，这也充分体现了构建法治权威的价值所在。六是灵活表达。法律具有原则性、概括性与抽象性的特点。刑事检察人员的语言表达应根据不同场合，在保留法律的庄重与严肃的基础上，也要兼顾不同人群、不同特点，用交流对象能够听得懂的语言，适时转换，而不是机械地、生搬硬套地"照章办事"。将法律的规范通过最简单、最朴实的语言表达，也是刑事检察人员语言表达能力的一种体现。因为如果法律正义与司法公正不能为社会大众所理解、所感悟，就不能全面充分体现其应有的社会力量。七是"情感"表达。法律不是冷冰冰的工具，伸张正义、弘扬法治的过程，也应是坚定温暖、触及内心深处的过程。语言表达的运行轨迹是思想情感表达的外流，是表达主体将内在的思想情感用语言的形式传递给外界，有效的表达不应当脱离内心情感而孤立存在。美国著名法学家伯尔曼认为："法律不应只图方便，它应当致力于培养所有有关人员——当事人、旁听人和公众——的法律情感"。[①] 刑事检察人员在语言表达的过程中，也应通过用心用情的表达，将公平正义、法律大爱传递给社会公众。

二、提升语言表达能力的方法

语言表达不是一蹴而就的，是在多读、多写、多说等长期坚持不懈中慢慢积累出来的。既要将话说得明白、意思表达清楚，同时将语言运用得巧妙得体，对矛盾缓解、消除隔阂，就会达到事半功倍的效果。一是培养过硬心理素质。心理素质在人的综合素质之中是极其重要的因素。它是说话者所必须具备的稳定的心理特点。良好的心理素质不仅是顺利进行表达的前提，也是取得满意效果的可靠保证。心理素质良好，不仅能够顺利表达，而且能获得预期效果。心理素质不佳，会影响表达中的思维逻辑，双向交流之中容易出现不畅。二是不断丰富知识积累。口才是形式，是工具，而知识才是基础，是能源。没有知识积累，不断地增强表达的丰富性、科学性、逻辑性、思辨性，讲话就如同无源之水。掌握的知识越多，发表意见越能够旁征博引，使得表达的内容赢得支持与采纳。三是加强逻辑思维训练。语言是思想的外衣与载体，法律逻辑既是清晰法律思考的检验表，也是处理案件推理论证的指南针。经常性地训练逻辑思辨能力，随着分析、判断与论证能力的提高，语言表达能力也会自然而然提升。四是持续涵养法律情感。法律不但有情，而且它的爱没有"有色眼镜"，是对正义的宠爱。法律正义、法律精神、法治文明，都需要具有崇高的思想境界。拥有

---

① ［美］哈罗德·J.伯尔曼:《法律与宗教》，梁治平译，生活·读书·新知三联书店1991年版，第59页。

这样的崇高境界，要求刑事检察人员具有追求正义的高尚情操，发扬法律正义之情，引导人们爱法律、爱正义。做"至情至理"的引路人，需要不断地培养自身的法情感。五是掌握正确的训练方法。"拳不离手，曲不离口"，想要提升自己的说话表达能力，正确高效的训练方法非常重要。宣读、概述、说明与论证，是我们常用的口头表达方式，各有不同特点。只有经常开展有针对性的自我训练，才可以"磨刀不误砍柴工"，即时表达时做到流畅自如。

【训练口语表达能力的方法】

1.宣读能力训练

大声朗读是提升语言表达感染力的基础，语言的美感只有在反复练习之中才能体悟得到。一份起诉书的宣读，要达到抑扬顿挫、铿锵有力，并取得当庭震慑罪犯的效果，平时多进行朗读训练必不可少。大声朗读不仅有助于调动听觉和视觉器官、增强记忆力，而且在朗读过程中，能够使人身临其境，充分感受到文本中所包含的思想情感。此外，经常大声朗读，对于语音语调的控制能力、语速的节奏变化能力以及音色的掌控能力，都会在不知不觉中不断增强。

2.概述能力训练

陈述与回溯案件事实是刑事检察官的基本功之一，它体现从分析到综合、从具体到抽象，化繁为简的语言运用能力。概述能力强的人能够从复杂的案件冲突中理出头绪，条分缕析，富有逻辑与条理地表达。训练概述能力的方法有：一是多练习说话，多"磨嘴皮"是基本功；二是学习有条理地说，说得清楚；三是立足系统思维，抓住要点和核心问题说。将需要记叙的要素连缀成一个有机的整体，讲清楚时间、地点、人物、事件、起因、过程与结果，运用完整、明确与简要表达方式，通过长期训练就不难讲好故事了。

3.说明能力训练

说明是刑事检察官口语表达中的基本功，是指用言简意赅的语言对客观情况以及法律适用进行介绍，使他人完整了解案件的性质、过程、事物的特征、内在规律以及法律后果。说明的方法有举事例、分类别、列数据、作比较、画图表、下定义、打比方、引资料等类型。客观翔实、简而得要、言而有序与科学严密是做好口语说明的重要特征。说明能力的训练方法有：一是学会抓住事物的特征，通过观察法与比较法，发现事物的本质；二是学会运用逻辑顺序说明，如从现象到本质、概括到具体、整体到部分等；三是学会运用举例子、列数字等说明方法。

4.论证能力训练

在概括叙述案件事实后，只有通过论证才能解决案件性质并最后做出处理决定。论证必须做到论据充足、认证充分、严密有力且无懈可击，得出的结论与事实、法律之间协调一致。论证能力的训练方法有：一是学会讲道理，如运用"三段论"进行说理；二是掌握多种论证方法，如对比论证、归纳论证、演绎论证与因果论证。

5.发声控制训练

自信表达的前提之一是训练好发音吐字与声音色彩控制，我们的声音更加洪亮，表达就会更显底气。吐字咬字清晰是表达有力的基础，声音色彩则是借助抑扬顿挫的声音控制将我们内心感情表达出来，让听众产生内心共鸣。发声控制训练方法有：一是练习正确的呼吸方法。除了常用的胸式呼吸，还可以练习腹式呼吸法，吸气要吸得深，呼气要呼得有节制，调整发音吐字的气息。二是练习正确的吐字归音方法。吐字归音是指对字头、字腹、字尾的完整处理过程，对应的是出字、立字与归音三个阶段。出字时要咬紧字头，做到准确有力；立字要声音响亮，圆润饱满；归音则要趋向鲜明，到位收全。三是练习声音色彩控制。经常有意识地去运用声音的轻重、表达的停连、语调的起伏、速度的快慢以及语气的变化去塑造与体现所要表达的内容。

三、演讲与辩论：新时代刑事检察官应具备的基本表达技能

（一）演讲

演讲，是指在特定的时空环境中，以有声语言为主要手段，肢体语言为辅助手段，公开向听众传递信息，鲜明、完整地发表自己的见解和主张，阐明事理或抒发情感，以期达到感召听众的目的。它是一种直接具有艺术性的社会实践活动。在刑事检察工作中，会有很多场合运用到演讲技能。如以事迹报告会形式展示检察工作；走进学校、企业与社区开展法治宣讲；以故事讲述的方式向人大代表汇报工作以及参加主题演讲比赛等。其中有的活动是直接以演讲方式呈现的，有的是需要运用演讲技能以达到更好效果的。

写好演讲稿是演讲成功的基础。一篇好的演讲稿，至少具备以下四个特征：一是演讲稿要有高度。高度决定视野，在写演说稿时，要从高处立意，做到立意高远。立足观点，从低处开始，在高处发力，胸怀全局，所谓三尺剑锋怀天下。二是演讲稿要有深度。透过现象看本质，用联系、发展、辩证的眼光看问题，揭示事物的本质特征和客观规律，增强讲话的说服力。演讲稿要找到真正的核心问题，并针对这个核心问题，给出有力的倡导或者博弈。前者展现演说人的发现力、对焦力，后者体现演说人的解决力和穿透力。有思考才能有深度，这是一个积累的过程。从事检察工作的点点滴滴，面对各种各样的问题，有些具有共性，所以可针对性地提出疑问，进而提出独特的见解，这是一个发现问题的过程。经历过这样一个过程，才可能形成一份有深度的法律演讲稿。三是演讲稿要有温度。"感人心者，莫先乎情。"这里的"情"指真情实感。与法律文书不同，法律文书讲究精准与逻辑，条分缕析，一目了然。在作法律演讲时，却不能冰冷地仅陈述事实，而应忠实地注入自己的情感和个人经历，这样才可能激发共情和共鸣。好的演讲，应该是演说者与听众的一次交流，而不是单方面地输出个人观点。好的演讲者要打开自己，将个人的真实情感倾注其中，自

然地交流，这很考验演讲者的能力和技巧。要使演讲的思想情感真实，遣词造句就要准确、实在，既不矫揉造作，也不粉饰浮夸，更不无病呻吟，而是恰如其分、朴实无华，有感而发，方能"行远"而不衰。四是演讲稿要有力度。就是说话要铿锵有力、掷地有声，主张什么、反对什么态度鲜明、直截了当、分寸适度；可在演讲中融入真实的故事，特别是那些能够体现主题、展现人性光辉或揭示深刻道理的故事，能够极大地增强演讲的感染力和说服力。此外，使用积极、鼓舞人心的词汇和短语，以及排比句、反问句等修辞手法来增强语言的力量。

演讲稿完成后，现场演讲的表现力也非常重要。掌握必要的演讲技巧，可以让演讲更具感染力，引发听众的共鸣，实现演讲的目的所在。

1. 成功吸引听众耳朵的发音技巧。"文似看山不喜平"，演讲也是如此。一个人的听觉注意力时间有限，一般情况下每隔五至七分钟就会有所松弛。所以，巧妙运用声音变化，让讲述内容错落有致、起伏变化，将声音设计成具有运动变化感的曲线，语调要高低升降，语速要徐缓变化，音调要响声纤细，音色要刚柔多变，情感要跌宕起伏。一般来说，开始阶段以稳、平、缓为主，过高过低都会让听众感到突兀，所以，开讲起调，第一个音节发音不能太响，也不能太促，可以形成喇叭形，由弱到强。讲述过程中快慢适中，一直过快的语速会引起听众的反感，也不利于内容的理解消化；一直过慢则会引发听众听觉疲劳，注意力无法集中，情绪也提不起来。

2. 良好的互动增强演讲效果。演讲的对象是听众，它要求演讲者引导听众产生积极的参与欲望，充分调动听众的参与度与积极性，让你的演讲不仅有意义，而且有趣味。和听众进行眼神交流是很重要的一种互动方式，眼睛是心灵的窗户，在演讲的过程中，除了语言，眼睛也是可以表达情感的。或喜悦，或悲伤，随着情感的不同，眼睛中一定会有情感变化的反射。所以，当我们和听众互动，通过眼睛就可以传递我们的情感。和听众进行眼神互动，要注意视野的移动，尽量照顾全场的听众；如果担心因为和听众眼神互动会产生紧张情绪，那么就可以从眼睛直视正前方的远处开始，然后慢慢转移视野，自然地由远及近。法治宣讲类的演讲互动，如果想与听众互动得更为热烈，制造更好的互动场景，则要学会问问题，而且它还能够帮助听众对问题做更深的思考，对于演讲主题也有促进作用。提出问题时，一定要采用正面的措辞和中性的口吻，避免负面的词语与逼迫、强加的口气，否则会影响听众的思考，引发反感的情绪。当听众给予回应反馈时，要给予听众肯定和掌声。

3.讲好故事让演讲更出彩。法律是与人们的生活息息相关的，我们可以通过讲述真实的案例和生动的故事来展示法律的重要性和影响力。这样做不仅可以使法律更具体和可感知，还可以让听众更容易理解和记住相关的法律知识。故事讲述是一种引人入胜的方式，它可以将抽象的法律概念转化为具体的情境。通过讲述一个真实的办案故事，我们可以将法律问题置于一个生动的背景中，使听众更容易理解和关注。故事可以帮助我们传达法律原则和价值观，以及解释复杂的法律程序和案例。通过讲述故事，我们还可以引起听众的情感共鸣，并使他们更加投入和参与我们的演讲。演讲中使用案例是将抽象的法律概念具体化的有效方式。通过引用真实的案例或个人经历，我们可以向听众展示法律规定和原则在实际生活中的应用和影响。具体的案例可以帮助我们说明法律问题的重要性和紧迫性，以及产生的法律后果。通过使用实例，我们可以使法律语言更具体、更有说服力，并帮助听众更好地理解和记忆我们的演讲内容。通过在听众头脑中形成一种场景，使演说者和听众都能沉浸其中，通过这种身临其境的景象来启迪人，让人有所感悟。讲述故事时要做到眼神中有画面，脑海中有情景，肢体上有动作，心理上有感受。

4.适当的肢体语言增强表现力。演讲中，自然而安稳的手势可以帮助演讲者平静地说明问题；急剧而有力的手势，可以帮助演讲者升华感情；稳妥而含蓄的手势，可以帮助演讲者表明心迹。手势的幅度大小在演讲中十分重要。当我们的观众数量有限时，手势幅度不宜过大，否则会给观众带来不好的感觉；同理，当观众人数较多时，就应适当加大手势的幅度，给观众留下深刻印象。手势的目的之一是强调演讲的重点，因此切忌手势过于频繁。自然地添加手势即可，这样不仅使演讲重点突出，还能让观众感觉条理清晰。在平时练习过程中，要注意自己的手势永远都应该是开放且面向观众的，切忌双手相扣等消极手势。

【案例讲述演讲稿示例】

芯片之谜

大家请看这张光盘，它看起来和普通 CD 没什么区别。但这是一张价值数亿元的光盘，里面存储的是芯片源代码。位于 N 市 YH 区的沁恒公司（化名）凭借这份源代码生产、销售芯片，2020 年销售额 1.4 亿元、纳税近4000 万元。这张叫"晶圆"，上面有 3 万多个点，每个点切割封装后就是一颗芯片。今天我要讲述的案件故事就与它们有关。

2020 年腊月二十九，沁恒公司王总来找我，他气呼呼地说："国某公司销售盗版芯片 3 年，造成我们 1600 多万元的损失，这么大的案子，你们说放人就放人了？"我赶紧向他解释，公安机关以商标类犯罪提请批准逮捕，证据不足不能批捕，目前取保候审，不等于案子不办了。但他根本不听，丢下一句狠话：案子办黄了，我就举报你！

这就是盗版芯片，它具备了沁恒公司 CH340 芯片的所有功能，但外观根本没有商标，定什么罪？案子怎么办？说实话，当时我蒙了。我们咨询芯片制造专家、请教法学教授、检索全国案例，还到深圳南山检察院取经，经过反复论证，我们建议公安机关转变侦查思路，往侵犯著作权罪方向重新取证。

侵权、侵权，首先得有权利。这是 CH340 芯片的著作权证书。国家版权局的颁证时间是 2020 年，证书上记载的作品完成时间是 2011 年，本案侵权行为发生在 2016 年至 2019 年。据了解，2011 年是沁恒公司自我申报的作品完成时间。权利究竟何时取得，必须进行实质审查，调取芯片源代码。本以为沁恒公司为了维权会愉快地配合，没想到，公司负责人坚决反对。

负责人说："检察官，我们公司 140 多个员工都靠这个源代码过日子，我们花了十年时间，投入了上千万元研发资金才有今天啊。你们只能看，绝不能拷走，万一泄露出去，公司就完了。"那天，大家从早上一直僵持到下午 5 点多。一边是企业的核心技术，一边是法庭质证所必需的证据。怎么办？经过反复协商，我们决定，由公安机关现场勘验提取源代码，检察机关同步审查证据，沁恒公司全程在场见证。提取的源代码封存在公司保险柜中，24 小时监控防止篡改，法庭质证环节也在公司内部进行。整个办案过程，源代码从未离开过沁恒公司。我们用这种方式，既打消了权利人的顾虑，又确保了证据的合法性。经过查验源代码，沁恒公司的确在 2011 年就取得了计算机软件著作权。然而，这个难题解决了，鉴定又遇到了大麻烦。侵权单位国某公司的法人高某态度十分嚣张，他质问我说："检察官，你学过半导体吗？芯片你懂吗？你一个外行凭什么说我侵权？再说，公安只抽检了 1 颗芯片，凭什么说我 830 万颗芯片都是侵权的？我要求重新鉴定、全部鉴定！"要解决鉴定难题，必须搞懂芯片是如何制造出来的，又是如何反向破解的。

大家请看，软件工程师编写的是芯片源代码，转化成计算机语言就是二进制代码，"1"代表晶体管接触、导电，"0"代表不接触、不导电。GDS 文件就是记录了无数个"1"和"0"组合方式的母版，通俗地说，它就是制造芯片的图纸。这就是光刻机根据 GDS 文件，在微观世界建造出层层叠叠的高楼大厦。鉴定芯片是否盗版，就是要将两颗芯片的内部结构一一进行比对。原理搞懂了，可是专家告诉我们：鉴定一颗芯片至少需要一个月，鉴定费用 11 万元。如果 830 万颗芯片都要鉴定，费用高达 9000 亿元。全部鉴定根本不现实！怎么办？我们整个团队反复琢磨，考虑到芯片是同质化程度高的科技产品，我们决定，第一步：由犯罪嫌疑人自行从五个查扣地点分别随机抽取盗版芯片，当场封装，抽样范围覆盖所有样品，提取、送检过程规范有效。第二步：将抽样的盗版芯片与沁恒的正版芯片进行表层相似度比对，然后进行二进制代码比对。第三步：请公安机关到晶圆制造厂家提取制造盗版芯片和制造正版芯片的母版，也就是 GDS 文件，比对二进制代码。一个月时间，18 万元鉴定费！表层相似，内部结构相同，母版 100% 一致。鉴定难题迎刃而解，犯罪嫌疑人、辩护人均无异议。

2021 年 4 月 26 日，我们以侵犯著作权罪向法院提起公诉。法院采纳检察机关全部定罪、量刑意见，以侵犯著作权罪判处国某公司罚金人民币 400 万元，判处许某有期徒刑四年，罚金 36 万元；判处陶某有期徒刑三年二个月，罚金 10 万元。被告单位不服、上诉。10 月 28 日，中级人民法院作出终审判决：驳回上诉，维持原判！

保护知识产权就是保护创新，我们将薪火相传、砥砺前行，继续用团队智慧守护中国"芯"！

【主题演讲稿示例】

以青春之名　书检察答卷

青春是什么？每个人有不同的答案。我理解的青春，是一群敢想敢做的年轻人百舸争流、奋楫争先的样子。我想分享一个我身边的青春故事，我的同班同学玉娇，当年报考北大研究生失利调剂到南师，毕业时连续三年报考国家公务员都因面试不过屡战屡败。忽然有一天，她将全国人大常委会法工委的录用通知拿给我看，我没有觉得意外，因为我见证了她为了圆梦彻夜研读中央文件，微光成炬、逆风前行的执着。她说，"梦想一定要有，你看，我就实现了！"

东方欲晓，莫道君行早。2015 年，初出校门的我，憧憬着在审判席上挥舞法槌的尊荣。我的第一份工作是在"宁海路 75 号"，院领导为了让刚刚走出象牙塔的我们对法院职能有全面认识，安排了 10 个庭 20 场不同类型的庭审观摩，在刑事审判庭上，"代表国家追诉犯罪"的角色深深吸引着我。2017 年，我入职检察院，先后在公诉、刑检、未检、研究室工作，经历过第一次向检委会汇报案子的忐忑，经历过对失足少年诉还是不诉的内心挣扎，经历过一篇稿子打磨十几遍才通过的不断锤炼，我收获了成长，面对困难更加从容、格局更加开阔。有一次，我接到家住外地的帮教对象小萱的电话求助，说她被母亲打骂不想活了，我认识到事情的紧迫性，立即用平时积累的危机干预知识安抚她，同时请来专业的心理老师在线疏导，委托当地检察院对母子二人进行家庭关系指导。幸运的是，危机最终化解，小萱开始学习钢琴，找到兴趣并为之努力，我的工作也得到认可，案例获评长三角司法协作典型案例。那一刻，我再一次深刻地感知，我们办的不只是案件，更是别人的人生，甚至是生命。

夜深人静时，我时常会想，胸前的检徽我该如何擦得更亮。法律监督者、犯罪追诉者、公益保护者、区域经济社会发展的护航者，每一个身份，都为我们依法履职提供了精准的切入点。在踏梦前行的七年里，我度过了而立之年，检察初心未泯，也收获着生活的点滴感动，这些都将化作奋斗路上不可或缺的力量。

今朝试卷孤篷看，依旧青山绿树多。一代代玄检人接续传承，从厚重的发展历程中汲取"九万里风鹏正举"的力量。"展现首位风采、争当全省标杆、争创全国一流"，今天，我们比任何时候都更接近这一目标。强国复兴的路上，年轻人检心向党、激情青春，我看到未检标兵唐颢以梦为马傲然前行的高光时刻，看到同事孙军投身抗疫一线舍小家为大家的默默奉献，看到院领导运筹帷幄为年轻人搭建舞台的谋篇布局。鲁迅先生说，"从有着古老历史的中州，传来了青年的声音，仿佛预告这古国将要复活。"经过百年历史的洗礼，五四精神依然闪耀着光芒。站在新时代的起点上，身为玄检青年的我，将以峥嵘岁月为鉴，在前辈们精心绘就的蓝图上，以青春之我、奋斗之我，努力书写不悔的检察答卷！我的演讲结束了，谢谢大家。

（二）辩论

辩论能力是公诉人语言表达能力中的核心能力。在意大利最高法院的两侧有两个雕塑，一个是乌尔比安的塑像，一个是西塞罗的塑像，乌尔比安强调规则，西塞罗是古罗马最伟大的政治家和辩论家。[①] 最高法院两侧之所以陈列这两个雕塑，其目的旨在强调法官应当依法裁判且重视辩论能力。公诉人更应重视自身论辩能力的提升。如果一个公诉人的法学功底深厚，学术精良，但不善于在法庭上唇枪舌剑地展开辩论，则绝对不是一个合格的公诉人。所以，辩论对于公诉人能力的培养具有重要意义。

辩论是以语言为基础的沟通行为，却不仅对语言的表达能力有要求，而是要求参与者在整个辩论过程中必须具备一种综合能力。既要有正确清晰的主张，还要有缜密的逻辑思路。既要有临场应变的判断与能力，还要有流畅的语言表达。这样的综合能力是可以通过训练达成的，而辩论赛就是公诉人岗位练兵活动最经典的方式。如何在辩论赛中赢得主动，占得优势，熟练掌握攻防逻辑运用技巧、娴熟运用论辩语言以及形成独特自信风采是其中重要的三个方面。

逻辑设计是辩论制胜的灵魂。法律之美在于逻辑之美，辩论的魅力在于逻辑之妙。逻辑之于辩论，相当于枝干之于大树般的存在。优秀的逻辑设计，是辩论取胜的关键。逻辑框架，就是通过对辩题的剖析，寻找建立自身的体系防线，设计进攻和防守的逻辑路线。一是运用逻辑思维破题，找准争议焦点，通过透彻的分析辩题，明晰辩论双方的真实的逻辑地位和逻辑困难。所以，辩题审读是辩论准备的第一步，需要确定出题意图、辩题背景、概念界定，立论路径，特别是概念界定与立论路径，立论是辩论之本，只有阵地牢固，才能进可攻退可守。二是讲究逻辑层次，要做到条理清晰。辩论赛是逻辑之战，能否赢得比赛的胜利与辩论所在逻辑层次的高低、逻辑严谨的程度、推理演绎是否流畅密切相关。无论是在案件事实的认定还是在法律适用之争都离不开逻辑的推理与论证。三是要知己知彼。在确立好自身主张的逻辑之后，我们还要在辩论中快速地理解和分析对方

---

① 王利明：《法学教育应注重辩论能力的培养》，载百家号，https://baijiahao.baidu.com/s?id=1725939718967063376。

的逻辑思维，以便因人、因题、因时、因地综合考虑最佳应对方案。要善于归纳，在辩论中找准对方的漏洞，并抓准要害进行"攻击"，给对方致命的一击。

进攻是最好的防守。辩论过程针锋相对，只有进攻才能赢得主动。攻其要害是基本原则，双方争论的焦点就是要害、就是进攻点。法律辩论一般都会有三至四个辩点，确定辩点之后，可以通过以下方法进攻。一是直接进攻、力驳要害。直截了当指出对方错误所在，或者是论点与事实相违背，或者是对方论证方法自相矛盾，又或者是论证得不出正确结论。揭露对方论证中的"偷换概念"，是直接进攻法常用的表现方式。一方面直接指出对方错误，另一方面传递给听众重要信息，将对方的论辩下定义为错误方式，无疑会让听众对对方的观点产生动摇。二是攻其一点、反复发问。辩题一般不会明显有利于某一方，对于双方而言都有可以发挥的余地，几个辩点之中，既有对己方有利的论点，也存在对己方不利的论点。这时，抓住有利时机，一而再再而三，从不同角度，对有利于自己的论点重复发问，逼对方回答，会使其置于困境。对方越是不答，必然影响观众的心理和倾向。三是巧用归谬、出其不意。先假定对方的论点是对的，然后以它为前提，遵循"有此必有彼"的必然联系，引申出一个明显荒谬的结论，从而证明对方论点是错误的，继而归于荒谬。归谬法是拿着放大镜观察对方的结论，将那些看似正常语句中不易被发现的、尚不令人生疑的错误，暴露出来，让对方的观点不攻自破。

积极防守才能有力辩驳。辩论中有进攻就有防守。尤其是控方，当立论完成后，首要任务就是做好防守。但与其他矛盾的统一体一样，对立统一是基本元素，所以，以攻为守，以守为攻。死守的辩论不可能出彩，积极防守才能赢得优势。一是主动出击、以攻为守。辩点的两面性注定"公说公有理、婆说婆有理"，对方攻击对己不利的论点时，在防御论证的同时，反驳对方要害，迫使对方转攻为守。或者在对方攻击之前，主动发言，将自己的弱项公开暴露，通过下定义的方式先发制人，与对方形成鲜明的战场，再围绕不同的观点举例子，也可以达成"自圆其说"。二是借言回答、以退为进。借言就是借"对方"之言，可以是对方的观点、话题，也可以是对方提供的事实论据，可以将其中对我方有利的部分与对己方不利的部分相剥离，只将其中可以为我所用的部分进行阐述，甚至转而坚固我方的立场。这虽然对辩手临场反应能力的要求很高，但是如果赛前准备资料时，吃透辩题，有所储备，在辩论赛场上就会不断闪烁灵感，迸发出奇思妙语。如辩论"社会秩序的维系主要靠法律还是主要靠道德"的竞赛中，正方引用孔子语录"道之以政，齐之以刑，民免而无耻；道之以德，齐之以礼，有耻且格"，以说明孔子主张道德治世的观点。反方选手立刻反驳，"孔子也讲过危邦不入，乱邦不居，危邦、乱邦都不去，你还指望道德吗？请问对方辩友，如果你家被梁上君子光顾，你是马上报警，还是坐等那个小偷良心发现呢？"这段反驳正是巧借对方引用的孔子之言，引用现实案例，让对方陷入被动。三是缓兵之计、转移视线。辩论双方势均力敌时，常常出现因一方失误而让对方有可乘机进行反击的情形。当出现对方提出事先没有准备到的问题，而在仓促之间又难以回答时，可采取将论据问题转化为理论问题反问对方，如"对方辩友所问问题无非是论及行为人主观故意，这个问题在上一轮答辩时我方已经阐述清楚，对方辩友难道没有听明白吗？"又或者可以见招拆招，将对方的问题拆解成两个小问题，要求对方进一步明确具体所辩的问题。又或者直接反驳说"对方所论述问题与今天的辩题无关，所举案例不具有可比性"。但无论如何拆解转换，一定是围绕将不利因素转换为有利因素而展开。

辩论语言的独特要求。辩论的较量，是双方将内容以语言为载体进行博弈的过程。其他演讲、朗诵等有声语言活动向受众传递信息与情感的方式是单向的，而辩论是双向的，辩论的主体由正方与反方组成，其目的不仅是传递信息，还要通过质疑与论证，使对方难以自圆其说。所以，辩论的语言既有一般有声语言活动的特质，又有其独殊的要求。一是语言简洁。辩论的简洁不同于其他有声语言，它的表达受到时间的严格限制。它被分解到每个环节，甚至精准到秒。所以，需要控制自己的表达欲，必须将语言压缩精练，节约使用时间。当然，并非说得越多，对方就能听懂己方的发言。字数达到一定限度时，反而会产生听觉疲劳，发言效应将逐渐降低。所以，掌握适度的发言内容最重要。二是语气中肯。辩论的发言不是说给自己听的，重点是说给对方辩友、评委以及观众听的。辩论的语气任何时候都不能表现不屑一顾，它应当是中肯地给对方讲解，态度诚恳，不厌其烦。此外，辩论的内容还可以有语气的变化。在接受对方挑战时，要语气坚定，充满自信，在幽默调侃时，要充满善意，语言可以轻松活泼，在攻击对方要害时，可以咄咄逼人。三是语速适中。大部分的公诉人说话都比较快，快可以传达更多的信息，但是太快了，就会"欲速则不达"，评委和观众来不及反应，直接影响效果。但是也不能太慢，辩论不可能如朗诵般小桥流水，辩论是双方语言的交锋，语速相对其他有声语言活动要快一些。四是随机博弈。辩论要求在比赛中根据对手的发言内容决定自己的表达内容和方式，而且这种反应往往要求瞬间做出，接近于本能。而这种随机表达的背后是辩手日积月累的训练，当然也得益于比赛的经验。五是具有语言艺术之美。辩论语言除了逻辑之美，还应该具备审美的元素，让辩论变得令人赏心悦目而沉醉其中。形象化是增强辩论语言美感的方法之一，常用比喻、拟人、排比、借代、夸张、双关等修辞手法，将抽象的事理以及论证过程在逻辑之上覆盖形象化，使法理通俗易懂，不仅便于人们理解，而且增添特有的趣味性。如运用拟人可以将事理描述得栩栩如生，运用排比能够增强论证气势，使用双关则可能营造出幽默轻松的气氛。此外，辩论语言的情感运用也必不可少。《毛诗序》有言："情动于中而形于言"，清代沈德潜也曾说过："以无情之语而欲动人之情，难矣。"法律辩论一方面用逻辑讲道理，为的是晓之以理，另一方面也需用情感感染人，为的是动之以情。言情可能打动不了对方辩友，但可以打动评委与观众。所以，作为一种博弈，辩论需要在两个层面争取评委与观众，一个是逻辑，另一个是情感，二者缺一不可。

　　自信是最好的名片。每个选手有不同的表达风格。有的选手表达风格是干脆犀利型，有的选手表达风格是娓娓道来型，还有的是幽默轻松型。但最能打动观众与评委的一定是辩论过程中的那份自信。辩论赛要求选手在心理上具有自信和斗志，只有这样在辩论中才能掌握主动。面对着评委和观众，缺乏自信和斗志的心理很快就会体现于言行之中，自然影响观者对本方观点的接收效果。相反，即使个别言语出现纰漏，但心理所散发的自信和斗志自会感染观者，让人有瑕不掩瑜之感。这种自信可以表现在优雅的手势、挺拔的站姿、自信的微笑与表情。与自信的泰然自若相比，在辩论过程中，很多选手就容易出现的就是紧张情绪。有两种表现：一种是"充耳不闻"，在对方发言的时候，"自动屏蔽"对方发言内容，明明在听却又听不进去；另一种是"言之无物"或者"口齿不清"，头脑中没有形成要表达的内容，但是限于时间被迫站起来发言，只能依靠一些辩论技巧，说一些无关痛痒或者起到舒缓节奏的话。口齿不清的情况则更为普遍，譬如读错字音、读错案例中当事人的名字或者是对于某些字词根本读不出来，感觉舌头打结。克服紧张情绪，不存在捷径，只有靠多说、多练，注意在表达中与观众的交流，增加自己在众人面前，尤其在领导、专家和大量观众面前的表达机会，逐步使自己的紧张神经"脱敏"。

　　"三人如一人"。团队辩论赛一般一方由三个人一组进行陈述和辩论。一辩陈述己方的观点和理论，负责转换"战场"；二辩负责在舌战中攻击，主要是提问和解答；三辩是陈词总结。三人之间既有分工，又有合作；既有区别，又有联系。在团队辩论中，三位辩手之间首先要通过赛前"磨题"达成认识共识，即使可能不是自己所认可的观点，但团队逻辑设计完成后，就要相互配合与补位，不能出现在整体逻辑设计以外的观点。针对本方辩友的表现，如果一位辩手说得不全面，另外的辩手一定要立即加以补充说明。如果每个人只是"自说自话"，就会陷入被动地位，被对方牵着鼻子走，最终以失败告终。三名选手之间只有配合默契、认识一致、一体作战，才能形成更强攻击性。相对于一辩和三辩，二辩的发言次数可能更多，发言长度可能更长。但是，如果二辩和队友之间没有形成良好的默契和一体遵守的规则，也容易导致二辩在发言的次数和时间上把握不好，甚至三人发言的时间都较长，不但体现不出辩论的长短、快慢差别节奏，也可能导致本方时间的迅速耗尽。长、短发言一般要交互进行，不宜一律长篇大论，当然也不能都用短句，造成疲于应付的局面。另外，团队整体也应通过磨合形成自己的风格，讲究语言美和仪表风度美，以争取观众和评委对所有辩手留下整体好感。

【辩词示例】

辩题

张三系某五金厂保安，李四系五金厂附近居民。某周末晚，张三在厂区值班巡逻时，见李四在厂内形迹可疑，遂上前查问，发现李四所携包内装有本厂价值数十万元的贵金属焊条。李四因平时与张三较熟，遂坦言该焊条系从厂里"拿"的，并当场送给张三2万元，让张三高抬贵手。张三遂放李四离去，并隐瞒了此事，导致李四从该厂窃得价值14万元的财物。

控方：张三、李四的行为构成盗窃罪共犯

辩方：张三、李四的行为构成职务侵占罪共犯

控方一辩：谢谢主持人，各位评委，对方辩友大家好。李四盗窃巧遇张三，大家肯定以为他成了瓮中之鳖了吧，但生活总是充满了戏剧性，一贼一保安却因为两万元成了一根绳子上的蚂蚱，那么二人的行为究竟应该如何定性呢？我方观点是二人构成盗窃罪共犯。仔细分析辩题，本案的事实可以分为两个阶段，第一个阶段，在一个周末的晚上，一墙之隔的李四悄悄地潜入五金厂，成功地偷到了贵金属焊条。显而易见，此时李四的行为已经符合盗窃罪的构成要件。需要提醒大家注意的是，李四盗窃的焊条价值数十万元，根据常情常理，这么贵重的焊条必定保管在特定场所，而不可能由巡逻的保安张三占有和控制。因此，张三对焊条不具有主管、管理和经手的职务之便。第二个阶段，李四携带焊条准备离开时遇到了保安张三，此时李四还在厂区之内，因此他的盗窃犯罪尚未既遂，是夺路而逃还是束手就擒，看着眼前的老熟人李四产生了拿钱买路的想法，他一边主动告知张三他偷了焊条，一边掏出 2 万元，请张三高抬贵手，面对 2 万元赤裸裸的诱惑，张三心动了，他随即放李四离去，帮助李四最终完成了盗窃，再次提醒大家注意，从李四偷到焊条到李四离开厂区，焊条自始至终一直在李四的包中，由李四控制和占有，而张三发现李四形迹可疑时，只是简单地上前问了问和看了看，在他得知李四偷了焊条以后也是无所作为，他对焊条既未有效控制，也未实际占有。众所周知，职务侵占实质是变合法占有为非法所有，没有合法占有又如何认定职务侵占罪呢？综观整个犯罪过程，我们可以发现李四选择周末晚上伺机作案，轻松盗取巨额财产，遇到保安花钱通关，他主导和控制了整个盗窃犯罪。他的盗窃故意一以贯之，从未转化，他的盗窃行为一气呵成，从未转移，当然构成盗窃罪。而张三拿人钱财替人消灾，以不作为的方式帮助李四彻底完成了盗窃行为，根据部分行为承担全部责任的原理，也应当以盗窃罪定罪处罚，谢谢。

辩方一辩： 谢谢主持人，大家好。我方的观点是张三、李四的行为构成职务侵占罪的共犯，刚刚控方看到窃取就认定为盗窃罪，这样的观点能否成立，是否以窃取手段获得财物的就都应当认定为盗窃罪呢？答案显然是否定的。我们都知道贪污罪和职务侵占罪的客观行为中也都包含了窃取手段，可见区分盗窃罪和职务侵占罪的关键并不在于有无窃取的手段，而在于行为人有无利用职务上的便利，这便利是不是取得财物的关键。回到案例，我们也分两个阶段来看张三、李四的行为。在故事的前半段里，张三是一个尽职勤勉的保安。周末的晚上，五金厂上至厂长下至工人都各回各家，喝酒的喝酒，掼蛋的掼蛋，只有张三作为唯一当值的保安肩负着保卫五金厂财产安全的重任，在厂里一圈又一圈地巡逻，俗话说县官不如现管，此刻对厂内财物的控制不靠张三又能靠谁呢？张三也没有辜负群众的信任，他敏锐地发现了李四图谋，人赃俱获，李四拿得到却偷不出。可见，对于五金厂的财产，张三有现实的管理职权。如果故事就此终结，那是一个大团圆的结局，但万万没想到的是这贵金属焊条最终还是没了，让我们看看这损失是如何发生的。张三查获李四后，凭借对赃物的现实控制，切断了原先盗窃行为的因果关系，成了因果链条中的支配者，此时李四已经无能为力了，他只能听凭张三处理，小偷是抓是放，焊条是得是失，全在保安的一念之间，李四非常清楚这一点，所以他又生一计，以共同分赃相利诱，张三也很清楚这一点，所以他陷入了沉思。最终厂长的嘱托被放在了一边，岗位职责也抛之脑后，保安张三和小偷李四在金钱的撮合下形成了新的犯罪合意，二人利用张三的职务便利，里应外合，监守自盗，共同侵吞了已被查获的贵金属焊条，可见造成五金厂财产损失的不是小偷的窃取，而是保安利用职务便利的侵吞。刑法及司法解释明确规定与公司企业人员相勾结，利用单位人员职务便利，共同侵吞单位财物，据为己有的是职务侵占罪的共犯。本案中，张三、李四既有通谋，又利用了张三的职务便利，并且共同分赃，只有将二人的行为认定为职务侵占罪的共犯，才符合刑法罪刑法定全面评价的司法原则，谢谢！

控方三辩：各位评委各位朋友大家好。法律是一门思辨和逻辑的艺术，而其中最大的乐趣莫过于和各位小主聊一聊本案的是非曲直。经过两个阶段的论辩，我方认为您方有以下论证不当之处，请允许我指出。一是将保安泛泛地看护职责和经手管理财物的专门职权相混同。二是将发现和查证小偷与控制并占有赃物之间相混同，那么我们就来看看事实真相如何。首先，保安不是老总，即便是老总，也不能管理和占有全厂所有的财物，大王叫他来巡山，可没让他把唐僧肉当晚餐，如此贵重的焊条，岂是保安管理职权。其次，李四偷了五金厂的焊条装进了包内，虽然他未离开厂区，但非法占有的状态正在持续。保安张三想要追回焊条，仅靠看看和问一问是办不到的，他可以堵截，可以报警，甚至可以让李四主动交出来，但他没有这么做，从头到尾他都没有实际控制小偷，进而保管焊条。皮之不存，毛将焉附。张三怎么能侵占一个他从未实际管理和占有的东西来成立职务侵占罪？最后张三和李四是认识的，这就涉及为什么张三没有控制李四，所谓人生何处不相逢，遇到熟人不能怂，李四看到保安是熟人，自信爆棚有没有。于是才有了后面的巧言令色，才有了他用2万元的买路钱把十几万元的焊条带走远走高飞的剧情。如果今天保安不是张三，李四选择夺路而逃，甚至盗转抢，又如之奈何，你可以说小偷狡猾，说他运气，但不可否认的是李四主导了案件的进程，而张三是哥们儿义气也好，是见利忘义也罢，他就像洞开的大门用向你举手的方式帮助李四跨过了盗窃的最后一道门槛。职务侵占的入罪标准已经提高到了6万元，数额巨大的标准甚至达到了100万元。如果买通保安就是职务侵占的共犯，各位细想那保安还是看家护院的守门神吗？我想他应该变成一个大胆收买的财神，或者变成了可以帮助脱罪的守护神，这样真的好吗？相反，看清犯罪行为实质，精准适用法律，以盗窃罪认定该类犯罪才是定分止争、正本清源之举，谢谢大家。

辩方三辩：谢谢主持人，大家好。控方很有才，我为您点赞。但是在犯罪没有得逞有人加入其中之后，他就一定是盗窃承继共犯吗？本案到底是张三加入了盗窃犯罪还是两人形成了职务侵占的合意呢？下面请允许我指出控方的几点失误。第一，盲目否定了保安对财务的管理职权。控方告诉我们保安巡逻、查问、放行都只是泛泛地看护职责，保安保安，看护工厂保平安，这是他职责所在。当周末夜晚全厂放假，保安发现嫌犯查获赃物时，其职责就要求他看护处置管理财产，其职务上的便利不言而喻。第二，误以为职务侵占罪必须以合法占有为前提，控方反复强调职务侵占一定是转合法占有为非法所有，但是我们都知道职务侵占罪的手段可以是窃取和骗取，那么窃取和骗取的时候有需要行为人提前占有吗？当然不用。控方您立论前提错误，怎么能得出正确结论？第三，控方对承继共犯犯罪特殊形态以及两罪关系理解错误。控方告诉我们当小偷被查获时犯罪已经未遂，但是随后保安又帮助小偷实现了犯罪既遂，我们都知道承继共犯必须事前行为没有实质性完结，而后行为人加入其中，此时盗窃已经未遂了，一个终局型的犯罪怎么还能往前进行既遂呢？此外，控方还告诉我们说两罪之间是想象竞合择一重，那么我想问那您如果遇到以窃取的手段去贪污的时候，您全部定盗窃吗？显然不是，我方也不否认本案中小偷和保安的行为共同导致了财产的损失，但是判断共同犯罪的定性还要看谁是正犯，谁是犯罪事实的支配者。当小偷被人赃俱获时，其行为对于法益侵害的风险已经急剧降低，此时是保安的行为导致法益侵害的风险再一次提升，是保安的行为使得财物遭受了直接的损失。因此保安才是本案的核心人物，盗窃的小船已经翻了，小偷登上了保安这艘职务侵占的大船驶向的彼岸，您方怎能刻舟求剑、裹足不前呢？良好的秩序是一切的基础，医生救人，消防员灭火，收银员收银，保安看护工厂保平安。不论何种职责，不论职权大小，每一个人都应当不忘初心，兢兢业业。因为职责重于泰山，精准定性、不枉不纵就是我们法律人的职责。因此，立足案件事实，严守法律底线，我方认为张三、李四的行为构成职务侵占共犯，谢谢。

第五节　诉讼监督能力：练好"看家本领"

《刑事诉讼法》第 8 条规定："人民检察院依法对刑事诉讼实行法律监督。"依法对刑事诉讼活动实行法律监督，是宪法和法律赋予检察机关的神圣使命，对于促进严格公正司法，努力让人民群众在每一个司法案件中感受到公平正义具有重要意义。从诉讼阶段上看，人民检察院的法律监督贯穿于刑事诉讼的始终，包括刑事立案监督、侦查活动监督、审判活动监督、刑罚执行活动和看守所监管活动监督等。刑事检察官履行诉讼监督职能，是刑事检察工作的重要内容，诉讼监督能力是刑事检察官作为法律监督者身份与之相匹配的基本素能，可以说是"看家本领"。

一、诉讼监督素能提升的方法

（一）善于发现问题

诉讼监督工作最忌对"千篇一律"的证据材料产生麻木感，长期面对林林总总的卷宗我们难免会产生倦怠，在案件审查过程中就会走马观花，难以发现侦查机关违法情形，甚至有可能对明显违法的现象"视而不见"，所以提升诉讼监督能力首先要从锻炼发现问题的能力着手。美国著名刑事辩护律师艾伦·德肖微茨在《致年轻律师的信》一文中对年轻律师发出忠告，"不要相信任何当权者，也不要对司法意见信以为真"。[①] 作为法律人，不能轻信证据，换言之，也不存在不受审查的证据，所以，刑事检察官作为法律监督者，同样需要理性的质疑思维，这是监督素能基本功。多一份主动质疑，就可能发现一个监督线索，也只有经过审查的证据才能进入下

---

① 刘彤海：《对青年律师的忠告——德肖微茨〈致年轻律师的信〉有感》，载国法网，http://www.cnlawweb.net/business/Culture/20100807142528.html。

一个环节。对案卷材料始终抱着审视和怀疑的态度，即使是重复办理的同类案件也要始终保持一种新鲜度和敏感度，对侦查人员所制作的每一份证据都要秉持最严格的审查标准，目光往返于标准化的规范与在案的证据之间。审查在案证据材料时，在审查证据材料的证明力之前，首先着重审查证据资格，从中发现侦查行为违法、取证不及时、侦查不作为等问题，将证据进行相互比对核查常常能够发现有效线索。

【案例：比对审查相关时间发现问题】

张某、李某盗窃案。从附卷的提讯时间比对后发现，两名犯罪嫌疑人分别于 × 年 × 月 × 日至 × 日，几乎被连续审讯三天，其中只有中午与晚上各休息半小时，通过与讯问笔录记载的讯问具体时间段核对，疲劳审讯问题通过时间比对清楚易见。

【案例：核对取证地点发现问题】

王某、陈某某等人故意伤害案。刑拘材料显示，两人入所时间为 × 年 4 月 3 日，且均签有本人姓名。卷宗中王某的讯问笔录则显示讯问地点为刑侦大队，时间为 4 月 5 日。两份材料的讯问地点存在矛盾，经提讯犯罪嫌疑人进一步核查，发现侦查人员存在违法行为。

【案例：比对侦查人员姓名发现问题】

汪某抢劫案。该案侦查人员钱某与李某某在询问笔录中高频出现，经比对，× 年 5 月 8 日，发现钱某在相同时间段同时参与对两名证人的询问；5 月 9 日，这两名侦查人员在同一时间段既在看守所讯问犯罪嫌疑人，又在刑警大队询问证人，明显存在问题。

【案例：核查同步录音录像发现问题】

张某故意杀人案。提讯犯罪嫌疑人时，张某辩解侦查人员存在疲劳讯问与诱供。承办人向侦查人员调取全部讯问同步录音录像。经核查，发现 × 年 3 月 20 日至 3 月 21 日，连续讯问 14 个小时，且未安排必要的休息时间。

【案例：比对事实中相似细节发现问题】

俞某等人职务侵占案。案件中四名犯罪嫌疑人的多份笔录对商议侵占单位财物的细节事实描述从语气到字句，甚至标点符号几乎完全一致，经核查，发现侦查人员在制作讯问笔录时存在复制、粘贴现象，其中张某的供述还存在指供行为。

【案例：运用经验法则判断发现问题】

胡某抢夺案。被害人报案时所做的第一份询问笔录记载，其称当时因为天黑，看不清行凶者的相貌特征，但卷宗中的辨认笔录显示，被害人辨认出犯罪嫌疑人。经分析，犯罪嫌疑人是在被害人报案后10个月到案，被害人从看不清面貌到辨认出犯罪嫌疑人，显然不符合常情常理。后进一步向被害人核实，发现侦查人员指供的违法行为。

作为与不作为是违法行为的两个侧面，在关注侦查人员通过作为方式违法的同时，不能忽视侦查人员应当作为而不作为或不及时作为的违法情形。

【案例：组织辨认不及时】

韩某等人故意伤害案。被害人身受重伤送医院治疗，侦查人员对其询问时，被害人表示能够辨认出对其殴打的两名犯罪嫌疑人。但侦查人员未及时组织辨认，入院治疗五天后被害人死亡，已不具备进行辨认的条件。

【案例：询问证人不及时】

刘某某强奸案。被害人张某报案后，向侦查人员提供证人王某，证实王某是重要证人，其对强奸犯罪过程了解。由于犯罪嫌疑人刘某某一直未到案，侦查机关就未寻找证人王某进行询问。两年后犯罪嫌疑人刘某某到案后，在侦查机关第一次讯问时承认强奸犯罪，随即翻供，辩解双方系自愿发生性关系。此时证人王某已无法查找，案件侦办受到严重影响。

【案例：检查鉴定不及时】

张某被害案。2008 年张某系被他人持钝器击打头部致颅脑损伤死亡。现场勘验记录显示，在案发现场发现一根长约 150 厘米的铁棍，但未进行痕迹检验。2016 年犯罪嫌疑人被抓获到案，拒不承认犯罪事实。侦查机关将作案工具取出准备进行鉴定，发现已经高度锈蚀，没有进行痕迹鉴定的条件。

（二）善于深入核查

诉讼监督的对象是其他执法司法机关，对象的特殊性和司法的专业性决定了诉讼监督工作必定具有更大的难度。我们应杜绝坐堂办案，在电话中核实监督线索，在办公桌前制发监督文书，监督工作足不出户。诉讼监督的过程应变静态为动态、变被动等待为主动出击，通过调查核实，听取侦查机关、被调查人、诉讼参与人意见以及公开审查，既增强监督的主动性，又可凸显监督的权威性。只有通过一系列亲历性过程，才能对问题的研究比被监督者更深入、更透彻，才能增强向他人提出监督意见的底气与自信，否则草草了事，提出不专业的监督意见，既得不到被监督对象的认可，也严重影响了检察机关的公信力。

提前介入是开展诉讼监督的起点。提前介入的主要任务有两项：一是引导取证；二是侦查监督。"要通过提前介入，引导侦查机关依法开展侦查活动，客观全面收集、固定证据，特别是客观性证据，防范和纠正侦查中的违法行为。"[1] 考虑到案件不同诉讼环节对证据要求的差别以及尊重侦查规律，案件报捕前介入重点原则为案件定性、侦查取证方向、立案监督等，不宜过多介入证据收集、调取等具体的侦查行为，但对于违法违规的侦查行为应当进行监督纠正；捕后诉前、审查起诉阶段引导侦查则可以结合继

---

[1]　刘彤海：《对青年律师的忠告——德肖微茨〈致年轻律师的信〉有感》，载国法网，http://www.cnlawweb.net/business/Culture/20100807142528.html。

续侦查提纲、补充侦查提纲等，对案件定性、证据规范、侦查监督事项进行全面审查，提出引导、监督意见。刑事立案监督应关注公安机关对监督立案案件"消极侦查"现象，加强监督立案后的跟踪，及时催办立而不查、久拖不决的案件，对于因犯罪嫌疑人外逃导致案件搁置的，主动提出侦查取证建议，督促侦查机关尽快破案。

审查逮捕阶段应关注侦查机关是否遗漏了犯罪或者遗漏了同案人，如果所遗漏的犯罪事实与侦查机关立案侦查的犯罪属于同一性质的，应通过《补充侦查提纲》或者《继续侦查取证意见书》引导公安机关补充侦查取证；如果所遗漏的犯罪事实与立案侦查的犯罪属于不同种类的犯罪，应将线索移送给侦查机关，按照立案监督程序办理。如果遗漏犯罪的同案人，经审查符合逮捕条件的，应当纠正漏捕。

（三）善于智慧处理

监督是一门艺术，检察官应当勇于监督，但绝不可蛮干硬干。发现和纠正侦查违法是侦查监督的手段与目的，发现是基础，纠正是关键，但如何纠正，如何让监督产生实实在在的效果，最终促使被监督者接受监督意见，纠正不正确的执法司法行为，并采取有效措施健全内部纠错和预防机制，这是考验刑事检察官监督智慧的。不注意方式方法，简单生硬，监督的结果就可能事与愿违，不仅达不到监督预期效果，还可能造成被监督者情绪对立，在工作中消极不配合。我们既要有刚强的内心，也要有柔软的身段，才能达成让被监督者心服信服的结果。一是说理与说法并重。作为新时代职业共同体的成员，监督者与被监督者只有身份分工的不同，双方的法治理想、法治信仰、法治目标都是一致的。在监督的过程中，作为监督者既要说清法律规定、违法理由，更要讲明"监督就是支持、监督更是保护"的理念，树立双方"双赢多赢共赢"的共识。二是刚柔并举，刚性监督与柔性监督相结合。从法律规定的角度看，刚性监督是指法律明确规定检察机关应当履行的职责，如抗诉；柔性监督则是指法律未明确规定监督范围，但在执法司法活动中存在瑕疵，不监督将影响司法形象，采取法律规定的灵活方式进行监督，如案件协调会、检法联席会、制发《监督月报》等方式，将执法司法活动中的典型问题定期进行汇总研究，通过交流互动规范执法司法活动。另外，即使是法律赋予检察机关的监督手段，如纠正违法与检察建议，在适用时同样应当遵守比例原则，对严重违法尚不构成犯罪的应当发出纠正违法通知书，对普遍存在的一般违法行为发出检察建议书，对没有违法情形只是侦查工作不规范等问题，不应成为侦查监督的主要内容，检察官更不能成为侦查的校对员，事无巨细。三是点面结合，个案监督与类案监督相结合。既要遵循"在办案中监督，在监督中办案"的理念，对个案进行监督；同时也要具有类案思维，从个案中挖掘监督线索，从类案中汇集同类问题，整合资源进行综合研究，通过类案监督方式提升监督质效，以体现"有质量的数量"与"有数量的质量"。

二、侦查监督能力提升的方法

侦查监督也称侦查活动监督，是指人民检察院依法对公安机关等侦查机关的侦查活动是否合法进行的法律监督。

（一）主动挖掘侦查监督线索

发现监督线索，是办案中监督的第一步，也是关键的一步，"捕诉一体"模式下挖掘侦查监督线索的有效途径主要有以下几种：一是紧盯在办案件，在审查案件时要时刻保持质疑的视角，精细化审查案卷材料，挖掘监督线索；二是通过侦查监督与协作配合办公室定期开展提前介入工作，前移监督关口，检察官通过提前阅卷、亲临现场参加案件讨论等方式，尽早发现监督线索，引导侦查；三是建立健全内部监督线索移交机制，坚持全院"一盘棋"思想，完善刑事、民事、行政、公益诉讼等部门信息共享、线索移送机制，形成检察监督合力；四是主动走访行政执法机关，通过"两法衔接"机制发现立案监督线索；五是关注媒体报道和网络信息，一旦发现有价值的监督线索就要主动开展调查核实工作；六是拓宽群众诉求通道，运用"两微一端"宣传"两项监督"职能，提高群众知晓度，依托"12309"检察服务中心等渠道，引导群众广泛提供监督线索；七是针对突出问题主动开展专项监督活动，如开展对违法采取查封、扣押、冻结财物等强制性侦查措施、对经济犯罪"久侦不结"挂案问题的专项监督活动等；八是运用大数据赋能"智能监督"，建立检警信息共享机制，全面掌握公安机关受案、立案、转行政处罚、强制措施等案件情况，运用数据分析软件，将该数据与检察机关不捕、不诉、退回补充侦查等数据进行碰撞，从中发现违法线索，开展监督。[①]

（二）充分调查核实监督线索

2018 年修订的《人民检察院组织法》第 21 条规定，检察机关行使法律监督职权，可以进行调查核实。《中共中央关于加强新时代检察机关法律监督工作的意见》强调，检察机关要加强对监督事项的调查核实工作，精准开展法律监督。调查核实是准确认定侦查活动违法事实的根本，也是正确适用监督方式的依据，重在查明违法事实、查清违法后果。刑事检察官在调查核实过程中，必须重视并充分运用法律赋予的方式、手段开展调查核实，可以通过讯问、询问有关人员，查看讯问录音录像，查询人身检查记录等方式全面深入地调查核实，并收集调查材料，查明案件事实。在相关单位不配合或者阻挠的情况下，可依托检察一体化机制，积极寻求上级院支持，通过上级检察院督促其同级侦查机关予以纠正并回复。对于无正当理由拒绝协助调查或者严重阻碍调查核实致使无法查清相关事实的，移送纪检监察机关处理。除此之外，检察机关还可以就监督事项向人大做专题汇报、发布白皮书等，争取人大及其常委会、政协、政府及其工作部门对

---

① 参见谢登科：《人工智能驱动数字检察的挑战与变革》，载《中国政法大学学报》2023 年第 6 期。

检察机关依法履职的支持。

（三）依法规范确定监督方式

实践中，对于侦查机关在侦查活动中的重大违法行为一般以制发纠正违法通知书或者类案纠正违法检察建议的方式进行监督。当前，检察业务应用系统中的侦查监督平台依据不同违法情形的严重程度，设置了相应监督点，其中，将严重破坏诉讼程序、严重侵害当事人及其辩护人、诉讼代理人的人身权利、财产权利或者诉讼权利等重大违法行为列为必须制发纠正违法通知书的情形。刑事检察官要严格依照《刑事诉讼法》《人民检察院刑事诉讼规则》等相关规定，根据侦查监督平台对于违法行为的分类标准采取口头纠正、侦查活动监督通知书、纠正违法通知书或者类案纠正违法检察建议等适当的监督方式，既不能出现"降格监督"现象，也不能出现"拔高监督"问题。

（四）充分释法说理保障监督实效

在侦查监督工作中加强释法说理，有利于确保被监督对象接受监督、信服监督，进而强化监督意见的权威性和落实的有效性。具体而言，一要列明具体违法表现，便于侦查机关了解违法行为、确定责任人。二要说明违法后果，如非法证据影响证据效力、怠于侦查影响诉讼正常进行等，便于侦查机关认识到违法行为产生的不良后果。三要指明整改路径，如对于证据收集不合法情况，列明相关法律规定，指出正确的程序或操作流程。四要增加分析论证，在引用法律规定的基础上，适当增加法学理论的分析论述。五要保障救济权。根据《人民检察院刑事诉讼规则》的规定，被监督对象可以对纠正意见申请复查，因此，在书面监督意见中应列明提出异议权及期限。检察机关应当对复查申请理由进行全面审查，并将复查情况及结果及时告知被监督对象，详细阐明原监督纠正意见是否正确及理由，使其心悦诚服地接受监督。

（五）公安机关"另案处理"情形监督

公安机关移送审查逮捕与审查起诉的案件中，对于在逃犯罪嫌疑人或者认定犯罪证据不足，或者未达到刑事责任年龄等原因而未一并移送审查起诉的其他涉案人员，往往会在相关法律文书中注明"另案处理"。相关涉案人员最终处理结果是不是符合法律规定，需要我们引起重视、持续跟踪监督，否则一些犯罪嫌疑人从"另案处理"变成"降格处理"甚至"不再处理"。一是对"另案处理"程序监督，着重监督公安机关适用"另案处理"是否符合刑事诉讼法及公安机关办理刑事案件程序的相关规定。如对于应当上网追逃的犯罪嫌疑人，公安机关是否办理了相关追逃手续。又如涉嫌经济犯罪的相关"另案处理"人员，长期挂案又无法查清事实的，适时向公安机关进行撤案监督。二是对"另案处理"进行实体监督，着重审查公安机关对"另案处理"人员涉案事实是否查清以及其是否构成犯罪。对于已经构成犯罪，公安机关对其做非刑事化处理的，应及时向公安机关制发《补充移送审查起诉通知书》，确保已构成犯罪嫌疑人到案受审。对于不构成刑事犯罪，但已构成行政违法的，将案件线索移送本院行政检察部门，开展行政违法行为监督，向公安机关发出检察建议书，要求按照行政法规给予行政处理。三是对"另案处理"后续跟踪监督，着重监督被"另案处理"人员是否确被处理，处理是否合法正确，查明有无执法不公等问题。通过建立"另案处理"人员大数据法律模型，经常性开展筛查，是严密立体式监督网络确保监督质量的有效方法。通过定期使用数据模型进行交叉比对，可以动态掌握公安机关"另案处理"人员的后续处理结果，以便适时采取进一步监督措施。

三、审判监督能力提升的方法

刑事抗诉是国家赋予检察机关的专有权力，是对法院刑事审判活动进行监督最重要、最有效的途径，对于维护当事人合法权益，促进司法公正，保证法律统一正确实施，树立和维护法治权威具有重要意义。

（一）准确把握抗点的方法

对刑事检察官来说，抗诉技能是含金量最高的一项公诉技能，是刑检人综合业务水平的重要标志，是检验检察机关法律监督能力的"试金石"。刑事检察官提高诉讼监督技能，熟练掌握各类抗点至关重要，着重应关注以下五个方面：

一是事实、证据类的抗点。应着重加强对法院判决、裁定在事实认定、证据采信方面的审查，确认其有无错误，是否存在导致案件定性、量刑明显不当的情形。承办人收到判决书，首先应对事实认定、证据采信进行细致审查，重点审查判决采信的证据形式是否合法、是否经过当庭质证、有无减少或者变更起诉书指控的犯罪事实等。事实认定与证据采信两者之间密不可分，法院判决中大部分认定事实方面的错误，是由采信证据错误而导致的。

【案例】

孙某某诈骗案。被告人孙某某在庭审后向侦查机关所做关于向张某某转账情况的供述、被害人刘某某在审判人员庭外向其核实孙某某退款情况时所作陈述，均未经庭审质证，也未经庭外征求公诉机关意见，一审判决将上述证据作为定案依据，导致该案认定犯罪事实存在错误。后经抗诉，法院予以纠正。

二是法律适用类的抗点。应加强对法院判决、裁定在法律认定方面的审查，确定检法分歧焦点，是否存在影响案件定性或者量刑明显不当的错误判决。对于法律及相关司法解释的理解与运用存在一定偏差是司法实践中导致定性分歧的重要原因，也是常见现象，承办检察官发现自己的指控意见未被法院采纳后，应及时汇报提请组织内部检察官联席会进行案例研究，外部邀请专家咨询委员会专家咨询研讨等方式，澄清理论和实践认识，提高定性抗诉的准确性。

【案例】

王某抢劫案。被害人张某租住某小区一套普通住宅用于日常生活起居，偶尔在该住宅内卖淫。王某为实施抢劫，以嫖娼为名骗开房门，被害人基于错误认识允许王某进入自己的住所，王某进门后直接实施抢劫，该房屋并未从居家生活场所转化为经营场所，应当被认定为刑法意义上的"户"，应当认定王某"入户"抢劫，一审判决未认定，导致量刑畸轻，提请抗诉后法院改判。

【案例】

秦某某等人诈骗案。公安机关在秦某某帮助信息网络犯罪活动罪刑罚执行完毕之前发现其诈骗犯罪事实，根据《刑法》第70条的规定，即便判决时前罪刑罚已执行完毕，仍应当数罪并罚。一审法院仅就诈骗事实进行判决，适用法律错误，提请抗诉后法院改判。

【案例】

朱某掩饰、隐瞒犯罪所得案。被告人王某同时安排朱某、郭某分别转移电信诈骗犯罪所得，在朱某银行卡达到银行取现限额时，王某要求朱某将其账户内剩余的2万元转账给郭某，由其取现。后该笔资金转账时被退回，王某安排朱某在其他银行取现。朱某归案后如实供述了上述犯罪事实，包括向郭某转账的情况，属于如实供述本人犯罪事实，一审判决错误以朱某检举揭发郭某犯罪事实为由认定其构成立功，提请抗诉后法院改判。

三是程序类抗点。我们应加强对法院诉讼程序的合法性审查，尤其是法庭审理过程中有无严重违反诉讼程序、影响公正判决或者裁定的情形。实践中，存在程序性重大瑕疵的案件虽然并不多见，但是并不意味着作为刑事检察官就可以对程序合法性不进行审查，从选择抗点的实际效果出发，可将程序性问题与证据采信、法律适用等问题综合分析判断，最终确定案件的抗诉必要性。

【案例】

张某盗窃案。被告人张某系哑人，一审法院庭前没有为其指派法律援助律师，仅是在庭审中听取被告人是否需要法律援助，在得到其否定回答后，法庭也未按照法律规定查明原因，被告人也未另行委托辩护人，法庭也未再为其指派辩护人，当日开庭审理并当庭判决。一审法院未对其指定辩护，未能保障其充分参与刑事诉讼，违反《刑事诉讼法》保障人权和保障被告人辩护权的基本原则，程序违法，提请抗诉，法院予以纠正。

【案例】

被告人祝某微、朱某霞等人诈骗案。祝某微等6人审查起诉阶段签署认罪认罚具结书，但当庭翻供，拒不认罪，一审法庭以闭庭后的调查笔录认定涉案被告人适用认罪认罚从宽错误，违反判决所认定证据应经过当庭质证的程序要求，后经抗诉法院予以纠正。

四是量刑情节类抗点。自首、立功、累犯都是重要的量刑情节，应重视对这类法定量刑情节的审查，同时对其他法定、酌定量刑情节也应重视，因为任何量刑情节都可能对量刑产生重大影响，继而影响量刑公正。审查时重点把握相关量刑情节是否成立、认定是否有误以及依据该情节作出的从轻或者减轻处罚的自由裁量幅度是否超出了正常范围等。如认罪认罚，被告人是真认罪还是假认罪，法院判决对其从宽幅度是否适当。

【案例：错误认定从犯情节】

周某某、潘某某组织卖淫案。被告人周某某与潘某某事先共谋开设洗浴中心从事卖淫活动，由周某某出资、潘某某出面签订房屋租赁合同，办理营业执照并担任该洗浴中心法定代表人，且实际负责日常经营管理工作，领取高额工资、约定参与分成。被告人潘某某的行为在共同犯罪中起到主要作用，判决认定其为从犯，对其减轻处罚，适用法律错误，提请抗诉后法院改判。

【案例：错误认定自首情节 】

徐某某、余某某等人开设赌场案。被告人徐某某、余某某、卫某某、余某虽系公安机关电话通知到案，但初次讯问时只供述各自参与赌博的事实，未如实供述开设赌场的犯罪事实，在公安机关通过询问证人已掌握主要犯罪事实后，才如实供述，一审判决认定上述四被告人构成自首，适用法律错误，提请抗诉后法院予以纠正。

五是涉案财物处置类抗点。涉案财物处置是否合法得当，是近年来审判监督的重点。涉案财物处置漏判、错判等问题，究其原因是司法实践强调对"人"的处理，涉案财物仅被视为查明犯罪真相的手段和工具，法院判决更多地关注定罪量刑，对涉案财物的处置关注不够，检察机关也存在忽视涉案财物处置的情况。涉案财物处置问题在毒品、赌博、开设赌场、组织卖淫、帮信、掩隐、贪污贿赂等犯罪中尤为值得关注。

【案例 】

被告人罗某刚掩饰隐瞒犯罪所得罪案。其退还的违法所得应当发还被害人，但一审法院予以追缴上交国库，明显不当，侵犯了被害人的财产权，提请抗诉后获法院改判。

以上五个方面不是相互孤立的、非此即彼的关系，承办检察官应运用系统观念，构建"犯罪事实 + 证据采信 + 法律适用 + 量刑情节 + 涉案财物处置 + 程序事实"的立体监督思维，从定性到量刑、从事实到涉案财物、从实体到程序，全方位找准抗点，确保法律统一正确实施。

（二）拓展抗诉案源的方法

刑事抗诉工作没有一定的数量就谈不上高质量，保持相应规模才能体现法律监督履职实效。承办检察官审查自己所办案件的判决不能过于"自信"，这会导致错过可监督的线索。建立判决裁定交互审查制度，指定专人承担"案件复核人"，在承办检察官自查基础上分别由员额组互查、专人检查、分管检察长核查，是不遗漏审判监督线索的方法之一。此外，数字检察战略的积极应用也是法律监督难题的破解之道。一方面，借助统一业务应用系统对法院判决实时动态监督；另一方面，构建刑事抗诉类案监督模型，加强同类案件法律适用、量刑等情况分析研判，实现从个别、偶发、被动的传统监督模式向全面、系统、主动的类案监督模式转变，借力数字赋能提升线索筛查成效。作为刑事检察官，应积极转变理念，建立数字思维，在熟悉应用相关监督模型的基础上，对抗点及时总结，不断丰富监督模型的应用场景，实现以数字化监督提升审判监督质效。

【案例】

被告人李某峰诈骗案。诈骗金额 40 余万元，认定为从犯。法院判决错误适用了相关司法解释中"情节特别严重"的认定标准，导致量刑错误。承办检察官对判决书审查时并未发现问题，被交叉互查组发现，后提请抗诉获市院支持。

（三）提升抗诉效果的方法

抗诉案件的高质效反映在案件质量经得起法律和历史检验，努力实现政治效果、法律效果、社会效果的有机统一。刑事检察官对提起抗诉的案件应做到全流程把控。审查过程中，应对全案证据进行全面梳理，督促侦查机关对瑕疵证据进行补证，必要时开展自行补充侦查，夯实抗诉案件的证据基础。此外，抗后与抗前、抗中同样重要。案件抗诉到法院后，应及时与承办法官联系沟通，交换意见。法院确定案件承办人后、开庭前、列席审委会前，是抗后的三个关键时点，可建立"承办检察官与承办法官、主任与庭长、检察长与院长"的三级沟通机制，充分阐明抗诉理由，努力达成共识，减少监督阻力，争取法院对抗诉工作的理解和支持。办案中，还应重点关注新程序、新罪名和全省、全国首例案件，挖掘案例本身的代表性、典型性，培树典型案例。对抗诉中发现的具有代表性的类案问题，开展社会综合治理，做好案件抗诉的后半篇文章。

（四）合理运用其他监督方式

《中共中央关于加强新时代检察机关法律监督工作的意见》指出，"完善审判监督工作机制。加强对审判工作中自由裁量权行使的监督""综合运用抗诉、纠正意见、检察建议等监督手段，及时纠正定罪量刑明显不当、审判程序严重违法等问题"。对于法院审理案件中违反了法律规定的诉讼程序，未达到严重程度，不足以影响公正裁判；或者判决书、裁定书存在某些技术性差错，不影响案件实质性结论的，一般不宜提出抗诉的，可以通过口头与书面两种方式向法院提出纠正意见，也可以通过制发检察建议书的形式，要求法院纠正审判活动违法与更正法律文书的差错。此外，对于审判活动不规范、审理质量不高等类案问题，同样可以提出检察建议进行监督。对于法检存在法律适用与程序操作中认识分歧的普遍性问题，可以通过检法联席会议或者工作通报的方式进行柔性监督，避免检察机关一方的片面性，通过平等沟通协商，解决批量问题，双方达成共识，提升审判监督效果，同时也缓解检法因审判监督形成的紧张氛围。

检察长列席审委会是监督审委会讨论决定案件的重要方式，检察长列席审委会是法律赋予检察机关的重要职责，也是检察机关刑事审判监督职能的重要组成部分。列席检察人员应对讨论案件是否属于该院管辖、审委会委员是否应当回避而不回避、审委会人员组成是否合法、讨论程序是否合法、是否侵犯了当事人与其他诉讼参与人诉讼权利等情形进行关注，如果发现违法情形，可以在审委会会议讨论结束、表决形成决议之前，提出意见建议，行使申请回避权、纠正权和建议权。

【案例】

张某等人销售假劣商品案。法院判决书认定，"被告人张某能够积极缴纳罚金，故本院对被告人张某酌情从轻处罚"。罚金是法院根据刑法规定对被告人附加刑的判项，缴纳罚金是被告人获刑后应当履行的义务，法院开庭后，被告人缴纳罚金的行为本质上是履行法院判决，是被告人认罪服判的体现，不应成为对其从轻处罚的理由。法院判决存在认定逻辑错误，介于判决量刑适当，检察机关向法院提出检察建议，要求规范认定量刑情节，后法院回函认可检察机关建议内容。

第六节 调查研究能力：
坚持"从实践中来、到实践中去"

思想是行动的先导，理论则是实践的指南。全面依法治国，法治理论是重要引领。没有正确的法治理论引领，就不可能有正确的法治实践。习近平总书记在 2020 年秋季中央党校中青年干部培训班开班式上强调，年轻干部要提高解决实际问题的能力，其中之一是提高调查研究能力。调查研究是基础，解决问题是关键。新时代刑事检察工作高质量发展，需要作为实践者的我们，聚焦突出矛盾和问题，通过亲历关注微观具体问题，进行理性思考、专业分析、及时总结，既是提升司法办案能力重要路径，也是提升精准监督能力的有效渠道。

一、调查研究的方法论

方法论在调查研究中起着价值引领的作用，是调查研究的逻辑起点和根本指导。调查研究经历"认识—实践—再认识—再实践"的马克思主义认识论全过程。

（一）坚持实事求是

习近平总书记指出："要把调查研究作为基本功，坚持从实际出发谋划事业和工作，使想出来的点子、举措、方案符合实际情况。"这要求我们在进行调查研究的过程中，要坚持一切从实际出发，理论联系实际，不唯书、不唯上、只唯实，切实深入一线，开展扎实系统的调查，收集和获取第一手资料，得到关于实际问题的正确认识，真正做到了解真情况、发现真问题、提出真对策。在刑事司法领域，实事求是原则体现为刑事司法要以事实为依据，这是我国刑事诉讼法的基本原则。

（二）坚持人民至上

习近平总书记指出开展调查研究就是走群众路线。在调查研究中坚持人民至上，就是要坚持以人民为中心的发展思想，通过深入的调查研究，更好地作出正确的决策，不断实现好、维护好、发展好最广大人民群众的根本利益。要通过深入开展调查研究，发现群众所面临的实际问题，反映群众的真正意见，总结出群众创造的典型经验。刑事检察官通过深入细致的调查研究，能够更准确地理解案件事实、掌握相关证据，从而在法律适用和案件判断上更为准确，这不仅有助于提高案件的办理效率，也有利于维护司法公正和社会稳定，真正努力让人民群众在每一个司法案件中感受到公平正义。

（三）坚持问题导向

我们党领导人民干革命、搞建设、抓改革，从来都是为了解决中国的现实问题。坚持问题导向，就是在调查研究的过程中，要增强问题意识，聚焦现实问题，以解决现实问题为导向，不断提出解决问题的新理念新思路新办法。随着科技的快速发展，新型犯罪形态层出不穷，如网络犯罪、经济犯罪等，这些犯罪的特点是隐蔽性强、技术含量高、跨区域性明显。这就要求刑事检察官在办案中进行深入的调查研究，以有效应对和打击这些新型犯罪。

（四）坚持系统观念

习近平总书记强调，在调查研究的过程中，要坚持发展地而不是静止地、全面地而不是片面地、系统地而不是零散地、普遍联系地而不是单一孤立地观察事物，妥善处理各种重大关系。在调查研究中坚持系统观念，就是要全面、真实、客观地认识现实，把握好不同的复杂关系，看到社会现象的不同过程与方面，把"解剖麻雀"与突出重点结合起来，全方位、多渠道了解情况，系统提出解决问题的办法和措施。刑事检察官通过对特定区域、行业的调研，及时发现犯罪苗头和原因，从而采取有效的预防措施，减少犯罪发生；通过对社会现象、犯罪趋势的调查研究，及时发现法律制度的漏洞和不足，为制定或修改相关法律政策提供有力的实证支持。

二、坐在办公室碰到的都是问题，走出去看到的全是办法

（一）办公室调研

在检察工作中，调查研究主要有坐在办公室与实地调研两种常见路径，他们在发现和解决问题中各有侧重：坐在办公室主要依赖书面材料、电子数据等间接信息，这种方式更加便捷、高效，特别是在案件量大、时间紧迫的情况下。然而，由于信息的间接性，办公室工作往往只能发现表面问题，难以深入了解问题的根源和实际情况，对于解决问题主要依赖于法律知识、先前案例经验和理论分析，在处理具体问题时缺乏创新性和针对性。产生这些情况的原因主要有信息闭塞、缺乏现场感受、理论与实践脱节等。

首先，信息不全是办公室调研中常见的问题。由于坐在办公室无法直接接触到现场情况，只能依赖于第二手资料或报告，即使有现场信息传回，也可能存在时间延迟，使得信息在到达办公室时已不再是最新的状态，并且信息在从现场传递到办公室的过程中可能会经过多个环节的筛选和解读，这些信息可能不全面，缺少关键细节，每个环节都可能导致信息的失真或偏差。例如，因缺乏对案件现场的直观感受，导致对案件背景和当事人情绪的理解不足，现场的气氛、当事人的非语言表达等都是办公室工作难以捕捉到的细节，这些细节往往对案件的判断至关重要。这种信息的不全面可能导致在分析具体案件时缺乏关键细节，难以形成完整的案情图景。信息不全还可能导致我们在制定策略或决策时缺乏足够的依据。在没有充分信息支持的情况下，我们可能无法做出最合适的判断，甚至可能导致错误的决策，阻碍调查研究的工作进程。

其次，只在办公室的工作环境中，往往缺乏直接接触案件现场的机会，

导致调研视角有限。在没有直接的现场感知和实际体验的情况下，难以充分理解案件的复杂性和细节，导致在调研中决策和制定策略时可能遗漏关键因素，例如，经济犯罪案件可能涉及复杂的财务报表和交易记录，而涉及多个当事人的案件可能涉及复杂的人际关系和利益冲突，在办公室缺乏直接接触现场和当事人的情况下，检察官可能难以全面理解案件的复杂性，导致对调研课题的认识不够深入。在分析和处理案件时，往往只能依赖于理论知识或已有的法律框架来指导思考，虽然这些理论和框架在很多情况下都是有效的，但它们可能无法涵盖所有案件的独特性和复杂性，在调研相关课题时，也可能会受到既有框架的限制，从而忽视了一些非传统但可能更有效的解决方案。由于缺乏现场经验，在调查研究中可能也难以发现问题的新视角或找到创新的解决方案，例如，在处理一起涉及新技术的犯罪案件时，如果我们只依赖传统的法律理论，可能无法调研出有效应对案件中出现的新问题的方法和理论。

再次，办公室调研易导致沟通障碍。沟通障碍除了会致使信息不全，即信息本身的缺失，更多在于信息传递过程中的障碍，导致信息传递不畅，进而影响调研进程。在检察工作中，信息的传递受多种因素影响：复杂的组织结构中，信息的传递需要经过多个层级，每一层都可能对信息进行筛选、解释或修改，导致信息在传递过程中出现偏差，只坐在办公室无法接触信息源，无论是对于课题实际情况的了解还是对于案件的研究推进都无法达到点对点的效率及效果；虽然因技术和通信平台的发展，大大简便了需要远程沟通或跨地区协作的工作，但个人的沟通技巧、情绪状态、态度等都可能影响沟通的效果，只有多积累实践调研经验，才能在沟通时最大可能避免或减少沟通障碍和时间成本。

最后，办公室调研缺乏实践验证也是一个需要重视的问题。在调研中，我们可能过于依赖理论研究并缺少现场验证，忽视实际操作中可能遇到的困难和挑战，致使理论模型因缺少数据支撑无法反映实际情况的复杂性和多样性，从而影响调查研究理论的有效性和可行性。

（二）实地调研

实地走访调研是调查研究的另一种基本方式。相对于办公室调研，实地走访调研能够直接接触案件当事人、现场环境等，获取第一手资料，具有直观性、针对性、灵活性、互动性等优点。这种方式使得检察官能够直接观察和感受现场情况，获取相关的细节和背景信息，更全面、准确地掌握情况，发现隐藏的、深层次的问题，更容易找到问题的症结所在，了解问题的最新动态和发展趋势。同时，在解决问题上，实地走访调研能够根据具体情况制定更加切实可行、符合实际需要的解决方案，提出具有创新性和针对性的解决办法。实地走访调研方法灵活多样，可以根据实际情况调整调研计划和方法。进行实地调研，需要我们走出会场、走出办公室，深入调研一线，走到检察工作的"田间地头"。我们可以根据不同的主题，制定调研预案，做好调研准备，有针对性地采取座谈汇报、问卷调查、访谈交流、专题研讨、实地考察、查阅卷宗材料等方式开展调查，了解真实情况、发现真实问题。以针对刑事检察办案监督的内容展开调研为例，可以采取访问走访，将拟调查的事项，以当面或者电话或者书面向被调查者提出问询，以获取所需的调查方法。其特点在于全过程是调查者与被调查者相互影响、相互作用的过程，也是司法者内心确信的过程。一般包括当面谈、电话问、信函查、会议讲、视频联等。例如，再犯风险评估调查、羁押必要性审查等相关问题调查，需要和社区民警、政法网格员、办案人员、社工以及学校、家庭等相关人员坐下来，一个案件一个案件地"解剖麻雀"，听听大家的认识和感受。还可以采取观察记录的方法，即检察人员在现场进行观察、记录，类似收集证据情况的一种方法。总之，实地调研采取的方式方法可以灵活多样，因地而异、因事而异。

当然，如果仅依靠实地调研也会出现因缺乏系统性，导致结果偏颇的情况，难以形成普遍性的认识。实地调研虽然能提供直观的现场信息，但可能缺乏深入分析和系统性，这可能导致难以形成对问题本质的深刻理解。例如，在调查某个社区的犯罪问题时，实地调研可能揭示出犯罪的表象，如犯罪率的上升，但若缺乏对犯罪根源的理论分析，如社会经济因素、教育水平等，就可能无法有效地解决问题。在没有理论指导的情况下，实地调研可能导致调研结果片面或偏颇。由于缺乏系统的理论框架，调研可能只关注于表面现象，忽视了问题的深层次原因。因此，缺乏理论指导的实地调研难以形成全面客观的结论，可能会导致解决问题的策略不够有效或甚至产生负面影响。缺乏理论支撑的实地调研可能难以形成有价值的普遍性认识，这主要是因为没有理论框架指导，调研可能只关注于特定情况下的具体现象，难以抽象出普遍性的规律和原则。所以，实地调研重在掌握第一手资料，此基础上进行理论研究与深度提炼也不可缺少。

三、常见调研成果的写法

（一）理论调研文章

近年来，检察机关积极推进学习型、研究型检察院建设，十分重视发挥检察理论研究对检察实践的指导作用。

1. 创作方法

刑事检察官撰写理论调研文章，往往基于办案，也是为了指导办案，这种文体多属于运用型文章，创作的方法离不开读、思、写。

关于"读"。读是为了储备知识，只有厚积才能薄发。一个人的思考能力取决于其知识的储备量。你凭什么看问题比别人看得深，凭什么写出有深度的东西，凭什么能提出新的观点和方法，关键在于知识储备。读一个人的文章，就能知道他看了多少书。不读书的人不可能写出好文章。读什么？根据需求采用不同的读本。怎么读？系统读，由传统到新锐，由内而外，由广至深。

关于"思"。从实践中思考出问题，每个案件都有不同的思考角度，在写作之前，要思考是否有成文价值，这就要看案件、问题本身对实践有无指导意义。有指导意义的案件往往看似个案，实际上隐含着普适性的价值判断，加以提炼能够对类案产生指导作用。结合个案，再从理论高度分析论证，提炼新的办案规则或办案理念，最大化地释放理论调研文章的实务和理论研究价值。比如，结合个案办理中发现的"隔空"猥亵儿童、"软暴力"下正当防卫行为进行研究，通过大量的案例检索、文献收集，既为个案办理提供了理论支撑，又推动了性侵幼女、正当防卫刑法理论的深化。

关于"写"。理论调研文章的结构分为标题、引言、正文、结尾、摘要、关键词等。写作的基本步骤应遵循：选题、文献整理、写作提纲、行义、内容摘要和关键词。（1）选题上，做到"三新一小"，即新问题、新角度、新观点、小切口，文章可小题大做，而不能大题小做，这样才能体现实务反映的问题真，解决的是真问题。（2）材料上，做到"一掌握两援用"，需要广泛掌握实践材料，不能因个案导出类案结论，注意案例导入式和嵌入式举例援用，以及实证数据和"文献中的文献"的援用，实证的样本不能太小、要有理论预设、切合主题。（3）提纲上，做到"三个问题"清晰，提出问题的引言要清晰，要有问题意识，在司法实践中遇到的、观察到的新问题；分析问题的层次要清晰，要有阐述深度，注重与理论对话，不要把列举和整理法规当成论证；解决问题的思路要清晰，要有新观点、新举措，并且做到切实可行，不能天马行空，避免口号式对策建议，力戒"假大空"。（4）行文上，要符合公理，把握分寸，追求个性但不能过于偏激。文有常法，但无定法，贵在得法。一篇文章能否脱颖而出，关键看是否符合编辑的"眼缘"，从编辑的视角看，好文章的标准是选题新颖、逻辑清晰、表述流畅、体例规范。稿件完成后，需要反复修改语言表达，做到"像哲人般思考，像农夫般说话"，同时根据刊物要求，进行排版、字体、字号的校准。（5）摘要和关键词上，内容摘要、关键词是文章的"龙头"，往往要等成文后才能提炼形成，需要反复斟酌，语言要简洁、高度概括、具有专业性，看了摘要就能真正看到文章的创新点、核心观点。关键词就是用以表达论文主要内容的词、词组或短语。关键词可以从文题、摘要或文章主要内容中精选，一般为3—5个，原则上从大到小、由主到次排序。

2. 关于投稿

投稿通道一般有四种路径：一是平台投稿（按照平台投稿指南要求），这是多数刊物的要求；二是电子邮箱投稿，如《中国刑事法杂志》《检察日报》等；三是匿名与非匿名的投稿方法；四是编辑约稿，即将稿件递交专门的编辑。投稿需要避免几个误区：不用所谓的"集团作战"，单位不扎堆投稿；文章投稿不用单位盖章；文章投稿不要"好高骛远"，找好对口刊物与报刊栏目，做到"门当户对"；不向自己不关注甚至从来没看过、读过的刊物草率投稿；文章字数不符合刊物要求，超长过短均不可取；最后，做好"知识产权"保护工作，投稿时宜用 PDF 版本。

3. 关于用稿

被拒稿是常态，被采用是幸运。司法实务工作者理论站位、法学视野、研究方法还不能与学院派教授、专家相比。但是，司法实践是最好的导师，我们有自己独特的优势。对于司法体制改革和办案中遇到的"疑难杂症"，一线办案的检察官最具有发言权，可充分利用好"先天优势"，对实践问题不断思考并将思考的成果形成于笔端。当然，对调研成果的投稿要有越挫越勇的精神，写作的习惯已经养成并长期坚持下去，一定会得到编辑"青睐"，实现从投稿到被约稿的成长进阶。

（二）调研报告

调研报告是调研成果的重要体现，起草调研报告的过程，是把感性认识上升为理性认识的过程。一篇高质量的调研报告，应遵循"调查是基础、研究是关键、报告是重点"的基本原则。基础是指深入调查获取丰富的一手资料，通过分析研究找出问题产生的原因，最终提出对策建议推动问题解决。内在的写作逻辑是提出问题、分析问题、解决问题。根据写作目标的不同，调研报告可以分为反映基本情况类、介绍经验类、反映问题类、调查事件经过类等。以反映问题类调研报告为例，一篇完整的调研报告内容大致包含标题、导语、资料统计、分析研究、结论或对策建议、附件等，核心离不开有新意的选题、"有料"的论证和有建设性的对策建议。

1. 有新意的选题——调研报告的灵魂

调研报告的选题，来源于检察官从一线办案中挖掘到的"堵点""难点"，这些"堵点""难点"就是调查研究的"增长点"。刑事检察官在办案过程中，会与犯罪嫌疑人、被害人直接接触，审查卷宗资料，走访勘验案发现场等，有机会获取大量的第一手资料、数据，其中可能会反映出某些新动向、新趋势，也可能会遇到某些运行不畅、影响办案的"堵点"，深入调研分析这些问题，找到问题症结并推动解决，形成一篇高质量的调研报告，可能比埋头办一百件案件取得更实在、深远的效果，也是检察贡献度的重要体现。

选题的重点内容：一是某类犯罪呈现的新动向；二是党中央、最高人民检察院的政策部署在基层的落实情况；三是法律适用层面的重难点等。比如，2022 年，笔者所在院的检察官在办案中发现，不少相对不起诉案件办结后，没有制作检察意见书，带来的后果是，部分被不起诉人既没有受到刑事处罚，也没有受到行政处罚，行刑衔接存在盲区。在当前大背景下，不起诉率大幅上升，如果不及时打通行刑衔接"堵点"，将不利于犯罪预防和社会稳定，还可能带来社会各界对检察机关不起诉权的质疑，这项工作亟须引起重视。为此，我们以全市检察机关 2021 年 9 月至 2022 年 4 月所作相对不起诉决定的案件为样本，对检察意见制发及落实情况进行了专题调研，并提出加强和改进建议，调研报告获最高人民检察院重视，推动不起诉非刑罚处罚、行刑反向衔接工作的完善。

2. "有料"的分析论证——调研报告的主体

该部分是调研报告的核心，集中展现调研报告的核心内容和作者的"功底"，所谓"三分调查、七分研究"精髓就在这里。分析论证部分总的写作要求是逻辑清晰、观点鲜明、文风朴实、通俗易懂。

首先，要逻辑清晰。选定调研主题后，全文应围绕主题展开论证，内容要有逻辑性，或分类归纳，或层层递进，要让读者能很快找出文章的主线。做到逻辑清晰，离不开明确的论点、充分的论据，体现在调研报告上就是大小标题，大标题要能够让读者一眼看出调研的内容和基本观点。实践中，不少调研报告采用"关于××××的调研报告""关于××××的情况反映"的写法，这样写不能说不可以，但不能第一时间亮明观点、体现成效。以修改前后的一组标题为例：

修改前：关于××省××犯罪的调研报告（陈述性标题）

修改后：××省××犯罪持续下降但呈现诸多新动向（观点性标题）

修改前的写法是调研报告的传统写法，只能表达出该报告的主题是××犯罪；而修改后的标题包含的信息量就很大，既涵盖了调研的主题"××犯罪"，也把当前该类犯罪最显著的特点进行了提炼，使读者通过阅读标题就能获取文章最核心的观点。

调研报告各部分的小标题也是同样的道理，写作标准是"标题见内容"，要把最核心的观点在标题中就予以体现，每段的小标题就是该段的论点，下文是具体展开论证的过程。

其次，要观点鲜明。要抓住主要矛盾和矛盾的主要方面。矛盾是事物发展的原因和动力。抓住主要矛盾和矛盾的主要方面，是辩证唯物主义的方法论，也是推动解决问题的关键。一项专题调研涉及方方面面，很多问题交织在一起纷繁复杂，要深入研究加强利弊分析研判，抓住主要矛盾和矛盾的主要方面，分清轻重缓急，而不能"眉毛胡子一把抓"。要努力做到去粗取精，通过分类比较的方法，抓住最能反映事物本质的典型材料；努力做到由表及里，通过事物的外部联系发现事物的内部联系，不畏浮云遮望眼，透过现象看本质。比如，我们准备针对未成年人犯罪态势的开展情况进行一项调研，在调查阶段可能会大量梳理相关的案例、做法、办案数据等，但是最终体现在调研报告里的内容，不是对调查获取资料的简单罗列、面面俱到，而是选取其中最能反映犯罪新趋势的关键点，排除众所周知的无用项。

最后，要文风朴实。这就不得不提到调研报告与学术论文、公文、信息、宣传稿件的不同。调研报告是通过调查研究反映问题、推动问题解决的文体，最大的优势是用事实说话，"有理""有据"。调研报告与其他文种在写法上有明显区别。

如调研报告和学术论文，虽然都属于大"议论文"的范畴，但调研报告的目的是提供关于某一特定主题或问题的调查和研究结果，以便为决策提供依据，客观性多些，表述主要情况、主要做法、取得的经验效果等，强调数据和材料翔实而概括。而论文的目的是展示作者对某一特定领域的研究成果和发现，对该领域作出贡献，论文更偏主观性。又如调研报告和公文、信息，都是服务领导决策的，但采用的方式不同，调研报告采用调查研究的方法，针对某一问题调查客观情况；公文是公务文书的总称，是党政机关办理公务时使用的书面材料，具有格式化；信息则服务于领导决策，具有与调研报告异曲同工的目标，调研报告也属于一种广义的信息题材，二者的写作风格都是言简意赅、高度凝练的。此外，调研报告和宣传稿件也不同，宣传稿件更多的是以情感人，会采用故事讲述、修辞、渲染等方式进行适当的文学、艺术加工。调研报告则不宜采用上述写作手法，而应实事求是、客观表述。

3. 有建设性的建议——调研报告的目标

调研报告的成稿，需要对调查得来的材料和数据进行系统的梳理、分析。对于调查的材料和数据要坚持唯物辩证法，用科学合理的技术方法去定性、定量分析研究，有时候需要联系古今中外，有时候需要建立数值模型。如果调查一结束就急于出报告，是虎头蛇尾、不负责任的做法，容易形成调查多研究少、情况多分析少的错误状况。一手材料需要去伪存真、磨砻淬砺，有时甚至要"补一补""晾一晾"，这样才能把材料研究得透彻，才能将研究的目标、方法、过程和结果精益求精，继而提出全面、完整、准确的策略，完成调研目标。有建设性的建议有几个特点：一是有针对性，即建议的提出是针对调查发现的问题；二是有可行性，即提出的建议有落实的可能性，而不是"空中楼阁"、无法落地；三是具体明确，即提出的建议明确具体、有现实可操作性。

　　以"费氏牡丹鹦鹉案"为例。2019 年 5 月 6 日，王某注册成立了某某县鹦鹉养殖厂，经营范围为"鹦鹉养殖销售"。当年 8 月 9 日，王某获得河南省重点保护野生动物驯养繁殖许可证，许可其经营、利用、繁殖虎皮鹦鹉、牡丹鹦鹉。证上标明虎皮鹦鹉、牡丹鹦鹉级别为三有动物名录（三有动物是国家保护的有益的或者有重要经济价值、科学研究价值的野生动物，非国家重点保护动物）。之后，王某购买费氏牡丹鹦鹉（以下简称费氏鹦鹉）、虎皮鹦鹉等进行养殖并对外销售。2020 年 3 月，因为新冠疫情，国家加大野生动物交易打击力度，王某通过查阅资料获知，费氏鹦鹉为国家二级保护动物，未经许可不允许买卖。2020 年 9 月上旬，王某以每对 25 元的价格销售给田某 30 只费氏鹦鹉，后者将该 30 只鹦鹉连同从他处收购的共计 44 只鹦鹉，以每对 35 元的价格转售给江苏新沂市鹦鹉养殖户刘某。9 月 16 日，该批鹦鹉在徐州汽车站转运时被警方查获，随后公安机关又在王某家中起获 147 只费氏鹦鹉。经鉴定，该案所涉鹦鹉为《濒危野生动植物种国际贸易公约》附录 II 所列费氏鹦鹉，被核准为国家二级重点保护野生动物。

　　案件伊始，王某一直辩解，自己有当地县政府制发的驯养繁殖许可证，明明已经取得了许可，怎么就不能养殖买卖了？商丘有几百上千个鹦鹉养殖户，大家都是这么养殖的，怎么就抓她一个人？对于这一辩解，承办检察官也很疑惑。但凡涉及国家级重点保护野生动物的驯养繁殖，均需逐级上报至省级林业部门审批，如果确如王某所说，县级政府部门怎么会有国家二级保护野生动物的审批权限？商丘有那么多养殖户，那么长的时间，那么大的规模，为什么主管机关不闻不问？检察官觉得这个案子可能不只是一两个人的事儿，也不是单纯的一次鹦鹉买卖行为那么简单，背后可能涉及更庞大的群体、更复杂的问题。后检察官前往商丘实地调查。经调取驯养繁殖许可证和行政许可审批档案，证实王某所提供的重点保护野生动物驯养繁殖许可证，是由县级森林资源管理站制发的，列明了允许养殖"三有名录"内的虎皮鹦鹉、牡丹鹦鹉。根据规定，养殖国家级重点保护动物需省级行政主管部门发放许可，王某证件上的牡丹鹦鹉实际上单指桃脸牡丹鹦鹉，不包括案涉的费氏鹦鹉。检察官产生了新的疑问：既然牡丹鹦鹉有9种，只有一种可以驯养繁殖，为什么不在许可证上详细列明而只是概括标注为牡丹鹦鹉？费氏鹦鹉驯养繁殖需要省级林业局审批，为何还有那么多养殖户超范围养殖鹦鹉，甚至还在当地历经20多年的发展，并形成了较大规模的产业链？不容忽视的是，当地行政主管部门确有管理不规范的问题。

2021年2月至3月，江苏省检察院、徐州市检察院、徐州铁检院开展了广泛深入的专题调研。调研组咨询了国家林草局野生动植物保护司、江苏省林业局、河南省林业局和商丘市自然资源和规划局，调阅了国家林草局有关商丘市观赏鹦鹉人工养殖交易情况的调研报告，对部分鹦鹉养殖场进行电话调查，了解到费氏鹦鹉在我国野外无食物链，无生存能力，只能人工驯养，人工繁育相关技术已经成熟，养殖规模较大。调研了解到，河南省商丘市是全国最大的小型鹦鹉人工驯养繁殖基地，有20多年的历史，有养殖户934家，从业人员1864人，年出栏量1000余万只，约占全国的70%，年产值2亿—3亿元，从孵化、养殖、防疫，到检疫、运输、销售，已形成了完整的产业链。由于鹦鹉养殖门槛较低，鹦鹉养殖户多数为老年人及无业在家的妇女，其中部分为贫困户，鹦鹉养殖是当地的扶贫产业。

在一次次更深入的了解中，调研组越来越接近案件的全貌，也逐渐解开了心中的疑惑。在原国家林业局2003年8月5日发布的《关于发布商业性经营利用驯养繁殖技术成熟的梅花鹿等54种陆生野生动物名单的通知》（以下简称《通知》）中，费氏鹦鹉曾被列入该名单中，在此期间，商丘市开始通过扶植人工繁育鹦鹉产业带领当地脱贫致富。但《通知》于2012年10月23日被废止，后2017年原国家林业局重新发布了《人工繁育国家重点保护陆生野生动物名录（第一批）》，其中有9种野生动物但不再包含费氏鹦鹉。很多人认为该类鹦鹉会被列入下一批人工繁育名录，但该名录的更新工作存在滞后。2012年名单废止后至案发近十年间，当地主管部门对人工繁育的费氏鹦鹉一直延续之前的政策，未严格要求养殖户办理省级许可的《国家保护动物人工繁育许可证》及《经营利用许可证》。养殖户们虽然在养殖过程中逐渐了解牡丹鹦鹉都有哪些分类、哪些是严格限制买卖的、哪些是可以交易的，但养殖规模已经形成了，政府管理得也没那么严格，便都存在着侥幸心理，继续养殖下去直到案发。如此大的养殖规模，牵一发动全身，处理不当会对民生造成难以估量的影响，行政机关未予全面查处，而选择默许产业继续发展，致使当地的鹦鹉养殖长期处于灰色地带。

2021年6月24日，在实地调研基础上，江苏省检察院要求徐州市检察院召开专家论证会，专门就此案社会危害性进行论证。专家们认为，费氏鹦鹉人工种群已经具有规模、技术成熟，对人类和野外种源未发现有危害性，终端买家购买也仅是为了养宠观赏，不宜作为刑事犯罪打击。综合调研及专家论证情况，江苏省检察院组织撰写专题报告，为该案最后"出罪"提供了支撑。

报告显示，通过分析2016年至2020年全国1678件涉人工繁育珍贵濒危野生动物犯罪案件情况，梳理相关法律规定和刑事司法政策，发现司法实践中对人工繁育鹦鹉案件的处理存在标准不统一，量刑普遍较重等问题，亟待引起重视。报告建议修订相关司法解释，对涉案野生动物以观赏、繁殖等非侵害目的，交易人工繁育技术成熟，种群规模较大的野生动物的，且未对涉案动物造成较大侵害的，一般可以不作犯罪处理；针对法律适用的疑难争议、尺度不一问题，适时发布指导性案例或典型案例，统一司法办案标准，指导各地依法规范办理案件；及时更新《人工繁育国家重点保护动物名录》，为刑事司法从宽处理提供参考依据。

该报告引起了最高人民检察院的关注和重视，指示相关职能部门发挥江苏等地检察机关办案多、对情况了解的优势，指导地方检察机关做好相关工作。2022年4月9日，最高人民法院、最高人民检察院出台《关于办理破坏野生动物资源刑事案件适用法律若干问题的解释》，明确规定："涉案动物系人工繁育，具有下列情形之一的，对所涉案件一般不作为犯罪处理；需要追究刑事责任的，应当依法从宽处理：（一）列入人工繁育国家重点保护野生动物名录的;(二)人工繁育技术成熟、已成规模,作为宠物买卖、运输的。"相关负责人在新闻发布会上指出,对于费氏牡丹鹦鹉类案件,追究刑事责任应当特别慎重,重在通过完善相关行政管理加以解决。这意味着,今后不会再现"鹦鹉案"那样的争议,也拿掉了宠物行业头上那把达摩克利斯之剑,让司法政策及时跟上中国的生态文明、动物养殖行业发展。

【调研报告、论文相互转化示例节录】

未成年人行政公益诉讼受案范围规范拓展路径分析
——以 S 省检察机关 2021 年 6 月以来立案的 341 件案件为样本

南京市玄武区检察院课题组[*]

厘清受案范围是开展未成年人行政公益诉讼的基础,关涉侵害公共利益的违法行政行为应当接受检察监督的范围。[①] 课题组在对 2021 年 6 月 1 日"两法"实施一年内 S 省立案的 341 件行政公益诉讼所涉的受案范围进行了专项调研,提出了类型化、规范化发展的思路。

一、受案范围存在不规范扩张问题

(一)部分新领域探索值得商榷

从立案情况看,约有 15% 的案件受案范围涉及新类型,如某区卫生管理办公室对医疗机构非法进行胎儿性别鉴定未依法处罚,某区公安分局对具有严重不良行为的未成年人未开展教育矫治等。公安未落实教育矫治职责确实不利于未成年人的犯罪预防,但法律并未要求公安必须采取教育矫

---

* 本文系江苏省人民检察院 2022 年立项课题(课题编号:SJ2022B23)阶段性研究成果节选,全文刊载于《未成年人检察》2023 年第 2 辑。课题组负责人:余红,南京市玄武区人民检察院党组书记、检察长;高志宏,南京航空航天大学人文与社会科学学院院长、教授。课题组成员:张前、韩立勇、马丁、孙伟伟。

① 参见黄学贤、李凌云:《论行政公益诉讼受案范围的拓展》,载《江苏省社会科学》2020 年第 5 期。

治措施，而是"可以"，完善罪错未成年人临界预防制度体系尚处于探索起步阶段，法律尚且未作强制性要求①，检察机关公益诉讼职能行使的权限也不宜过大。

（二）就侵害个体权益的行为开展公益诉讼

就普通公益诉讼而言，通说认为公共利益成立的前提是针对不特定多数人。从样本情况来看，至少有30件行政公益诉讼案件系针对个体未成年人权益受损启动的。如针对个案未履行强制报告义务制发检察建议的有15件，其中9件制发的是诉前检察建议，还有6件制发的是社会治理类检察建议，而检察建议内容基本一致，存在社会治理检察建议和公益诉讼诉前检察建议混同的情况。

（三）针对尚未发生危害后果的行为立案调查

不论是《行政诉讼法》第25条第4款还是《未成年人保护法》第106条，都规定公益诉讼的启动要件是公共利益"受到侵害"，而不是有受到侵害的可能性、危险性。行政规范性文件作为行政执法的依据，一旦违法或不当可能比某个具体行政行为危害更大。但在现有的行政诉讼制度框架内，行政相对人不能就抽象行政行为单独提起行政诉讼，检察机关行政公益诉讼突破这一限制的理论支撑并不充分。如C区院在履行公益诉讼职能时发现辖区内绝大多数校外机构对涉未成年人被侵害强制报告、入职查询制度的内容不了解，遂向该区教体局制发诉前检察建议。上述未履行入职查询义务的行为并未造成实际的危害后果，虽存在一定的安全隐患，但通过检察关注函、社会治理类检察建议等更加简易、柔性的监督方式，或许可以达到相同甚至更好的效果。

---

① 《预防未成年人犯罪法》第40条、第41条规定，"公安机关接到举报或者发现未成年人有严重不良行为的，应当及时制止，依法调查处理，并可以责令其父母或者其他监护人消除或者减轻违法后果，采取措施严加管教""对有严重不良行为的未成年人，公安机关可以根据具体情况，采取以下矫治教育措施……"。

二、受案范围的法理基础

（一）公共利益的理解

正确理解和把握"公共利益"的内涵和外延是界定未成年人公益诉讼受案范围的前提。公共利益是一个开放性概念，一般指不特定多数社会成员的利益，其具有很强的适应性，内涵会随着时空背景的不同而有所不同。[①] 未成年人公益诉讼保护的范围不应当是抽象的、模糊的，而应聚焦于涉及不特定未成年人利益且需要检察机关等国家公权力介入的事项。学理上，未成年人公共利益存在不同的观点，如"限制说"和"非限制说"。有学者认为，未成年人利益具有天然的公益属性，未成年人公益诉讼不完全等同于一般公益诉讼所维护的公共利益，不应受到领域的限制。[②] 有学者则认为，未成年人公益诉讼仍应当按照严格法律解释标准理解其受案范围，在实践中应当合理限缩检察权。[③] 我们认为，未成年人公共利益被侵害的危险应当是现实存在或有较大风险的，不宜将所有侵犯未成年人利益的情况一概纳入受案范围。[④]

（二）公益诉讼必要性审查

未成年人保护呈现出国家化、社会化、公法化趋势，由监护人个人职责向国家公共职责转变，而在公益保护方面，行政机关是第一顺位责任人，行政执法具有手段多样、高效的优势，检察机关的公益诉讼检察监督权具有协同性、兜底性、补充性等特点，应积极寻求未成年人保护的公益性、公益诉讼新领域拓展的必要性与检察权的谦抑性之间的平衡。[⑤] 未成年人

---

① 参见梁上上：《公共利益与利益衡量》，载《政法论坛》2016 年第 6 期。

② 张宁宇、田东平：《未成年人检察公益诉讼的特点及案件范围》，载《中国检察官》2020 年第 12 期。

③ 参见苏青、陈本正：《未成年人个人信息检察公益诉讼保护之"公共利益"探究》，载《预防青少年犯罪研究》2021 年第 4 期。

④ 参见龙浩：《未成年人检察公益诉讼问题实证研究——以 A 省检察机关 2020 年的 100 起案件为样本》，载《少年儿童研究》2022 年第 4 期。

⑤ 参见那艳芳、陈晓、隆赞：《积极履行公益诉讼检察职责 依法保护未成年人合法权益——最高人民检察院第三十五批指导性案例解读》，载《人民检察》2022 年第 11 期。

行政公益诉讼启动的要件大致包括以下几方面：一是发生在法定领域。二是行政机关违法行使职权或不作为。三是具有公权力救济的必要性。

三、受案范围类型化分析

未成年人公益诉讼的受案范围，可以大致分为两大类，一类是目前法律规定和实践探索中相对稳定成熟的领域，亟须制定相关的规范指引推动其规范有序发展；另一类是随着社会发展需要可以继续探索拓展的新领域，需要充分论证其法理基础和公益诉讼正当性，避免过度扩张。类型化分析重点涵涉目前相对成熟稳定的类型，包括但不限于人身权、受教育权、消费权益、网络信息权益、其他权益等五大领域十二种类型。需要说明的是，有些侵权行为可能具有多重属性，属于交叉领域，难以从某单一领域对其进行定性，文章按主要属性对其进行归类、提起诉讼。一是人身权，包含校园及周边环境安全，校园管理安全，交通出行安全，特定公共场所安全等。二是受教育权，包含落实国家教育政策，文教娱乐权益等。三是消费者权益，包含食品药品安全，生产、销售不符合安全标准的儿童用品，违法经营问题等。四是信息网络权益，包含个人信息保护，网络安全等。五是其他权益保护，如未成年人文身等。上述领域公益诉讼的启动需要在充分论证合理性的基础上积极稳妥开展。

第七节　舆情应对能力：学会"防范未然"

当前，"百年未有之大变局"加速演进，不确定性时时存在，各类事件、事故、事情一旦爆发，舆情也紧随其后。尤其互联网迅猛发展、社交新媒体广泛应用，这些新媒体以其特有的快速性、便捷性、互动性等特点，推动媒体格局、舆论生态、传播方式发生深刻变化。人人都是自媒体，人人都有麦克风。互联网在提升信息传播速度、带给我们便捷"快餐"的同时，也扩大了人们发布信息的能力。一些负面网络舆情也给我们造成了无法挽回的损失，严重破坏了行业形象、社会稳定，甚至还侵蚀我们党和国家的执政根基。刑事检察工作关乎社会公平正义的最后一道"防线"，历来受到社会大众的高度关注，可以说，一有"风吹草动"便会成为舆情"风口"。

我们不希望"出事"，但也不能"怕事"。一旦发生了负面舆情，就不该有任何侥幸心理，任何一种逃避现实、不敢面对问题的行为，都是掩耳盗铃、鸵鸟心态。加强刑事检察网络舆情分析研判和引导工作，学会并练就积极回应、妥善应对的基本素能，做好该做的事情才是本职担当。这就需要把"为大局服务、为人民司法、为法治担当"作为处理舆情根本遵循，加强舆情信息分析，严控意识形态和网络阵地管理，做实"线上"监测处置，做精"线下"防控化解，协同联动、上下互促，为中国式现代化发展营造和谐稳定的良好氛围。

一、看清危机：基层检察舆情的概况与特点

什么是舆情？舆情是公众对于某种事件、政策或者问题的普遍看法、反应和意见的总和。它不仅包括新闻媒体的报道，还包括社交媒体用户的评论、短视频平台上的用户创作以及其他各种数字渠道中的信息交流。舆情是一种重要社会力量，它可以推动社会的进步和促进公共决策的公正性

和透明度，也要警惕舆情的负面影响，培养公众的媒体素养和批判性思维能力，并积极回应公众的意见和建议，促进理解和共融，从而推动实现社会的和谐发展。基层检察舆情主要是涉检网络舆情，是指众多网民通过互联网就检察机关的事件、行为、问题等发表言论。

经过对 N 市检察机关涉检舆情汇总分析，发现相关涉检舆情在基层主要表现为以下几个方面：一是具体案件的当事人对自身案件处理结果不服；二是对公安、法院办案不服要求检察机关进行监督；三是询问案件进展、询问检察业务等问询类；四是对检察人员办案作风、态度不满意或者认为承办人言行不当；五是举报检察人员包庇当事人；六是反映检察人员不作为。这六类情形与案件有关或者因案件引发，占较大比重，共占全部网络舆情的 80% 以上。可见，刑事检察工作因案件或者因案件办理处置不当，都有可能引发舆情。

从对象内容上来说，主要包括司法办案、检务公开、案件质量等，尤其负面信息更容易成为网络关注的焦点，主要表现形式有：外部舆情方面，一是对司法办案过程和结果的质疑；二是对检察人员违法违纪的举报；三是检察人员受到党纪政纪、刑事处理的报道。内部舆情即自酿舆情方面，一是网络不当言行；二是网络泄密；三是应对媒体不当，泄露敏感保密信息；四是不当宣传引发的舆情，一类是司法办案有瑕疵，受到社会质疑；另一类是影响检察形象的舆情，如干警着装不规范，新闻稿有错别字，甚至法律文书将地名搞错。从舆情来源上看，网络舆情大多数发表在本地论坛，还有知名社区。此外，还有自媒体、各院门户网站等平台。从舆情特点看，很多舆情反映的是当事人的现实诉求，多数舆情必须解决当事人的正当合理诉求才能真正"抽薪止沸"。所以，舆情引导处理必须先弄清缘起，了解不同舆情背后的态度与诉求，认清危机，才能化危为机。

二、应对有方：检察舆情处置的方法策略

涉检舆情应对处置工作应坚持正面导向为主，把握处置工作主动权，

增强涉检舆情处置工作透明度，以疏代堵，具体策略上需要做到处置程序不乱、方向不错、控源有效。

（一）检察舆情处置的三个步骤

1. 第一步：掌握有效的处理流程。一是要掌握主动，密切关注舆情动态。一旦发现涉检舆情，第一时间按要求逐级报告，并进行涉检舆情的初步分析，即启动"预判"评估。预判时，可以重点考虑事情大不大、处理难不难、传播快不快、媒体报不报、影响坏不坏、责任大不大六个方面的相关情况，时时掌握涉检舆情发展状况、严重程度与社会影响。二是内紧外松，学会区别处置。实时监测跟踪研判涉检舆情风险，在上级机关的领导下，运用政治智慧、法律智慧和宣传智慧，掌握主动权，准确把握发声的时机，如果事件引发的只是很小的舆情，那我们就可以采取观望态度，几天之后没有媒体介入报道或者大平台转发、评论，没有上升风险的，保持跟踪观察与实时监测便可。如果针对性较强，甚至对检察机关形象造成负面影响，则需要勇于发声，积极回应网民的疑问。三是审批到位，善于借力借智。及时将涉检舆情相关情况以书面形式层报上级机关，在这期间，对于较大的舆情应对，还要学会与新闻媒体及时保持信息沟通，通过专业行业传授的"金点子"，以及第三方发出的声音，能够起到意想不到的舆情引导效果。四是总结到位，保持日常运维。涉检舆情平息后，应根据舆情的发生、传播和处置情况进行分析总结，并结合实际情况提出相关意见和建议，报送上级院备案。同时，对批评性报道，经纪检监察和相关部门联合调查属实的，有关单位、部门或个人应认真进行整改，不发生类似的失误，也保证日常网络安全的维护。

2. 第二步：处置方向不出错。"从大处着眼，从小处入手"作为应对网络舆情的一个关键因素，就是要解决站好队、走好路，坚持从政治着眼、在法治上着力的思路，寻求破解舆情应对之策。一是坚持正确的政治方向、舆论导向、价值取向，坚持落实网络意识形态工作责任制，提高预测力和前瞻性，准确把握网络舆情风险发生的焦点，从内容、程序等各方面把好关口，牢牢掌控舆情应急处置主动权，坚决避免把"故事"讲成"事故"，确保应对过程不发生二次舆情或者自酿舆情事件。二是关注舆情背后的关切。对于基层而言，通常情况下许多舆情反映的是个体具体诉求，或者一定群体期望的结果，这些每个不同的"表达"，只有合理疏导，查明真相、拨开迷雾，从源头解决问题，才不用频频救火。故而，要重视线下处置，有什么问题就解决什么问题，依法依规解决问题，才能真正回应关切，处置好舆情。同时，要看到舆情背后的民情，把握真实诉求，既关注事件本身，也综合考虑舆论环境，分析社会心理、社会情绪，改善问题滋生的"土壤"。三是注重"公信力"拯救与重塑。从大处看，应对网络舆情最终是要解决好"自我形象"保护，即"公信力"问题，因而，不能消极逃避或者虚假应付网络舆情，否则，应对舆情中产生的"躲猫猫"事件会愈来愈多！那不但达不到舆情应对的目的，反而愈描愈黑，甚至可能导致公众质疑、攻击等多种状况出现，使公信力进一步褪色。要给出真相、澄清谣言、释疑解惑，作出承诺，传递真诚态度，站稳最根本的"是非曲直""公平正义"的基本立场，才能取得社会信赖。2022年，"丰县生育八孩女子"事件发生后，江苏省委省政府联合调查组从7个方面对事件作出了堪称教科书级别的"情况通报"，其中"小处""细节"产生了令人信服的效果，全面而系统地回应了舆论关切，这样应对就能有力有效维护政府公信力。

3.第三步：妥善处理信息源。各种信息源是引发舆情以及舆情扩散的主"根"，对发生的舆情如何做到疏导，就是要尽可能做到慢慢"降火"，而不是处置不当的自我"拱火"。一是快速贴近"火源"。兵贵神速，需要第一时间贴近事件发生地，做好全方面"控源降火"工作。例如，2022年7月，J省N市发生的"某寺庙供奉侵华日军甲级战犯"案，公安机关第一时间赶到现场，对场馆进行物理隔离，劝离或者带离大量围观者，防止少数网民愤慨而作出毁损寺庙极端事件，引发更大的网络舆情；寻找传播源来龙去脉，第一时间接近发布者，了解发布原因；刑事检察官第一时间提前介入该案，了解案件基本情况，引导侦查人员查明事实真相并规范取证，为后面发布信息真实性做好准备。二是致力源头治理。发生涉检舆情后，我们一方面需要因势利导，稳妥处置涉检舆情；另一方面就是沉下去，找到具体的人、案、事，针对舆论聚焦点和网民主要质疑，及时开展相关工作，从"源头"上了解诉求点，采取一切必要的措施，着力化解矛盾、消除疑点，给"热点"降温。涉及案件处理结果是否公正的，应立即对案件开展复核复查，还可移送上级或者开展联合评查，提升处理的公信力，避免自办自查自答。三是全面控制"信息流"。舆情一旦出现，各种媒体会蜂拥而至，首先，要做到内部统一接待、统一发声，对重大案件采访遵循上级院批准的流程办理，尽量不要接受电话采访，防止被个别不良人员"挖坑"炒作和断章取义。其次，分别分层采取应对之策：对恶意攻击政治制度或者司法制度，侵害司法办案人员合法权益"人肉搜索"等极端言行，移送公安等部门依法查处；对律师违反规定恶意炒作案件的言行，将线索移交司法行政部门；对虚假报道、"标题党"、媒介审判等问题线索向媒体交涉，涉嫌违法犯罪移送公安机关处理；对于行业、民间组织、网络社群上发表干扰办案的问题线索，移交主管部门或者注册登记单位处理。在对网民、律师、媒体、社群等针对性劝导的同时，适时由专家、学者、网评员、"大 V"发出专业意见，第三方自主开展评价，正向引导舆论。

（二）检察舆情信息的发布方法

舆情应对没有标准答案，只有更多答案。不过，信息发布是舆情引导处置的核心环节，直接关系到工作成败。无论最终是否发布信息，都要涉事单位事前提前预演、事发提前谋划、事中不断深化，做足关键一步信息撰写工作，拟定信息发布口径和舆论引导方案，做好信息发布工作。

1.在发布策略上把握好。对于重大政治和原则性问题要立场坚定、态度鲜明，依照国家法律法规进行法治宣传和舆论引导；对于涉及检察机关的突发事件应速报事实、缓报原因，并将事态进展情况及时逐级报告；对于情况基本属实的批评性报道，要公布检察机关调查处理和整改情况；对于情况不实的报道，要实事求是地予以澄清和说明，表明检察机关的立场和态度；对于情况严重失实并产生不良影响的舆情，在公布事实真相后，还要采取必要措施消除不良影响；对于涉及多个政法机关的负面舆情，检察机关在采取具体应对措施时，还应事先通过协调统一，防止出现歧义。

2. 在发布时间上把控好。社会舆情防控专家多数认为，要把握"黄金节点"，1 小时快速介入，主动发声，有效对冲舆情；4 小时内发布权威信息，赢得主动权；24 小时内召开新闻发布会，努力"一锤定音"，如有必要，应当持续滚动发布权威信息。

3. 在发布内容上审查好。除了针对舆情焦点回应，还要做到言之有物、言之有理，信息发布要传递解渴管用的信息，坚决不说居高临下的官话、辞藻华丽的空话，如果自说自话，极易引起反感、不满，引发次生舆情。就检察机关来说，内容可分为表态类、程序类和普法类信息。涉检网络舆情中，并非全部是负面评价，有的是偏中性的呼吁履职，甚至是正面评价。在此过程中，需要我们因势利导，借助舆论场热点加强释法说理，阐释检察履职，形成精准普法。这一点，在公益诉讼这个新增检察职能中表现得很突出，如连云港"激素抑菌霜案"发生后，有自媒体称"多名律师准备申请检察机关提起公益诉讼"，随后，市检察机关积极回应，普及检察公益诉讼的法律要义和社会价值，并称"正在按照办案程序进行调查取证，将根据调查取证的情况决定是否提起公益诉讼"，获得舆论肯定。再如，南京市建邺区检察院办理的"辣笔小球"刑事附带民事公益诉讼一案，舆论认为检察机关反应迅速，刑事追责与民事公益诉讼同步办理，打出了一套组合拳，并有效释法新罪名"侵害英雄烈士名誉、荣誉罪"，有力地引导了舆论，遏止了"诋毁英雄烈士战斗精神、贬损牺牲价值，损害卫国戍边军人群体的光辉形象"的言论，维护了国家利益和社会共同利益底线。

4. 在发布方式上选择好。一般情况下，责任单位通过"两微一端"和门户网站发布回应信息，结合案（事）件进展和舆情传播变化，视情召开新闻发布会，或者新闻通气会、邀请媒体记者采访、在检察机关互联网站发布信息等多种形式发布。在"8·28"昆山反杀案中，检察机关采用省、市、区联动发布不批捕普法回应信息，产生积极预期效果。当然，根据舆情严重程度，可以由专家、媒体等公开发表客观公正意见，从第三方角度澄清不实言论。

实践中制作回应信息，还需关注以下几点，有助于给舆情降温。一是不能把公文语言等同于媒体语言，应侧重以事实和细节取胜，弱化领导职位和角色，更加体现公众对焦点问题的感受和解决问题的关切，语言更加符合大众传播的习惯。二是切记不用官话套话空话，一些通报的语气、表述、修辞不恰当、生硬，误让别人尤其网民朋友看到权力的傲慢、处置的冷漠、思维的僵化，典型如"家属情绪稳定""人民生活未受影响"，极易产生网民的内心对抗。三是远离语言吹捧，不宜用"百忙之中""亲自现场指导""发表重要讲话"等吹捧语言，防止引发次生舆情。四是避免绝对化和"雷言雷语"，表态类内容应循序渐进，不宜一下把话说满，不为一时取悦网民而不切实际草率盖棺定论，也不能夸下海口，说与一些公众关切格格不入的雷语，为纠正差错、解决问题留有回旋的余地，避免发布不当导致涉检舆情持续发酵，甚至引发次生舆情。

三、功夫在平时：检察舆情素养的培养练就

任何网民都可以通过网络来传达观点，表达自己对检察机关办案的看法。一些正面的舆论因真实性强、语言表达鲜活，对检察机关的形象起到了正面的促进作用。但是，因为网络空间的不确定性、网络用户身份的隐蔽性、信息来源的多样性，一些负面言论，甚至不实言论，会对检察机关、检察人员造成消极影响。舆情的利弊同时存在，这给我们刑事检察工作增加了挑战。培养练就司法办案中舆情意识，进一步提升运用新媒体有效引导舆论能力、涉检舆情的科学应对处置能力成为每个司法工作者不可忽视的重要课题。

　　刑事检察官应不断深化认识"涉检网络舆情引导是办案工作重要组成部分"的新理念，可以通过以下途径，不断提升舆情处置应对能力和自身舆情素养。

　　一是加强相关专业知识的学习。适当阅读社会学、传播学、舆情分析等专业书籍，了解舆情产生、发展与传播的规律，搭建起舆情素养的基础知识框架；养成定时浏览相关媒体平台的习惯，了解最新资讯，跟踪热点案件舆情动态过程，剖析公众关注焦点、情绪倾向与媒体报道，借助真实案例深化认识与实际运用；明确舆情工作责任，确保案件案例、舆论引导无缝衔接，对涉检舆情及时妥善应对。

　　二是建立对涉检舆情的高度敏感性。办案过程中除了关注事实证据、法律适用、诉讼监督的传统内容，还要特别留意案件中可能引发涉检舆情的人与事。受理案件之初，应全面评估案件性质、社会影响与当事人背景。如涉及弱势群体、社会关注度高的行业领域或者是新类型、法律适用存在争议的案件，都应当预判可能存在的潜在风险。在提讯犯罪嫌疑人、询问证人过程中，留意各方情绪和诉求，对于涉案当事人流露出的异常情绪与言行，必须高度重视，及时进行评估，一旦发现涉检舆情，要第一时间报告并及时应对处置。

　　三是加强对苗头性倾向性问题的及时处置，防患未然。很多涉检舆情有一个从量变到质变的过程，特别是当事人对办案结果不认同、对检察官办案作风不满意的情形，不是一触即发，而是负面情绪积累长期得不到缓释的结果。所以当发现可能引起舆情风险的言行时，如过激言论与行为，应当及时进行疏导，耐心地加强释法说理，或者通过辩护律师与当事人其他家属共同做"思想"工作，对案件处理的法律依据详细阐明。此外，承办检察官也不能忽视对于办案程序如审查期限等问题的释明，及时告知办案进度，会让当事人减少对案件始终"悬而未决"的担忧，从而增强对检察官的信任，减少产生涉检舆情的风险。

　　四是严肃保密纪律和宣传纪律。强化保密意识，时刻保持警惕，对于在办理过程中案卷与信息资料妥善保管；开展宣传、发布信息必须遵守相关制度，不随意披露案件细节与证据材料，杜绝出现因为不当宣传引发公众误解与网络舆情。确保信息发布的权威性与一致性。

五是建立对负面舆情应对的"事后反思"制度。对司法办案过程中引发的舆情，事后开展"一案一分析"的复盘，系统梳理舆情发生的时间节点、传播路径，分析在舆情评估、响应速度、应对措施等环节的表现，思考信息发布内容是否存在偏差、表达是否准确清晰等。有必要时，可通过线上留言等方式收集公众与媒体反馈意见，了解社会对舆情处理的满意度与改进建议。将复盘与收集的反馈整合，提炼成功经验与失误教训，制定针对性改进措施，做到举一反三。

六是持续提升职业修养。强化自身职业道德修养，培育检察官的高尚境界与高贵品格。严格依照法定程序办案，从案件受理、审查起诉到出庭公诉，每一个环节都不能出现程序瑕疵，一旦程序违法曝光，极易引发负面舆情。善于做好"形象管理"，注重细节规范，言行举止要符合规范文明和司法礼仪，无论是在监督办案中的询问、讯问还是出庭公诉、公开听证，都要让他人感受到良好的专业学识、办案技能及品格修养。

第八节　沟通协调能力：
把握刑事检察的人际维度

法律并非僵硬不变的规则集合，它是一门生动的社会科学，涉及人的行为、思想以及情感。在处理每一个案件时，我们不仅要对法律条文有着深刻的理解和准确的应用，还要深入人心，理解当事人的真实感受和需求；在履行侦查监督、审判监督过程中，不仅要敢于监督，还要善于监督，让"双赢多赢共赢"的新时代检察理念得到职业共同体的理解与接纳；在制发检察建议、推动社会治理时，面对相关行政机关、企事业单位与社会组织，不仅让被建议单位认识到工作中存在的风险，更是乐于并主动融入社会治理现代化的体系建设中……种种深入的理解和认识，使得沟通协调能力成为刑事检察工作不可或缺的一部分。它要求不仅准确无误地传达法律知识，更要善于倾听、理解和回应，能够在复杂多变的人际互动中找到最佳的沟通方式。

刑事检察官的工作是与人打交道的工作，良好的沟通协调，是实现高质、高效的专业服务必不可少的要件，同时也是有温度的检察服务最好实现方式。检察人员通过与相关组织、部门以及当事人、群众等交流信息、观念、情感，调动各方面积极因素和力量，使之相互协调，达到完成检察工作的目标。沟通协调能力看起来是外在的东西，而实际上是个人素质的重要体现，它关系着一个人的专业知识、能力与品行。

一、刑事检察工作的人际维度

沟通，是人与人之间通过语言、文字、符号或其他的表达形式，进行信息传递和交换的过程。正是通过有效的信息交换，它成为连接法律专业人士与社会各界的桥梁，成为实现正义、维护法治的重要工具。沟通协调能力的优劣，直接影响到法律实践的效率和效果，甚至关系到检察机关公信力的建立与维护。刑事检察工作中所建立的人际关系网，每一类关系都承载着特定的职责和期望，同时也呈现出独特的沟通要素和挑战。

（一）与侦查人员的沟通

与公安机关的沟通是基于共同的目标：确保社会的公正与安全。这种关系要求双方之间的信息共享必须准确无误，同时需要相互之间建立起深厚的信任。挑战在于如何确保在紧张的工作环境中保持沟通的效率和效果，如何处理案件中的敏感信息，以及如何在法律框架内协作处理复杂的案件。

（二）与审判人员的沟通

与法院的沟通以庭审为中心，时间维度包括庭前、庭中与庭后。这要求刑事检察官不仅要有扎实的法律知识，还要有出色的口头表达能力和逻辑思维能力。挑战在于如何有效地将复杂的法律问题和案件事实以清晰、有说服力的方式呈现给法官和陪审员，以及如何在求同存异中充分维护公诉方的立场。

（三）与律师的沟通

与律师的沟通，尤其是与辩护律师的互动，是建立在对立和竞争的基础上的。这种关系要求检察官在保持职业尊重和遵守法律职业道德的前提下，与对方律师进行有效的沟通和辩论。挑战在于如何在庭前诉辩协商与激烈的庭审辩论中保持冷静和专业，以及如何在争议中寻找解决问题的机会。

（四）与行政机关的沟通

与行政机关的沟通往往涉及法律政策的制定和执行，以及对公共利益的保护。这种关系要求检察官能够清晰地传达法律意见和建议，同时理解行政机关的工作流程和政策目标。挑战在于如何在不同的政策目标和法律框架之间找到平衡点，以及如何促进法律和行政实践之间的有效协作。

（五）与被害人及其家属的沟通

与被害人及其家属沟通，应充满同情心、应具有敏感性。这种关系要求检察官在传达法律信息和案件进展的同时，提供心理上的支持。挑战在于如何在保持专业性的同时，展现出足够的同情和理解，以及如何处理被害人及其家属的期望和情绪。

（六）与犯罪嫌疑人的沟通

与犯罪嫌疑人的沟通是建立在法律框架内的，需要确保其法律权利得到尊重。这种关系要求检察官在进行必要的讯问和调查时，保持职业的客观性与公正性，同时确保沟通遵守法律规定，尊重犯罪嫌疑人的基本人权。挑战在于如何在搜集必要的证据和信息时维持道德和法律的界限，以及如何在确保法律程序公正的同时，处理好与犯罪嫌疑人的敏感交流。

（七）与群众的沟通

与人民群众的互动关系主要体现在对法律知识的普及、案件信息的透明度以及对公众意见的倾听和回应上。要求检察官能够以易于理解的方式解释法律条文、程序和原则，使公众能够理解法律决策的依据和过程。同时，通过依法公布案件进展和法律成果，可以提升公众对法律机关工作的透明度和信任度。与群众沟通的挑战在于如何平衡信息的开放性和案件的保密性，以及如何处理公众对某些案件的高度关注和强烈情绪。

在所有这些关系中，有效沟通的共同要素包括清晰性、准确性、适时性和尊重。清晰性确保信息传达无歧义，准确性保证信息的真实性和合法性，适时性关乎信息传递的时效性，而尊重则是在所有人际交往中保持的基本原则。这些要素构成了法律职业中有效沟通的基础，无论是在"文来文往"还是口头交流中，都应予以体现和遵守。人际关系中的沟通挑战主要来自案件本身的复杂性、参与人员的情绪状态以及法律框架的严格要求。

这些挑战要求刑事检察官不仅具备法律知识，还应具备高度的情绪智能、沟通技巧和道德判断能力。它要求在保持专业性的同时，展现出足够的人文关怀和道德责任感。办案的目标不仅是在法治的轨道上推进案件，更是在保障正义的同时，维护人与人之间的尊重和理解。这种多维度的沟通不仅是职业技能的一部分，更是作为法律工作者社会责任的体现。

二、有效沟通的"三要素"

沟通的过程可以被视为信息从发送者传递到接收者的动态交互过程。在这一过程中，信息的形成、传输以及反馈，都是沟通成功与否的关键要素。有效的沟通要求发送者清晰地表达思想和情感，同时也需要接收者准确地解读这些信息。然而，刑事检察官履行法律监督职能，与沟通对象时常是监督与被监督的关系，很容易形成"居高临下"的外在形象，使得对方对检察官的监督意见带有一种天然的排斥、不友好甚至敌意心理。为了实现有效、高效的沟通，可以重点关注以下几点：

（一）展现真诚态度

真诚表达自己的想法和情感，是建立良好沟通的前提与基石。作为刑事检察官，在沟通中需要敢于监督，勇于表达监督立场与观点，但同时也要保持足够的坦诚和真诚。这种坦诚是源自监督者履行法定职责身份的需要，而真诚则体现对被监督者的平等尊重，更是践行法治精神的内核。

展现真诚，首先是建立与人为善的态度。刑法是所有善良人的大宪章，检察官在执法司法过程中，更要传递这份善意。所以，善良于刑事检察官而言，不仅是作为普通人的基本德行，更是作为法律人的职业修养。管子说："善人者，人亦善之。"以善良为出发点，就可以减轻沟通对象对检察官的抵触情绪，卸下心理包袱，平等交流坦露心声。其次是换位思考的思维。沟通协调的目标是达成共识，要学会站在对方的立场上思考，从对方的角度出发看问题、想事情，照顾对方的关切点。无论是侦查人员、律师还是审判人员，各自有不同的立场，而沟通过程就是双方互动、互补、互促的过程，通过换位思考，坦诚交换意见，耐心地听取对方合理的意见和建议，既可以赢得对方的尊重和支持，又可以摸清对方的需求和底线，努力减少分歧，从而找到应对之策，达成共识。

（二）专业敬业驱动

专业、敬业的职业素养，是实现有效沟通的关键。检察环节的沟通协调，不是通常意义上的言语交谈，而是一种使得检察履职行为正当化、效率化的实现方式。对于检察官而言，是在接触过程中运用语言、行为以及文书的内容，使沟通对象产生对于法律监督的正当性、案件处理的适当性、检察官形象公正性形成判断并接纳的多个方面。

专业敬业驱动，首先要力求专业。没有金刚钻，别揽瓷器活。监督他人必须"技高于人"，这是沟通协调的底气，更是职业自信的基础。如果沟通对象认为你够专业甚至某些方面超越了他，那么，沟通就会有比较好的基础。因此，应当苦练内功，精通法律法规，对监督对象的相关业务环节了如指掌，如在庭后和法官进一步沟通指控依据时，不仅要提供十分明确的法律法规，而且能够精准解读，才能夯实观点说服法官，否则不同立场形成不同理解，产生分歧仍然无法统一认识。其次要执着敬业。改变认识、形成共识有时非一次可以达成，反复沟通是法律沟通的常态，最重要的就是具备锲而不舍、坚韧不拔的精神，相信"钟摆效应"。"钟摆效应"原是心理学上的一个名词，主要是描述人类情绪的高低摆荡现象。任何人都有类似的情绪现象，沟通对象也不例外，再试一次，可能柳暗花明。沟通遇到挫折时，你要相信沟通对象的情绪可能已经处于钟摆的底部，不要灰心，下一次沟通钟摆应该会回升。第二次仍然不在钟摆的高位，那么就尝试第三次、第四次，钟摆高位的时刻总会出现，沟通一定会成功。被监督对象对自己的观点一般不会轻易改变，当一次沟通有所松动时，就要紧跟而上，通过其他方式再次强化，坚持不懈才能达成目标。如向某行政机关制发社会治理类的检察建议，因为职能不同，行政机关可能不能理解也不愿接受，更担心因为接受检察建议会给单位带来负面影响。这时除了送达前的当面释法，还可以在办案过程中邀请行政机关参与听证过程，增强其共同参与社会治理体系建设的责任感，达到接受检察监督的结果。

（三）讲究沟通艺术

沟通不仅是一门学问，更是一种艺术。一是积极倾听。戴尔·卡耐基说，沟通就要"做一个好听众，鼓励别人说说他们自己"。所以，倾听不是沟通的被动方面，而是一个积极的、需要高度专注和理解能力的过程。优秀的倾听技巧使得检察官能够更深入地理解当事人的诉求、见证人的陈述和对手律师的论点。这种深度的倾听不仅涉及对言语内容的理解，更包括对说话者情绪和非言语线索的敏感捕捉。在法庭上，精准的倾听技巧可以帮助检察官抓住案件关键，构建更有力的论证。二是学会运用非言语沟通方式。非言语沟通，如肢体语言、面部表情和声音的音调，是沟通中极为重要的组成部分。在法律沟通中，非言语信号可以传达许多未被直接言说的信息。检察官通过观察被告人或证人的非言语行为，可以获得对其真实想法和情感状态的额外线索。同时，检察官在法庭上的非言语表现，如自信的姿态、平和的面部表情和稳定的声音，也能够增强其说服力，赢得法官和陪审员的信任。

三、不同角色沟通协调的策略

（一）与侦查人员的沟通协调

在法律职业的广阔领域内，检察机关与公安机关的关系尤为重要，它是确保司法公正和社会秩序的基石之一。这种关系基于双方共同的目标——确保法律的正确执行和公共安全的维护，基于双方对法律的尊重、对正义的追求和对社会责任的承担，双方涉及一系列复杂的沟通和协调活动。

一是信息共享与引导侦查。检察官与侦查人员之间的沟通首先体现在信息共享上。在犯罪侦查和案件构建阶段，侦查人员需要与检察官密切合作，分享调查发现的证据和信息。这种信息共享要求双方建立起高效的沟通机制，确保信息的及时、准确和安全传递。在此基础上，检察官可以提供法律意见，引导侦查人员的进一步开展侦查调查工作，确保侦查活动符合法律规定，保障嫌疑人的合法权利。二是侦查监督与协作配合。根据法律规定，检察机关还承担着对公安机关执法活动的监督职责。这要求检察官在保持与公安机关良好合作关系的同时，也必须保持必要的独立性和客观性，对公安机关的执法活动进行监督，确保其合法性、正当性。这种监督并非对公安机关工作的否定，而是双方基于法治原则和司法公正共同努力的一部分，旨在提升整个司法系统的效能和公信力。三是法律指导与业务培训。除了日常案件的协调，检察官与侦查人员之间的关系还包括对公安人员进行法律指导和业务培训。检察官凭借其专业知识和法律实践经验，可以帮助公安人员更好地理解和运用法律规定，提高执法质量和效率。这种培训和指导不仅限于具体案件的处理，还包括对法律新规定、新解释的传达和解读，以及执法中遇到的共性问题和挑战的讨论。此外，还需要不断适应法律规定和执法实践的变化，更新沟通和协作的方式和内容。

（二）与律师的对抗与合作

在刑事诉讼活动中，检察官作为公诉方代表，而律师作为辩护方，双方的互动呈现出既合作又对立的复杂性质。无论是在合作还是对抗的场景中，有效的沟通策略都是关键。检察官在办案中独立行使检察职权，但不意味着只限于自我封闭式办案，而不听他人的意见与观点。虽然《刑事诉讼法》有要求，应当听取律师意见，但公诉人会有天然的优越感，认为律师和犯罪嫌疑人一样，有时就是为了履行辩护义务一味迁就犯罪嫌疑人，而辩护的内容就是狡辩。但实际上，充分听取律师辩护意见，并在诉前或者庭前充分交换意见，达成诉辩焦点，更有利于提升办案效率。

一是充分听取律师对事实的陈述，从辩护人的角度更全面地展开对案情的了解，但应牢牢把握证据即事实的原则，对于辩护人提及的卷宗中未记载的案情，可请律师提供相应的佐证材料，或者自行开展补充侦查。二是充分听取律师对案件证据质证意见，特别是证据体系是否已经充分、能否形成证据锁链，需要听取律师从不同的视角进行论证，对于可能影响证据锁链形成以及证据合法性、真实性有疑问的情形，应进一步研究。三是充分听取律师对案件定性的意见，对于定性存在争议、不同定性之间可能存在罪与非罪情形的，应高度关注，千万不可自以为是，如有必要可通过提请召开检察官联席会、专家咨询、检察听证等方式，为准确定性打好基础。四是充分听取律师对认罪认罚案件的辩护意见。对于认罪认罚案件，应秉持与非认罪认罚案件同样的审查要求，在案件处理之前听取律师对于案件处理、量刑依据的意见同样重要，这既是对律师执业权利的保障，同时也是保障起诉案件质量的重要方式。五是通过律师与当事人沟通。律师是犯罪嫌疑人的辩护人或被害人的诉讼代理人，但同时又是法律职业者，具有专业背景，更能够理解案件中的重点重心，其双重身份决定其可以成为检察官与当事人之间的沟通桥梁。基于职业要求，犯罪嫌疑人天生会对检察官存在排斥，认为公诉人是来找自己麻烦的，而自己又不懂法律，自然会非常信任律师，同样的观点，从律师与检察官不同身份的人说出来，他会有不同的认识，在这样的背景下，学会向律师借力，促进案件达成最佳办案效果就很重要。

无论是在对抗还是合作的场景中，检察官都面临着如何在尊重对方律师的同时维护公众和正义利益的挑战。这要求检察官在坚持自己的立场和职责的同时，展现出专业的尊重和礼貌。通过明确的界定职责和目标、保持开放和诚实的沟通，以及在争议中寻求建设性的解决方案，检察官可以在保护公众利益的同时，与律师建立起基于尊重的专业关系，可以更有效地与律师进行互动，无论是在对抗还是合作的场景中。通过精确的信息传递、高度的情绪智力以及有效的非言语沟通，检察官可以在尊重对方的基础上促进法律的公正实现。

（三）与行政机关的协调合作

与行政机关的沟通协调是检察工作的一个重要方面，尤其在法规执行和监管合作方面尤为关键。这种协调工作不仅涉及法律的应用，更关乎法律与行政实践之间的有效衔接，以确保法律政策的顺利实施和公共利益的保护。

一是在法规执行层面，与行政机关的紧密协作确保了法律的正确和统一应用。检察官需要与行政机关共享法律知识、解释最新的司法解释，以指导行政执法活动的合法性和有效性。此外，对于行政决策和执法活动中可能出现的法律问题，检察官通过提供专业的法律意见和建议，帮助行政机关更好地理解和遵循法律规定，避免法律风险。二是在监管合作方面，检察机关与行政机关的合作不仅限于法律咨询，更扩展到共同参与监管活动、开展合作调查等领域。在这一过程中，建立有效的沟通渠道和机制至关重要。这可能包括定期的工作会议、联合工作组和信息共享平台等，以确保双方在监管目标、方法和行动上保持一致。

跨机构合作中不可避免地会出现分歧。在面对分歧时，采取建设性的沟通策略至关重要。首先，双方应基于共同的目标和法律原则开展讨论，避免立场固化而导致的对抗。其次，采用问题解决的方法，通过共同分析问题的根源，探索可行的解决方案。此外，灵活运用调解和协商机制，通过第三方的参与帮助双方找到折中方案，也是解决分歧的有效途径。此外，检察官还可以通过法律宣传和教育活动，提升行政机关人员的法律意识和能力，为政策的顺利实施提供人才支持。总之，与行政机关的有效协调对于法规的执行和监管合作至关重要。通过建立稳定的沟通机制、采取建设性的分歧解决策略，检察官可以与行政机关建立起基于法律、效率和互信的合作关系，共同推动法律政策的实施，维护公共利益和法律秩序。

（四）与被害人和家属的交流

在处理案件过程中，与被害人及其家属的沟通是检察官面临的一项极具挑战性的任务。这种沟通的敏感性和复杂性主要源于被害人及家属可能经历的创伤、情绪波动以及对法律过程的不确定感。因此，这要求检察官在提供支持、获取信息的同时，必须采取措施保护被害人的权益。被害人及其家属可能正处于极度的情绪困扰和心理创伤中，这使得与他们的沟通变得非常敏感。检察官需要表现出极大的同情心和耐心，同时还需要确保沟通方式不会无意中加重被害人的心理负担。此外，被害人对法律程序的不熟悉可能导致他们对案件结果有不切实际的期望，或者对法律过程感到困惑和沮丧。展现真正的同理心和耐心是与被害人及其家属沟通的首要前提。这意味着要花时间倾听他们的感受和需求，而不仅是聚焦于获取案件信息。在可能的范围内，向被害人及其家属清晰地解释法律程序和可能的结果，帮助他们建立对法律过程的正确理解和合理期望。向被害人及其家属提供专业的法律和心理支持资源，如推荐受害者支持服务、法律援助以及心理咨询等。

在获取案件相关信息的同时保护被害人权益也是检察官的重要职责。在询问被害人提供信息时，采用尊重的方式，避免重复让被害人回忆创伤经历，减少二次伤害。保护被害人的隐私信息，确保沟通过程中他们的安全感和舒适感，尤其是在处理涉及家庭暴力或性侵犯案件时更为重要。在法律框架内维护被害人的合法权益，包括但不限于知情权、参与权和保护措施。与被害人及其家属的敏感交流要求检察官具备高度的专业素养和人文关怀能力。通过展现同理心、维护透明度、提供专业指导、采用尊重的提问方式、确保隐私和安全以及维护被害人的合法权益，检察官可以在为受害者提供必要支持的同时，有效获取案件信息，促进正义的实现。这种平衡在法律实践中至关重要，不仅体现了法律的公正性，也体现了作为检察官的人文关怀。

（五）与犯罪嫌疑人的接触

在调查和审讯过程中，检察官与犯罪嫌疑人的接触是一个充满挑战的环节，涉及一系列复杂的法律和伦理考量。确保这一过程的公正性和效率性，同时尊重嫌疑人的基本权利，是检察官必须严格遵守的原则。

所有与犯罪嫌疑人的接触，包括沟通、调查和审讯，都必须依法进行。这意味着检察官在进行调查和审讯时，必须遵守相关法律规定，如刑事诉讼法等，确保程序的正当性。犯罪嫌疑人尚未定罪，享有基本人权，包括但不限于受到公平对待的权利、保持沉默的权利和获得法律援助的权利。检察官在与嫌疑人接触的过程中必须充分尊重这些权利。在与犯罪嫌疑人的沟通中，绝对禁止使用刑讯逼供或任何形式的不正当手段来获取信息。这不仅是法律的要求，也是伦理的准则。在审讯开始之前，应明确告知犯罪嫌疑人基本权利，这有助于建立公正的沟通环境。在沟通过程中，采用开放性问题鼓励嫌疑人陈述其视角下的事件，而不是通过领导性或暗示性的问题引导嫌疑人作出特定的回答。即使面对犯罪嫌疑人，检察官也应努力建立一种基于专业和尊重的沟通关系，避免产生敌对或对抗的氛围。通过肢体语言和面部表情展现开放和专业的态度，可以帮助降低嫌疑人的防御心理，促进更为坦诚的沟通。在可能的情况下，确保审讯过程的透明度，如通过录音或录像的方式记录审讯过程，可以保证程序的公正性和可追溯性。总之，与犯罪嫌疑人的沟通是一个需求平衡法律程序、人权保障和有效沟通的过程。通过采取上述策略，检察官可以在尊重嫌疑人的基本权利的同时，有效地进行沟通和信息收集，为案件的公正处理奠定基础。

（六）与群众的沟通

与群众的沟通对于检察官而言，是建立公众信任、提高透明度和增强法律意识的关键环节。这种沟通需要兼顾法律的专业性和公众的多样性，旨在传达法律信息、解释司法程序并倾听社会声音，从而促进社会的和谐与法治的深入人心。

检察官与群众沟通的首要任务是传达法律信息。这包括对具体案件的法律解释、法律知识的普及以及对当前法律热点问题的专业评论。在这一过程中，将复杂的法律术语和概念转化为公众易于理解的语言是一项挑战。这不仅需要检察官具备深厚的法律专业知识，还要求其具备将法律知识"翻译"给非专业听众的能力。公众对法律程序的不了解往往是对司法不信任的来源之一。检察官在与群众的沟通中应致力于解释司法程序的合理性和必要性，包括案件的受理、审理、判决以及执行等各个环节。通过透明地解释这些程序，可以增强公众对司法公正的信心。

有效的沟通是双向的。检察官在与群众沟通时，不仅要传递信息，还要倾听群众的意见和关切。这可以通过公开座谈会、社交媒体平台或其他公共渠道实现。倾听社会声音有助于检察机关更好地了解公众对法律和司法的期望，从而在司法实践中更好地服务于公众需求。提高检察工作的透明度是与群众沟通的另一重要目的。这包括对重大案件的进展情况进行定期更新，公开审判过程和结果，以及解释可能存在争议的判决。透明度的提高可以有效地消除误解和疑虑，建立公众对检察机关工作的信任。检察官与群众的沟通是一个多方位、多层次的过程，它要求检察官不仅要有扎实的法律专业背景，还要具备良好的沟通技巧和公共关系处理能力。通过有效的沟通，检察官可以建立与公众之间的桥梁，增强法律的权威性和可接受性，促进法治文化的形成和社会的和谐稳定。

综上可见，优秀的沟通技巧可以帮助建立起信任与合作的桥梁，促进案件的顺利解决，减少不必要的法律纠纷和社会矛盾。它可以增强检察服务的透明度和公众参与度，提高公众对法律制度的信任和满意度。因此，沟通协调能力对于刑事检察官而言，是我们能否在复杂的法律环境中有效行使职能、维护正义和推动社会进步的决定性因素之一。在未来的法律实践中，我们需要不断提升自己的沟通协调技能，通过实践和学习深化对人的理解，精练我们的沟通方式，使之更为有效、透明和具有包容性。在我们的日常工作中，每一次与当事人的对话、每一场法庭辩论、每一次团队讨论，甚至每一份法律文书的制作，都可能是沟通协调能力实践的体现。如何倾听、如何表达、选择什么样的言辞和语气，都直接影响着我们与他人的关系，以及我们能否达成目标。因此，我们需要不断地提升自己的情感智慧，学会在适当的时候运用同理心，同时保持职业的客观和公正。此外，随着社会的发展和科技的进步，沟通协调的方式也在不断变化。数字化通信工具的广泛使用，使得远程沟通成为可能，但同时也带来了新的挑战，比如，如何在缺乏面对面交流的情况下建立信任、如何确保信息安全等。因此，作为刑事检察官，还需要适应这些变化，掌握新的沟通技术，确保在任何情况下都能维持有效的沟通。最终，我们的目标是通过有效的沟通协调能力，不仅为个人和社会提供优质的法律服务，而且通过我们的工作促进社会的和谐与正义。我们的职责不仅是代表法律说话，更重要的是作为人与人之间沟通的桥梁，帮助解决冲突，促进理解，维护社会的公平与秩序。

【沟通协调中实用技巧】

1.学会使用礼貌性用语：尊重是相互的，也是相对的，要想赢得他人的尊重，首先要学会尊重他人。日常沟通交流过程中，无论是对待被监督对象还是辩护人，礼貌是基本的文明执法的体现。应将"您好""请""谢谢""不客气"等问候语挂在嘴边，既是对对方最起码的尊重，也是自身良好修养的体现。对我们沟通的对象而言，法律是通过语言被感知的，礼貌性用语就是获得对方良好感知的起点。

2.学会倾听：平等沟通的前提是相互充分了解，对于有不同法律立场、法律观点的人来说，认真倾听他们的意见，彼此真诚地交换想法，是解决争议的有效方式。

3.学会换位思考：站在对方的角度去感受与思考，有助于运用系统思维，将所有的问题进行有效整合，寻找双方共赢的出路。

4.学会观察并使用肢体语言：与人交流沟通，即使没有开口，但内心的感觉，已经会通过肢体语言清楚地表现出来了。自然的微笑、不交叉双臂、身体微微前倾、常常看对方的眼睛、点头示意等，这些肢体语言会反馈愿意尊重并接纳对方的想法，也会给对方更多的信任感。

5.学会谦虚谨慎：作为专业的法律工作者，虽然是谈话的主角，要避免自作聪明，总是抢先发言的情形，而应始终保持谦虚谨慎、认真负责的态度，对交流谈话的内容多进行引导，给对方留下良好的职业形象。

6.学会创造良好的沟通环境：有效的沟通必须有良好的沟通环境，包括沟通时间与地点的选择。应有意识地为对方创造良好的沟通环境，合理安排好沟通时间，提高工作效率。

7.学会保持耐心：由于立场不同，法律争议的沟通有时不能一次形成统一认识，这是很正常的现象。对自己保持信心、对对方保持耐心，通过几个回合，或许就能实现最佳的结果。

第九节 群众工作能力：始终贴近群众

习近平总书记指出："法律不应该是冷冰冰的，司法工作也是做群众工作。"[①] 检察工作具有社会属性，人民检察院承担的职能不仅是履行法律监督，更要在依法办案中维护公平正义、传递司法善意、促进社会和谐，以此赢得人民群众的信赖和拥护。作为刑事检察官，我们每天都在办理案件。但对很多当事人来说，一辈子可能就经历一个案件，因此，案件处理得公正与否，直接关乎人民群众切身利益和司法公信力。而要收获人民群众的好评，我们必须提升群众工作能力，做好群众工作是新时代刑事检察官的必备能力。

一、释法说理，就要说到老百姓的心里去

所谓释法说理，是指刑事检察人员在办案过程中，以事实为根据、以法律为准绳，在高质效办好案件的同时，就所作决定依据的事实、法律和相关刑事政策，向当事人、其他诉讼参与人以及有关单位和人员，以书面、口头等方式解释法理、说明事理、讲清情理的活动。释法说理和司法工作相伴相生。释法说理看起来似乎是案外工作，但其重要性与办好案件同样重要，甚至有的时候"说清为什么"比"做对是什么"更重要。如果只是单纯地将案件办好了，但是法不说，理不讲，作为非法律专业人士的案件当事人与人民群众就会在心中产生质疑和困惑，甚至可能因不服而有信访和上访事件发生，社会不和谐因素就此产生。所以，我们办案既要让人民群众看到程序与结果正义，又要让他们理解司法结果的"是什么"与"为什么"。同时，虽然释法说理针对的是某个具体个案，面向的是某个具体的

---

① 习近平：《论坚持全面依法治国》，中央文献出版社 2020 年版，第 23 页。

当事人，但法却是广治之法，理是公认之理，进行释法说理的过程，也是实现司法公开、接受人民监督、进行法治宣传教育的有效工具。这个过程不仅让我们法律文书有了生命力，更加鲜活起来，同时也是检察机关积极参与源头治理，化解社会矛盾纠纷，促进社会和谐稳定，助推社会治理现代化的重要途径。

一纸判决，或许能够给当事人正义，却不一定能解开当事人的"心结"，"心结"没有解开，案件也就没有真正了结。我们所要说的道理是非常专业的内容，而释法说理的对象是非专业人士，所以只有用人民群众最能接受的方式、最通俗的语言进行答疑释惑、讲明道理，才能让人民群众理解、信任、支持司法工作，让法律外在的强制转化为人民群众内心信服和自觉遵守的行为规范，从而真正实现个案正义。因此，如何针对不同说理对象运用不同说理方法，如何将书面说理与当面说理相结合灵活运用，如何在说理中既做到义正词严讲清"法理"，又做到循循善诱讲明"事理"，还做到感同身受讲透"情理"，让当事人胜负皆明、心服口服，这些都是我们刑事检察官应当深入思考的问题。

（一）精准释法

准确阐述依据是刑事检察官的基本素能，是指刑事检察官在办理案件过程中，运用规范文书与通俗语言，客观准确地阐明检察机关作出决定的事实根据、法律规定与政策依据，使说理对象了解检察机关作出决定的理由，体现了我们法律适用、政策运用和语言表达的综合能力。

一是全面客观。案件事实、证据材料与法律适用，是刑事检察官办理案件作出决定的基础，也是进行说理的基本依据。应当坚持实事求是的科学态度，以事实为根据，以法律为准绳，全面客观运用事实与证据，既不扩大也不缩小，以还原案件的事实真相为目的，在说理过程中的"精准"，其判断标准是案件客观事实是否与证据相符合，是否准确运用法律适用，既包括案件事实中对当事人有利的部分，也包括案件证据所反映的对当事人不利的部分；全面精准阐述法律规定与刑事政策，既包括法律规定与刑事政策的字面含义，也包括法律规定与刑事政策背后所蕴含的法治精神。二是逻辑清楚。释法说理时，要按照逻辑规律进行论述。明确观点，不能模棱两可，让人边听边猜；要从证据材料、法律规定等方面，提出证据确实、充分的事实根据与法律依据；要按照一定的逻辑顺序进行论证，层层递进，论证有力。要说清楚检察机关认定的事实是什么，证实这些事实的证据有哪些，根据认定的事实，法律上是如何规定的，检察机关为什么定这个罪而不是其他罪等，从事实到证据，再到法律适用，这样的释法逻辑就符合观点明确、论据充分、论证有力、思路清晰。三是论述透彻。我们在论述决定理由时，所要说明与表达的内容很多，最终是要做到简明易懂，让案件当事人及有关人员能够清楚明了，理解并接受检察机关所作出的决定。所以，判断释法说理"精准"与否，是否精确、准确，其标准就是要看释法对象能否理解，只有释法对象理解了，才能准确传递信息，达到准确阐明的目的。面对没有法律背景的当事人及有关人员，从不同角度将法理讲透就尤其重要。既要说事实、证据与法律，还可以说案件背景情况，所造成的社会危害以及类似情形其他案件的处理情况等，从不同角度不同侧面深入解释，可以有助于释法对象的理解接受。

（二）感同身受

在现代社会，办案过程更多地体现为一种说服和协调，而不是简单地命令与服从，司法者不能有高高在上的权力本位意识。所以释法说理并不是刑事检察官自说自话，而是和当事人、人民群众的真诚对话和理性沟通，是司法民主、民主司法的常态化表现。

一是耐心倾听。倾听是一个人的美德，更是司法理性的内在要求。兼听则明，偏听则暗。要注意听取当事人与其他相关人员的意见，不能将犯罪嫌疑人的辩解武断地视为狡辩，更不能将辩护律师所提出的辩护意见简单地全盘否定或置之不理。只有听清听全，才能明白当事人的真正诉求和内心真实想法，释法说理工作才有针对性。二是仔细观察。把握当事人的心理与诉求，对于社会层次不高的人或者老年人，要耐心解释，表述语气平和，没有居高临下的感觉，让对方感受到真心诚意；对于社会地位较高的人如学者、教授，不能急于求成，耐心倾听，尽量引导他们说出自己内心的真实想法。三是换位思考。司法者要有一颗司法为民的心，换位思考，将心比心，才能对人民群众的痛点、难点、堵点感同身受，释法说理才能释到要害处，说到心坎里。真正做到换位思考，真正站在群众的立场去体验和思考问题并不是容易的事，意识到了换位思考，并不代表就能做到换位思考。清代文人郑板桥《墨竹图题诗》有云："衙斋卧听萧萧竹，疑是民间疾苦声，些小吾曹州县吏，一枝一叶总关情。"古人心系民声的警告，我们应当引为鞭策。在释法说理中遇到问题和困难，要不断提醒自己是否想当事人所想，是否做到了与当事人感同身受，是否有"如我在诉"的态度。

（三）情法相融

释法说理本身不是目的，其目的是让当事人知法明理、胜败皆服，达到案结事了人和，"人"才是"理"的归宿。所以，释法说理是一门艺术，这个过程应当坚持事实、证据、法律，也要同时兼顾天理与社会道德情理，深刻分析检察机关决定的正确性，晓之以法、以法为据，导之以理、以理服人，动之以情、以情感人。

一是兼顾法理情。"天理"指自然的规则，是事物的规律，事物的因果逻辑关系。"人情"指人类具有的共同的情感，所谓"人之常情"，是指不过分、不苛求，存大体，容小过。国法是信仰，是必须遵守的规定，但并不是死板机械的法条，司法者如果机械执法，只会简单地死抠法条，那么充其量只能是一台法律的执行机器而已。真正的司法者应该能够以法律为根本，综合研判，在法律与事实之间，以天理、人性或情理去适用法律，在掌握法律原则的同时又能体现人情，弥合法律规定与生活现实之间的缺口，这样的司法者才是理想的司法者，才是社会公众认可的司法者。二是优化表达方式。针对不同的说理对象，分析和掌握其基本要求和心理状况，甚至其成长经历和现在生活环境或状况，在此基础上判断其易于接受的交流方式，从而确定采取说理的最佳方式。同时，由于说理对象存在情绪变化等情况，还应随机应变调整说理方式，以便适应说理对象的变化，避免出现新的矛盾和问题。三是科学论证。逻辑证明方法是现代的科学方法，是论证的重要方法。从逻辑学上看，根据证明所运用的推理形式不同，分为演绎证明、归纳证明、类比证明，每一种证明都有自己的特点和适用范围，只有全面掌握不同证明方法，综合合理运用，才能论证充分。此外，任何案件都不能忽视天理人情的分析，释法说理具有感染力，并引发说理对象的共情，往往不是法律条文的逻辑阐述，也不在于刑事检察官的语言多么动听，而在于自如运用"三理融合"，这才是至高境界所在。

（四）规范表达

规范是法律人最基础的职业素养，是司法文明的基本形式。检察机关的办案活动是代表国家权力行使的一种活动，刑事检察官在这种活动中的规范言行，直接体现了国家活动的严肃性与权威性。

一是规范文书使用。规范制作文书是释法说理的准备工作，刑事检察官只有规范使用检察法律文书格式，才能有效保证检察活动和检察决定具有法律效力。在办理案件过程中，规范使用法律文书，可以明确记载检察活动的过程与内容，有利于对活动的合法性进行监督，分清办案的责任。此外，及时规范送达文书，可以保证被说理对象及时了解检察机关作出决定的理由与根据，才能发挥释法作用，体现检察决定的正式性与公正性。二是规范语言表达。语言文字作为信息的载体、交际的工具，事事、时时、处处都离不开。信息传递的准确，是以规范的语言表达为基础的。刑事检察官的规范表达，是保证被释法对象准确理解含义的前提。既要使用规范的法律用语，又使用正式的法律语言。三是灵活表达法律用语。在运用法言法语进行释法说理时，规范的法律用语不应该是生涩与生硬的，甚至是难以理解的，群众听得懂的"规范表达"是既能体现法律的专业性，又能通过通俗易懂的语言解释专业用语的含义。比如"回避"的含义，我们用"对我来办这个案件是否同意？如果认为我可能会影响案件的公正办理，可以申请换人办理？"这样的语言进一步解释，则可以让普通百姓也能听得懂，让他们也能成为法律明白人。

（五）高效沟通

释法说理是一门实践性很强的技能，刑事检察官不仅要拥有丰富的办案经验与良好的语言表达能力，而且还要具有敏锐的观察力、果断的判断力等沟通协调能力，才能实现释法说理的高质量效果。

一是做足"功课"。准备好一段心理缓和的开场白，消除被害群众对立的情绪。对文化知识不多的，尽可能多讲一些通俗的语言；对于文化知识高的，则多讲法言法语，分析要透彻，话语要掷地有声。二是表达关心，赢得群众信任。根据群众的不同身份，了解诉讼过程中的处境，如年老体弱的老年人，可以对其身体及家庭情况进行询问，如企业经营者，可以对其企业目前经营现状进行询问，有无受到影响等，这些都会增加来访群众与我们的沟通对话，使当事人感受到司法温暖，为进行开展说理打下良好基础。三是"个性化"定制说理。每个案件都不一样，每个当事人也不一样，因此，说理要有针对性，要因人而异、因案而异，而不能对所有涉案当事人都是同一个"剧本"，至于案件的具体事实是什么，有什么不同的特点，有什么特殊的时代背景，案件当事人的性格特征、成长经历、教育背景、家庭情况等因素对当事人实施犯罪行为的影响等一概不问，如此"简单粗暴"式的释法说理一定不会取得良好效果。

（六）贯穿全程

释法说理不是一时一地，而是应该贯穿刑事检察办案的全过程各环节。所以，释法说理不应仅限于法律文书中，还要体现在司法者平时与当事人、人民群众的沟通交流中；不仅体现在重点环节如不捕、不诉、不抗诉的节点，还要全程体现在办案的其他环节；不仅在案件诉讼进行中说理，还要在案结后跟踪回访时释法说理，真正实现案结事了、息诉罢访；不仅要向犯罪嫌疑人、案件当事人、证人释法说理，还要向侦查机关、审判机关、司法行政机关以及发案单位释法说理，扩大释法说理的受众面；不仅要在诉讼的公开场所如听证会、法庭上说理，还要在新的舆论场景、新的传播技术下，对社会公众说理，以回应社会关切、人民群众关切。

二、如我有难：回应诉求与化解矛盾

民生无小事，枝叶总关情。习近平总书记指出："信访是送上门来的群众工作，要通过信访渠道摸清群众愿望和诉求，找到工作差距和不足，举一反三，加以改进，更好为群众服务。"信访工作事关人民群众的切身利益，是党的群众工作的重要组成部分。检察权来源于人民，必须用来服务人民，涉法涉诉信访工作是检察工作的重要组成部分。当前面临社会转型，利益格局呈现多元化态势，涉群体性案件多发。刑事检察官办理此类案件，涉信访来访集体访等情形时如何开展工作，如何有效化解纠纷矛盾，如何促进多方利益诉求有效解决，消除社会不和谐因素，维护社会安定和谐，需要我们坚持群众路线，以"如我在访""如我有难"的意识与思维方式，积极回应人民群众关切期待，让更多人民群众享受优质高效的"刑事检察产品"。

（一）文明接待群众

热情文明接待群众是检察工作的优良传统。群众通过合法理性的方式表达诉求，各职能部门处理矛盾、妥善解决问题，正是社会不断走向法治文明的重要体现。刑事检察官提升掌握来访群众心理、使用群众语言、疏导群众情绪等群众工作能力，才能赢得群众理解与支持。

一是善于倾听。"诉"一词有三种含义：告知、倾吐、控告，三种含义都围绕一种行为，即向诉的对象以语言的方式表达。所以，对于来访群众，首先解决的问题是如何"听"。要表情严肃、庄重，面带微笑、以示善意；要目视来访人，以示重视，边听边观察群众的神态；要进行眼神交流，表达你听得很认真；要边听边记，找准来访群众表达重点；不要随意打断来访人完整陈述，不抢先发表意见，更不要有不耐烦的表情与语言。二是注意仪态。我们在接访时不是代表我们个人，而是代表检察机关。检察官的职业神圣感与威严感，很大程度上受个人外在形象影响，严肃得体的言行、刚正不阿的气质使当事人产生敬畏和信赖，有助于权威的确立和接访工作的顺利进行。我们应身着制服、佩戴检徽，规范着装；接访过程中不能有不恰当的肢体语言，晃腿、敲击桌面等不良习惯动作不能做；[①] 反之，着装不规范、口叼香烟等不文明举止，不仅有损检察官个人形象，而且有损检察公信力。接待群众，一般情况下，不需要礼节性地与来访群众握手、打招呼，但应表示应有的尊重与礼貌，客气地招呼群众落座，端茶倒水，都可以表达检察官基本的礼仪。同时，接待时的仪容仪表端庄也很重要，发型不整、不修边幅等都会影响检察官的基本形象。三是控制情感。我们要求人民检察为人民，情为民所系，但为民情怀与接待群众时过于感性、对感情表露不加节制是两回事。检察官的为民情怀体现在满怀人民情怀办好案件，理解人民群众的疾苦与困难，运用检察智慧解决好矛盾纠纷，而不能在接待中感情用事；前者是理性的优秀品格，而后者则是缺乏理性智慧的表现。控制好接访时情绪，主要有：面对来访人的无理与挑衅，克制内心的愤怒，不能与来访者发生正面争执；面对来访者无知与反复纠缠，保持容忍理性，不能直接表示责怪；面对来访者的絮叨与喋喋不休，保持冷静耐心，不能简单粗暴打断。

（二）有效化解矛盾

利益诉求的有效解决，是构建和谐社会的必然要求，是消除社会不和

---

① 参见范忠信：《公堂文化、公正观念与传统中国司法礼仪》，载《中国法律评论》2017 年第 1 期。

谐因素，增加社会和谐因素的重要途径。刑事检察官及时受理、认真审查、积极回应群众诉求，不仅是检察机关为人民服务宗旨的体现，也是倾听群众呼声、接受群众监督的重要方式。

一是规范依法。信访隐患伴随着案件的办理过程，化解涉检信访隐患最终也是看案件办理的程序与结果，只有规范办案、依法办案、公平公正处理，才是化解涉检信访的基础。刑事检察官应严格规范履行职责，对于诉求合理的及时解决问题，对于诉求无理的思想教育到位，对于生活困难的帮扶救助到位，只有依法规范及时回应，才能让群众切实感受到被公正对待。二是借力借智。刑事检察官在受理、回应诉求的过程中，有的时候因为立场与身份原因，会让来访信访群众存在天然的不信任感，无疑会增加我们工作的难度。这时我们应积极借助社会力量，邀请辩护律师、人大代表、政协委员、人民监督员等担任听证员，通过召开公开听证会，共同做好释法劝导、引导申诉、帮助申请救助，形成化解矛盾的合力。借助社会力量共同参与，他们以不同的视角、不同的身份切入，会给信访来访群众带来不同的启示与教育，共同以法治方式化解涉法涉诉信访诉求，有时会起到意想不到、事半功倍的良好效果。三是源头治理。司法办案隐患不是天然存在的，有效化解的前端在预防。我们在办案中应时刻关注可能影响社会稳定的苗头性、倾向性问题，经常性开展矛盾纠纷排查，可以将不稳定因素消除在萌芽状态、解决在初期。同时针对案件中发现的问题，适时发出检察建议，有针对性地提出整改意见，以帮助堵塞管理上的漏洞。[①]

三、努力提升群众满意度：密切联系与精准服务

密切联系群众是党的三大作风之一。刑事检察工作必须坚持以人民为中心的立场，以人民群众是否满意作为检验工作效果的重要标准。刑事检

---

① 参见牛正浩：《新时代检察机关诉源治理改革论纲》，载《东岳论丛》2024 年第 3 期。

察官在工作中，应积极主动与人民群众加强沟通联系，主动了解群众需求，深入群众宣传检察工作，引导与服务群众，努力提升服务群众的满意度。

（一）主动了解群众需求

完善需求表达机制是检察机关保障人权目标实现的重要途径。要准确知晓人民群众对刑事检察工作的诉求与期待，就要将人民群众利益诉求和意见建议作为改进与完善相关工作的重要依据，这也是刑事检察官践行群众路线的重要方式。

一是检务公开。充分保障当事人及其相关人员的知情权，及时告知重要程序节点，主动听取意见建议，增强司法办案的透明度，同时收集人民群众对办案工作的意见建议，接受社会公众对办案过程的监督。严格执行文书公开制度，在案件办理完成，按程序向社会公开相关文书，让人民群众更好了解、参与和监督检察工作。二是进网入格。政法网格员是基层服务群众的一支特殊队伍，以兼职网格员身份，充分发挥政法干部的专业优势和职业特长，对接基层社区、网格，主动听取群众需求，送法律、送服务到网格，实现打通服务基层"最后一公里"，将矛盾化解在网格，协助做好社会治理工作。① 刑事检察官在进网入格过程中，履行全面了解群众需求、收集法律监督线索、化解涉检矛盾纠纷、加强特殊群体管护等职责。我们通过与群众面对面的交流，更加全面了解群众的法律需求，再通过案例讲述、法律咨询、精准普法等形式，提供释法说理便民服务，常态化帮助解决群众急难愁盼，不断增强人民群众获得感、幸福感、安全感。三是调查研究。要想提升服务效果，就应深入实际、深入群众，准确了解群众所需、所急、所盼，使深化改革的各项举措切实成为服务群众、为群众排忧解难的有效之举。如在出台与人民群众切身利益相关的规范性文件之前，

---

① 参见陈广娟:《建构法治服务"共同体"画好网格为民"同心圆"》，载《江苏法治报》2023 年 2 月 6 日，第 A08 版。

可以采取召开座谈会、举行听证、问卷调查、网络征询、深入调研等多种形式，广泛征求群众意见，增强决策的民情民意针对性。

（二）创新改进工作方法

服务民生，是检察机关深入贯彻司法为民根本宗旨，践行为人民司法，不断提升司法公信力的重要方式。坚持以人为本，刑事检察官应依法履职，不断运用刑事检察职能服务民生创新工作机制，为经济社会发展提供有力司法保障。

一是服务民生领域。对于党中央部署的民生工作，刑事检察官应紧密结合检察工作实际，发挥检察机关惩治、监督、教育与保护等职能作用，有针对性地做好服务与保障工作。如依法惩治损害人民群众身体健康和生命安全的违法犯罪行为，保障人民群众"头顶上的安全""舌尖上的安全"；如平等保护各类市场主体合法权益，营造法治化营商环境；又如准确查办涉及科技创新犯罪，以实现"保护知识产权就是保护创新"的目标。二是创新便民机制。从群众最关心、最直接、最现实的利益问题入手，着力构建全方位、多渠道的便民利民工作机制，努力为群众提供高效、快捷、舒心的服务。如从便捷入手，可以研发线上答疑小程序，让人民群众少跑路，甚至不跑路就能进行法律问题的咨询，了解检察工作。如为了实现精准普法，可以将办案中形成的与群众利益相关的案例经常性进行梳理、汇总，定期举办普法宣传、以案释法，通过典型案例现身说法，达到办理一案、教育一片的法律效果。还应积极利用各类媒体，开展群众法律咨询、检察开放日等活动，增强群众法治意识和维权意识，努力营造良好法治氛围。

（三）不断改进工作作风

全心全意为人民服务是我们党的宗旨。检察人员树立以民为本、为民尽责的司法理念，改进工作作风，提升司法形象，才能得到人民群众的肯定与认可。

一是恪守法治精神。我们应将公平、公正、法治的核心价值理念贯穿刑事检察工作全方面，始终将维护社会公平正义作为核心价值追求，坚守防止冤假错案的底线，努力让每一起案件都经得起历史和法律的检验，努力让人民群众在每一个司法案件中感受公平正义。二是严格遵守纪律。守纪律、讲规矩是做好新时代检察工作的重要保障。刑事检察官应心怀"敬畏心"守住底线、红线，永做政治清醒者，弄明白能干什么、不能干什么，加强自我约束、提高免疫能力，增强政治定力、纪律定力、道德定力、抵腐定力，始终做到忠诚干净担当。三是涵养为民情怀。社会主义国家人民当家作主，我们的一切权力来自人民，必须将以民为本理念内化于心、外化于行。时刻牢记我们的初心和使命就是为人民谋幸福，时刻做到想群众之所想，急群众之所急。始终坚持执法为民，时刻牢记"我们办的不是案件，其实是别人的人生"①。认真对待每一起案件，小心谨慎，如履薄冰，切实办成铁案，对历史负责、对法律负责、对当事人负责。

【来访群众突然情绪失控的应对技巧】

信访当事人常常通过不理智的方式来表达情绪，造成刑事检察官与之沟通交流时顾忌重重。如何能够顺畅沟通，平息当事人情绪，最重要的是多听少说，充分了解当事人思想变化与产生情绪的根源，根据实际情况进行应对：一是适当回避问题。在接待过程中尽量回避使其产生情绪的问题，千万不可试图通过现场"教育"压制当事人，否则反而会不断加剧当事人的不良情绪。二是合理分析引导。找准当事人情绪失控关键点中的法律问题，属于实体性问题还是程序性问题，是属于对法律认识错误还是对事实证据的认定有疑问，之后持续通过多次释法说理工作，消除当事人对法律的认识误区。三是借助社会力量。如当事人单位、家属以及代理律师等，可以先做通他们的工作，再通过其他人出面协助劝解安抚其情绪。四是处

---

① 李风林：《刑事司法解释方法的困境与出路》，载《人民司法》2020年第22期。

事不惊。遇到任何情况，都不能惊慌，因为惊慌不能解决问题，还会造成被动。无论遇到什么情形，检察官只有处事不惊，才会使来访群众回归平和与理智，才会使接待工作继续开展。但应注意，不惊不是毫无反应，而是做到神情冷静，泰然自若，同时快速判断、思考对策、及时处置。一方面做来访群众的劝解工作，希望其情绪平复；另一方面做好教育工作，要求其遵守办案办公场所秩序。

第十节 心理调适能力：
做阳光健康、有韧性的刑检人

"夫心者，一身之主，百神之帅"[①]，心是各种精神活动的统帅。心为万力之本，心力是内在的、根本性的能力。党的十九大报告提出："加强社会心理服务体系建设，培育自尊自信、理性平和、积极向上的社会心态。"面对社会现代化发展带来的一系列压力与挑战，新时代刑事检察官加强心理能力建设，心理素质过硬，心理健康程度高，才能为其他各项能力的提升提供内源性保障。心理有力量，心态阳光积极，才能以不变应万变、从容面对各种风险挑战。

心理学理论认为，心理素养是以人的自我意识发展为核心，由积极的与社会发展相统一的价值观所导向，包含认知、需要、兴趣、动机、情感、意志、性格等智力和非智力因素有机结合的复杂整体。心理素养反映某个个体心理发展水平的心力，是我们从事特定活动的心理条件与心理保证。健康的心理使我们具有良好身心状态和适应社会的能力。法律人是立法、司法、用法之精神传承之人，一方面有与普通人一样的健康心理需求，另一方面因与普通人不同的独特职业要求，心理素养又体现出与工作性质特点相适应的特殊内涵。抛开性格气质等个体属性，刑事检察官的心理素养的核心内容是职业信念、职业情感和职业行动的心力，又称为信念力、情感力与行动力。

---

① 董诰等编：《全唐文》卷 924，中华书局 1983 年版，第 9626 页。

一、信念力：永葆"仰望星空"的执着

信念是精神的支柱，没有信念就不会有意志，更不会有积极的主动性。信念力就是运用信念的能力，它既是一种心理动能，也是一种心理需要。具有强烈使命感的个体会因为具备持续的韧性思维而做出伟大的行为，如很多顶尖的运动员、伟大的探险家都有明确的目标来驱使他们持续努力。有一个广为流传的关于三个石匠的故事，对于他们的工作内容，三个石匠给出了不同的回答：甲说"我整天都在凿石头"，乙说"我正在用手艺建造一座建筑"，丙说"我在为上帝的荣耀而工作，正在建造一座大教堂，我的工作和技艺将在我去世后长久地受到人们的敬仰"。三个石匠都做着相同的事情，但他们看待工作的角度完全不同。第一个人把它视为工作，第二个人把它视为事业，第三个人则将其视为使命。所以，你是整天凿石头还是在建造历史遗迹？不同的认知与思维一定会产生不同的职业追求。对于刑事检察官而言又何尝不是如此呢？我们是每天重复着做流水线上的"搬运工"，还是做"雕琢艺术品"的大师？又如何能够做到将我们的工作转换成职业使命？

法律人的信念的力量源自哪里？这份信念力应源于对社会主义法治道路的信仰、对法治精神的信仰，是来自对中华优秀传统法律文化传承的信念以及对内心坚定履行社会责任的信心。所以，刑事检察人的职业信仰是在履行检察职责过程中形成的对于自己所从事职业的精神追求，是对符合公平正义和合理秩序要求的法理和法律规范进行肯定并升华为心理上的内在信念。法律必须被信仰，否则将形同虚设。刑事检察官应当是法律信仰的忠诚捍卫者。在错综复杂的社会多元价值体系下，如何让社会公平正义最后一道防线不失守，如何在困难甚至坎坷中坚定信念，正需要刑事检察人的执着与坚毅心力。有职业信仰的刑事检察官理解并遵从法律，更具有基于法条的法律信念，能够尊重法律背后的规范意识与法治精神。法治精神有着丰富的内涵，善治精神、人权精神、公正精神与和谐精神等都是应

有之义。应善于观察人们对于法律制度文本的态度、看法与观点，并通过一个个案件办理的过程、一次次释法说理的过程去宣扬、传播法治精神，使法治精神浸润人心，形成人们内在的心理秩序。

道德信念是人们通过社会道德规范的认识，在履行社会道德义务时产生的情感驱动力与责任感，及时辨明是非、善恶，按道德常规做事。刑事检察官恪守职业道德，其核心也是对法治的精神追求。美国伦理学家麦金泰尔说："只有那些具有正义德性的人才有可能知道怎样运用法律。"[①] 我国近代法律教育家孙晓楼先生也曾说，只有知识，断不能算作法律人才；一定要于法律学问之外，再备有高尚的法律道德。一个人的道德不好，他的学问愈高，愈会损害社会。[②] 可见，作为刑事检察官，坚守道德并在工作过程中维护道德，弘扬社会主义核心价值观，才有利于构建道德良善的社会秩序。

责任是社会心理学的重要概念。与其他职业相比，正义的检察官是更具有社会责任的职业形象。刑事检察官执掌司法权力，运用法律时，轻者让人失去自由，重者危及人之生死。居于如此重要地位、担当如此重要责任，唯有始终怀有强烈社会责任感，才能履行好职责使命。心理学认为，责任担当有三层含义：一是态度，是个体参与、感受、共享的积极心理体验。二是一种情感，责任心是对人生充满激情的渴望，是对国家民族深沉的爱，是对社会公共利益的强烈关切和对人民群众安危的同情。三是担当行为，责任心的价值体现在勇于担当责任义务和勇于面对困难危机。态度、情感与担当行为三者之间相互作用、互为补充，正如托尔斯泰所说，一个人若是没有热情，他将一事无成，而热情的基点正是责任心。刑事检察工作关乎当事人的财产、自由甚至生命，正如医生不会放弃自己的病人一样，

---

① ［美］麦金泰尔：《德性之后》，龚群、戴杨毅译，中国社会科学出版社1995年版，第150页。
② 孙晓楼：《法律教育》，中国政法大学出版社1997年版，第12-13页、第164页。

而能够伸张正义的是人而不是法律，所以富有强烈社会责任感的检察官同样应尽其所能办好每一个案件，这才是检察工作的价值所在。

刑事检察官的社会责任同样是职业伦理的一部分，这是检察官通过履行法律监督职责维护国家利益、社会公共利益与公民合法权益。在追求实现公平正义的过程中，站稳国家立场、客观公正立场，兼顾结果公正与形式公正，真正让人民群众可感受、能感受、感受到公平正义；在解决个案法理情冲突中，实现司法办案"三个效果"有机统一，让司法办案更契合法度、更接地气、更有温度。而社会责任与职业伦理是通过长期司法实践慢慢训练出来的，必须不断进行义务冲突的选择训练，刑事检察官应选择于己不利但又必须履行的义务，才能形成稳定的心理能力与行动自觉。

【培养信念力的小方法】

时常做思考题：匡扶正义、惩恶扬善是法律赋予刑事检察的使命，为了更好履行这份责任，我可以多做一些什么？

保持学习的热情：时常向身边的同事、导师请教，学习一项新技能……

走出工作舒适区：时常挑战自己的能力极限，走向拓展区。

时常对"成功与失败"的工作经历复盘：任务完成得好，最重要的因素是什么？任务完成得不理想，又是哪里出了问题？怎样可以做得更好？

全面提升个人职业形象：从大方得体的规范着装到理性平和的举止礼仪，不断增强职业自信。

二、情感力：塑造充沛而冷静的情感

社会心理学研究认为，情绪情感是反映人对内外环境的特殊心理体验。情绪的产生与人们在心理活动过程中对客观事物的态度有关，情感则与人的社会性需要相联系，情感力又称情感智慧，是识别与理解自己与他人情绪、并利用这些信息解决问题、调节行为的能力。积极的情绪情感会让人心情愉悦，催人奋进，有益于身心健康。消极的情绪情感则会让人紧张焦虑，失去心理平衡，有害身心健康。美国心理学家肖恩·埃科尔普说："当我们更快乐、更积极时，我们会变得更成功。我们的大脑表现最好的时刻绝不是消极悲观或心静如水的时候，而是被积极情绪包围时。"刑事检察官是特殊的存在，不仅因为工作对象特殊，难免会遭受负面情绪的影响，而且办案压力巨大，不仅要求办对案，而且要求办好案，所以不仅要训练对他人情绪识别与理解，更要打造自身情绪情感稳定的内核，在冷静中理性思考并做出准确判断。

（一）识别与接纳自己的情绪

自我认知是自我调节和人格完善的重要前提。实事求是评价自己，提高自我认知能力，对一个人的发展至关重要。刑事检察工作经常遇到负面情绪的冲击，进而连带产生负面情绪的风险是巨大的，当自己偶尔出现紧张、担心、焦急的情绪时，对绝大多数人而言，这是面临应激状态时的正常反应，这种反应对我们的身体是有益处的，可以调动我们身体内在生理与心理的资源，来应对我们将要面临的问题。但是如果长期处于这种情绪与压力之下，如有的承办检察官因为办案压力大而情绪烦躁、坐卧不宁；有的因为犯罪嫌疑人态度嚣张而受其影响、情绪失控；有的甚至将工作中遇到的不如意投射到家庭生活中，使得家人无所适从、诚惶诚恐，这些消极情绪过重的表现会给我们工作与家庭带来不良影响。现代医学研究认为，长期紧张、压抑与焦虑，不仅降低人的活力，而且会对人的行为活动产生干扰作用，进而诱发身心疾病。所以，心理健康调适能力对刑事检察官的事业发展、生活幸福与人际关系等方面都具有重要作用。

增强心理健康调适能力，需要重点关注以下几个方面：一是调整好对待情绪反应的心态。当我们在工作中感受到焦虑紧张的情绪时，不要立即试图排斥它，而是抱着接纳与体验的态度，带着这种情绪，重新建立自己新的生活规律与工作方式，尽可能坚持正常的工作与生活，这种情绪会逐渐消失，回归于平静。二是调整好对待工作的心态。认真面对责任，以求极致的态度尽力而为，这样最终不一定都能尽善尽美，但一定能做到无愧于心，让自己内心安定踏实。积极面对压力，把工作中遇到的困难、矛盾、问题变成自己攻克难关的新挑战，将压力变成动力。三是调整好对待自我与他人的心态。客观认识自己的能力，坦然面对得失，始终保持一颗平常心。接受自己，也悦纳他人，认可他人存在的重要性与作用。心理专家认为，人们在感到心理不适时，可从三个方面获得安慰：大自然、社会与朋友。所以，我们可以学习一些情绪疏导方法，懂得以合适的方式来调整与转移负面情绪，根据自己的个性、爱好与习惯形成自己的心理保健方法。如通过运动、健身等外在宣泄方式，让心理逐渐归于平静。又如通过劳动、社交、创作等方式，做让自己感受到所做事情有价值有意义，让情绪情感世界得到力量滋润，增强自己的身心健康。

（二）培育冷静应对的情感

刑事检察官接触负能量，并产生消极情绪，不仅会影响我们自身心理健康，同时会让我们的工作面临被动的局面。而刑事检察官的情感心力体现在不仅要自愈，而且要及时处置应对。迅速有效地了解当事人的内心状态是法律人的必修课。心理学研究发现，人们向外界传达完整的信息，语言成分占7%，声调占38%，其余的55%是通过肢体语言包括面部表情、眼神来传达的。可见，交流并非全部通过语言实现，语言只占其中很小一部分，非语言的表达影响力比语言表达影响力要强很多。

刑事检察官在面对犯罪嫌疑人、证人、被害人等不同身份的诉讼当事人时，通过有效识别他人情绪，因势利导，会让讯问、询问的过程更便捷、更有成效。尤其在特殊工作场合，更应该调整、控制好情绪表达。如辩护人当庭故意激怒公诉人，公诉人切勿感情用事，而是要以静制动，紧紧抓住辩论的焦点，有理有据，沉着冷静地组织反击。同时有礼有节，反应适度，千万不可得理不饶人，应树立起公诉人襟怀大度、公正无私的良好形象。

【摆脱压抑情绪的小方法】

分散注意力，改变你的行为。

了解自己的极限。

寻找心灵的绿洲，让身心安宁地放松与冥想。

看到事情的光明面。

把复杂的问题分解成简单的问题。

向朋友诉说自己的烦恼。

倾尽全力完成一件事。

运动是自救的基础。

三、行动力：跨越困难

行动力是个体基于特定的要求，通过自我认知、想到并做成某事的能力。它的来源是自我认知，包括自我观察和自我评价。刑事检察官在工作中不断地全面认识自己并进行客观自我评价，一方面是经历职业考验的需要，另一方面是心理不断走向成熟的过程。其中，行动力的核心内容包括正确的自我评价与抗挫力。

（一）正确进行自我评价

著名心理学家密特尔曼（Mittelman）认为，"充分了解自己，并对自己所学所能做出适当的评价"是自我意识成熟的标准之一。法律人的自我评价除了认识自身的长处短处，还包括价值理念、职业角色的认知、主观心理感受。刑事检察官受职业压力的影响，往往会受办理个案的影响，主观心理感受出现偏差，如一个案件办得很顺利，就会心理满足程度高；反之，会出现自卑感，有时还会出现内疚感。只有清醒地认识自己，不受或者少受个案压力的影响，树立积极的自我评价，内心才会踏实稳定，才会感到充实而有力量。积极的自我评价在心理学上的名词叫自我效能感，是个体对自己是否有能力完成某一行为所进行的积极判断。自我效能感越强的人，完成计划与任务的可能性越大。

刑事检察工作与职业风险相伴，新时代的刑事检察在不断开拓创新中，虽然充满困难与艰辛，但欣逢最好的时期，更应增强职业自信、检察自信。心理学认为，自信心从来不是天生的，而是一生中微小的自我成功体验积累而成。所以，多从更客观的视角，多关注办案过程中自我努力付出的印记，多进行办案总结复盘，让自己的职业自尊、职业自信与职业自豪感不断提升。加强自我审视、自我认知的训练，时常"自察、自励"，搞清楚自己是怎样的一个人，选择刑事检察工作的价值与意义何在，怎样才能获得积极正向的人生，怎样自我完善可以增强职业获得感。只有不断增强自我调节控制力与自我积极评价的信念，增强自我效能感，才能成为内心充满能量与力量的人，不断适应新时代刑事检察工作的需要。

对个人成长的影响与作用因素包括内因与外因两个方面。所谓"近朱者赤，近墨者黑"，说的就是外部环境是个人成长的外因。对于外因，应努力"近朱者赤"，找准其中有利因素并尽力让其促进个人成长；同时努力做到"近墨者未必黑"，有效抑制负面因子的不良影响。另外，"天行健，君子以自强不息"。更充分地发挥个人内因即主观能动性的作用，在理想、意志、毅力、勇气等方面修炼内在，以内因促外因，激励自我不断成长。

（二）耐挫抗挫

抗挫力，指个体能在面对令人担忧的事情时，在压力的状态下能够积极自主地摆脱困境并使心理与行动免于失常、坚韧不拔，以及受挫后能够自我成长的能力，也可以成为"心理韧性"或"复原力"。错综复杂的刑事案件决定着每一个刑事检察承办人不可能存在一帆风顺的工作状态。困难与挫折也是刑事检察工作中的常见现象，这些困难可能是证人不配合核实调查的"闭而不见"，可能是履行侦查监督职责侦查人员不理解、不配合，可能是出庭公诉时指控观点被辩护人批驳、法官同样不认可，还可能是给案发单位制发检察建议之前走访沟通时的冷遇……因此，"耐挫"对刑事检察官而言尤其重要，就像珍珠成长的过程，沙石让贝壳患病产生伤痛，但它努力自我清除自愈，最终上天用美丽的珍珠回馈。一次次地经历困难与磨炼，就是不断成长的宝贵财富。

耐挫力是刑事检察官职业成长成熟的坐标。办案中，把握好每一次困难，把它当成一次难得的历练机会，既要有忍受挫折、不轻易放弃的挫折容忍力，更要有摆脱挫折、积极进取的挫折超越力，这也是一名优秀刑事检察官不断成长、形成健康成熟心理状态的必经之路。而培养耐挫力的最好方法就是不断坚定职业理想信念，提升信念力，并在真实的挫折情境中进行自觉锻炼。

刑事检察官的心理素养是对自身心理能量的不断积蓄与释放，是新时代优秀检察官"软实力"的核心要素。每一名刑事检察官不仅成为熟悉法律条文的司法流程的法律工匠，更要坚定法治信仰、进行心理修养，不断充沛深藏于内心的精神力量，在充满法治期待的新时代，破风逐浪、不断前行！

【心理韧性的精进方法】

找到使命感，建立信念力。

多进行自我积极评价，提升情绪管理能力，保持健康正能量的可持续性。

跳出思维误区，建立科学健康、可持续的思维方式。

积极学习和运用解决问题的方法，多关注"挫折"中的成长因子。

后　记

时间如白驹过隙，转眼间，我自大学毕业进入检察机关，已有整整30个年头。大半时间奋战在刑事检察岗位，准确地说是在公诉一线，这个充满挑战与责任的领域见证了我的破茧与成长，也让我深刻感受着检察制度在时代浪潮中与时俱进的生命力。作为刑事检察官，我经历过庭审"战场"酣畅淋漓的唇枪舌剑，每一次有力的论证都是为了追寻正义的答案，让我在锻炼专业能力的同时深刻体会着检察使命之重；我一直关注着那些在罪错边缘徘徊的"熊孩子"，运用法律智慧与人文关怀引导他们走向正途，让我更加理解刑事检察工作在推动法治社会向公平、和谐迈进的重要意义；我更有幸见证一茬茬"标兵""十佳"的诞生，在教学相长的过程中深切感受着检察事业蓬勃发展的强劲脉搏，也激励着我在这条充满挑战、使命光荣的道路上继续坚定地走下去，更让我对检察这份职业的热爱愈加弥坚。

很庆幸我见证了一个时代的发展，这个时代是国家富强与民族复兴的时代，这个时代更是不断走向民主法治的时代。中国特色社会主义进入新时代，随着全面依法治国和司法体制改革的深入推进，刑事司法实践正朝着法治化、专业化、精细化的方向发展。我对刑事检察的未来发展，既充满无限憧憬，又深知任重道远。刑事检察的实践样态正发生着变化，法律监督理念、工作模式与制度机制也在发生变革，这对于新时代刑事检察官而言，既是挑战，更是新的机遇。围绕为人民群众提供更好的检察产品、法律产品，实现努力"让人民群众在每一个司法案件中感受到公平正义"的目标，如何"高质效办好每一个案件"，更好履行刑事检察职能，如何实现指控犯罪更加有力、诉讼监督更加有效、社会治理更加有为，这些问题时常萦绕心头。而我思考最多的就是"理念、思维与能力"这三个关键词，因为在新时代背景下，更需要我们通过不断地更新理念、开拓思维、提升能力促进刑事检察工作的高质量发展。所以，当一位恩师建议我著书总结时，我毫不犹豫就选择了这个主题。

如果作类比，理念、思维与能力，就如同大海航行中水手的三件法宝：北极星、方向盘与操作技巧。北极星是指引，水手根据它定位方向，穿越朗朗晴空与暴风骤雨；方向盘是工具，水手依靠它朝目的地全速挺进，前进后退无所不能；操作技巧是保证，只有娴熟高强的本领才能让水手不惧风浪而气定神闲。新时代刑事检察官的三件法宝就是理念、思维与能力。理念是价值观，就像指引方向的北极星，让我们在茫茫法律海洋中不迷失方向，时刻牢记维护公平正义的初心；思维是方法论，就像掌控航向的方向盘，帮助我们根据不同的情况灵活调整策略，应对各种复杂的局面；而能力是真功夫，赋予我们破浪前行的力量，让我们能够顺利抵达胜利的彼岸。只有将这三者有机结合融会贯通，才能成为一名合格的新时代刑事检察官。

本书的内容既有我长期实践的沉淀，也有对当下的同步探索与思考。写作的过程是对过往经历的再整理，如果读者能与作者的思想、观点产生共鸣，就是对我们自身所持价值观、方法论的肯定与认同。如果读者的做法与作者的做法不谋而合，那一定可以坚定彼此坚持与前行的信心。另外，自己未有经历的部分，通过读书可以得到启发。所以，我想将自己的所思所悟所为与大家分享，期待通过这样的传承，帮助更多的年轻的刑事检察官早日实现自己的职业理想。

感谢我的老领导，她是领导更是导师，给了我无微不至的关心、关怀、教导与鼓励，让我鼓足勇气挑战自己并始终保持前行的不懈动力，进而有了自己的这部拙作。感谢省院、市院的信任与支持，让我深感组织温暖而信心倍增。感谢孙国祥老师百忙之中为我作序，感谢季金华老师对我的专业建议，两位老师的指导让我收益匪浅。感谢我的同事韩立勇、孙伟伟、徐佳，他们在我写作的过程中，帮助我收集了大量的素材，编辑整理了大量的文字与案例。感谢检察出版社的编辑，本书能得以出版，离不开他们的辛劳与智慧。还要感谢我的家人对我的理解、包容与默默付出，他们为我所做的一切，让我始终充满着温暖与力量。

　　囿于时间仓促、能力有限，拙作理论分析不够深入，尚有不少疏漏之处，也存在不成熟或者值得商榷之处，所以，即使在出版之际，一直没有停下修改完善的步伐，但仍然不能抑制内心的惶恐。希望广大检察同人和读者能够不吝赐教，多提宝贵意见。我深知，刑事检察事业任重道远，但我坚信，徒法不足以自行，除了做观者、思者，我更希望自己是永远的行者，永葆法治初心，为刑事检察事业继续贡献自己的绵薄之力。